铁路服务"一带一路"战略丛书

亚欧国际铁路联运

崔艳萍　武靖宇　车探来　编著
魏玉光　高　弘　主审

中国铁道出版社
2017年·北　京

内 容 简 介

本书结合“一带一路”战略，从亚欧国际铁路联运大视野界定并研究了中欧国际铁路运输通道，将各国际组织以及有关国家设计的亚欧多条国际铁路通道和中欧(亚)班列业已运行的线路通过精准图表和翔实的资料展示给读者，并在分析现状基础上展望未来，提出了自己独特并有创意的发展通道建议。

本书兼顾理论严谨性和实践应用性，既可作为国家、地方政府、铁路行业从事“一带一路”战略设计的参考资料，也可为从事中欧(亚)班列实践的物流企业提供业务指导，还可作为交通运输专业研究生、本科生的参考教材。

图书在版编目(CIP)数据

亚欧国际铁路联运/崔艳萍，武靖宇，车探来编著．—北京：中国铁道出版社，2017.7

(铁路服务“一带一路”战略丛书)

ISBN 978-7-113-23390-7

Ⅰ.①亚…　Ⅱ.①崔…②武…③车…　Ⅲ.①铁路运输—国际联合运输—研究—亚洲、欧洲　Ⅳ.①F530.85

中国版本图书馆CIP数据核字(2017)第151580号

书　　名： 铁路服务“一带一路”战略丛书
亚欧国际铁路联运
作　　者： 崔艳萍　武靖宇　车探来　编著

策　　划： 杨　哲
责任编辑： 聂宏伟　秦绪涛　　**编辑部电话：** 010-51873024
封面设计： 崔　欣
责任校对： 孙　玫
责任印制： 高春晓

出版发行： 中国铁道出版社(100054，北京市西城区右安门西街8号)
网　　址： http://www.tdpress.com
印　　刷： 中国铁道出版社印刷厂
版　　次： 2017年7月第1版　2017年7月第1次印刷
开　　本： 700 mm×1 000 mm　1/16　**印张：** 16.5　**字数：** 256千
书　　号： ISBN 978-7-113-23390-7
定　　价： 66.00元

渝新欧班列

2012 年 4 月 12 日，渝新欧(重庆)物流有限公司成立暨授牌仪式

渝新欧首趟回程试验班列开进团结村铁路集装箱中心站堆货场，等待卸货

渝新欧班列

2014 年，渝新欧第 100 班去程发车仪式

2014 年 8 月 14 日，渝新欧首趟进口汽车班列从德国杜伊斯堡出发

汉欧班列

2016 年 4 月，汉欧开通了全国首个法国班列，法国里昂市政府专程邀请汉欧运营团队前往里昂参加汉欧法国班列的接车仪式

2016 年 5 月 30 日，汉欧国际德国公司挂牌

蓉欧班列

2017 年 1 月 1 日零时，央视《新年新世界》跨年直播中欧班列新年“首秀”

成都铁路口岸

郑欧班列

郑欧班列疾驰在“丝绸之路经济带”上

郑州国际陆港多式联运集疏中心内的自有普通箱、冷藏箱、挂衣箱、开顶箱、分层箱等

西安班列

“长安号”国际货运班列

“长安号”国际货运班列装卸集装箱

新疆班列

2015 年 7 月，新疆中欧联合物流有限公司首次组织罐式集装箱液态化工品班列运抵德国杜伊斯堡和比利时安特卫普

新疆中欧联合物流有限公司组织开行首趟新疆—德国纺织品国际货运班列

2015 年 6 月，开行首列新疆—莫斯科货运班列（PVC）

营满欧班列

营口港—莫斯科班列开通运行

新西伯利亚—营口港班列开通运行

辽满欧(大连)班列

2016 年 8 月 8 日,大连港成功发运全国首个全冷藏集装箱过境班列

辽满欧班列装卸作业

湘欧（长沙）班列

长沙—塔什干、长沙—杜伊斯堡货运班列

“湘欧快线”统一中欧班列品牌

兰州班列

兰州班列(兰州—明斯克)

“天马号”国际货运班列

兰州班列

武威保税物流中心

兰州班列联检大楼

鲁新欧(青州)班列

2015 年 8 月 28 日，鲁新欧青州至中亚国际班列首发仪式

2015 年 8 月 28 日，鲁新欧“青州号”国际班列开行

序

由崔艳萍等编写的《亚欧国际铁路联运》一书终于和读者见面了。这是一本对贯彻“一带一路”国家战略和组织开行中欧(亚)班列都极具参考价值的图书。作者根据多年研究和从事国际联运工作经验,秉承“共建、共享、共赢、共荣”的指导思想,以国际合作为切入点,在研究铁路合作组织、欧盟、中亚区域经济合作和联合国亚洲及太平洋经济社会委员会等国际组织以及有关国家设计的亚欧多条国际铁路通道的基础上,结合中国“一带一路”六大经济走廊规划,从亚欧大视野构建了中欧国际铁路运输通道系统,对通道上的产品——中欧(亚)班列进行详细分析,并展望未来,提出自己独特并有创意的发展通道建议。本书的最大特点是理论与实践浑然一体,资料翔实准确,图表丰富,内容新颖,感染力强,反映了作者对亚欧国际铁路运输通道的熟稔和精深的专业素养,令人耳目一新。

亚欧铁路发展史就是对“一带一路”五通目标的探索史。亚欧两大洲的陆地相互连接,是世界上最大的陆地板块。早在一百多年前,亚欧铁路就开始建设,经历了第一、二次世界大战,铁路建设运营虽蒙难无数,但发展的步伐从未停止。经过亚欧两大洲各国不断耕耘,如今在亚欧大陆上建成的铁路线路里程已位居世界第一,也是世界上最早建成的跨洲铁路。这些铁路线纵横交错,触及两大洲的各个角落,为开展国与国、洲与洲之间的国际铁路联运提供了良好条件。由于历史及国体原因,应运而生的亚欧两大洲的国际铁路联运组织——国际铁路运输政府间组织(1898 年成立)和铁路合作组织(1956 年成立),虽然各自经历了一百多年和六十多年的发展,然而至今还没能融合到一起,建立一个统一的国际铁路联运组织。但是,分属于这两大组织的50+28个成员从未放弃过争取实现统一的目标，几十年来，一直在研究如何彼此接近、相互兼容。近几年来，特别是"一带一路"提出后，频繁开行于两大洲的中欧班列，是由中国发起，两大组织、相关成员路都积极参与并支持的跨洲铁路直达集装箱班列，也是世界上前所未有的运营里程最长、速度最快的联运列车。毫无疑问，中欧(亚)班列开行，为两大洲铁路联运统合开了好头，奠定了基础。而本书的出版，将有利于国内、国际重新审视亚欧铁路通道和东西方国际铁路联运作用，重新认识"一带一路"战略深刻涵义，促进中欧(亚)班列更快、更好地发展，在亚欧两大洲综合交通体系中，更加科学合理地发挥铁路国际联运应有的作用。

无论从哪个方面看，本书都不失为一本可供亚欧铁路和中欧(亚)班列理论以及实践深入研究、广泛借鉴的优秀著作，也必将在贯彻"一带一路"战略中发挥积极作用。

金万建

2017年6月

前言

亚欧大陆是全球面积最大的大陆和地缘政治中轴，拥有人口占世界总人口的75%，国民生产总值占世界总额的60%，世界已探明储量的能源资源中3/4左右都分布在此。亚欧大陆是人类最早、最先进文明的发源地之一，人类历史实质上就是亚欧大陆的历史。2000多年前，从西汉古都长安，西经南亚、中亚延伸至地中海东岸的“古丝绸之路”陆上商道连通了东西方两大文明，开启了亚欧贸易交往的历史。2000多年后，亚欧大陆已成为全球经济一体化的重要组成部分。1996年亚欧首脑会议的诞生再次架起亚洲和欧洲续写贸易繁荣的桥梁，揭开亚欧往来合作的崭新一页。

铁路作为一种具有高技术经济性的中长途运输方式，一百多年以来，一直在沟通亚欧大陆各国贸易交往过程中发挥着积极作用，成为国际间经济交流的桥梁和纽带。具有代表性的国际铁路运输实践是亚欧大陆桥，作为横贯亚欧大陆的便捷铁路运输通道，能够将大陆两侧的海上运输线联结起来便利开展海铁联运，缩短运输里程。

由于国际运输涉及沿途多个国家，只有建立多边及双边国际合作才能打造顺畅的运输通道，因此发挥国际合作机制的作用是亚欧铁路运输的关键。国际组织作为一类新崛起的国际法主体，逐步在国际合作中发挥着越来越重要的作用，成为多边合作可有效依托的主体。对于铁路领域的合作，除亚欧大陆桥外，很多国际组织（包括铁路专门组织和综合性国际组织）规划建设亚欧走廊或通道，如铁路合作组织定义的13条亚欧运输走廊、欧盟委员会定义的9条货运走廊、中亚区域经济合作定义的6条铁路通道、联合国亚太经社会定义的泛亚铁路网。

中国是亚欧大陆上新崛起的最大新兴经济体和发展中大国，也是亚欧大陆桥的起点和重要支撑力量。早在1914年，《中国铁路现势地图》显示，当时的政府已规划四川盆地到青藏高原的铁路，还规划了多条铁路线连接到国外，贯穿亚欧大陆。从2013年起，中国制定了“一带一路”发展战略，并以亚欧通道为基础，构建了中欧国际铁路运输通道，陆续开行大量中欧（亚）班列。

2013年9月7日，中国国家主席习近平访问哈萨克斯坦，在纳扎尔巴耶夫大学发表演讲，首次提出共建“丝绸之路经济带”的构想。同年10月3日，习近平在印度尼西亚国会发表演讲，提出建设21世纪“海上丝绸之路”。丝绸之路经济带简称“一带”，21世纪海上丝绸之路简称“一路”，“一带一路”战略由此产生。“一带一路”一提出就得到了国际社会空前的响应。在2015年3月中国发展高层论坛上，中国外交部长王毅指出，中国政府大力推动共建“一带一路”，既是对古代丝绸之路精神的传承发扬，又是有着巨大现实需求的合作构想，已经得到近60个国家的积极响应。随后，以英国、德国、法国、意大利等西方七国集团成员国为首的大量欧洲国家争先成为中国首倡的亚洲基础设施投资银行的创始成员国，国际社会已经普遍意识到“一带一路”战略具有充分的现实展开可能性。

2015年3月28日，国务院授权国家发改委、外交部、商务部联合发布《推动共建丝绸之路经济带和21世纪海上丝绸之路的愿景与行动》（以下简称《“一带一路”愿景与行动》）。它成为中国实施“一带一路”的共建原则，决定了和平共处五项原则是其国际法基础，各国主权得到尊重，“一带一路”并非要搞一个超越国家主权的欧盟式的国际联合体。这样一来，国际合作就成为“一带一路”战略推进的基调。在这个基调下，“一带一路”的框架思路就是全方位推进务实合作，打造利益共同体、命运共同体和责任共同体。在这样的框架下，“一带一路”沿线国家之间存在广泛的国际合作空间，集中在政策沟通、设施联通、贸易畅通、资金融通、民心相通几个方面。

在亚欧铁路运输通道上开辟中欧铁路通道并开行中欧（亚）班列，可同时实现并促进以上“五通”。然而，在理论研究界，亚欧铁路运输通道、中欧国际铁路运输通道和中欧（亚）班列都是新的课题，尚无系统的研究和著述。因此，开展相关研究工作，不但对理论研究有深远的意义，而且对中国铁路展开与“一带一路”沿线国家和地区的铁路合作有着明显的现实价值，并成为“一带一路”国家政策的先行者和排头兵。

全书共十一章：第一章为“一带一路”战略与铁路作用发挥；第二章为运输通道与国际铁路运输通道理论，包括运输通道内涵和演化过程、国际运输通道发展与形成、国际铁路运输通道界定和案例；第三章为中欧国际铁路运输通道系统分析，包括中欧国际铁路运输通道的概念、系统构成、组成要素及特征、总体规划；第四章为丝绸之路经济带铁路通道规划，研究了中蒙俄、新亚欧大陆桥、中国—中亚—西亚经济走廊、中国—中南半岛、中巴、孟中印缅六条经济走廊发展与走廊内沿线各国铁路发展布局规划；此后分四章内容详细剖析铁路合作组织规划的亚欧铁路运输走廊、欧洲货运网络、中亚铁路通道、泛亚铁路网规划；第九章为中欧国际铁路运输通道规划布局研究，包括中欧（亚）班列通道现状、中欧国际铁路运输通道规划建设原则、不同地区社会物流环境、不同地区中欧通道规划布局；第十章为中欧（亚）班列运营实践，分析中欧（亚）班列开行概况、沿途技术标准、物流组织、换装站技术条件、主要中欧（亚）班列境内外站场情况以及运输协定；第十一章为中欧（亚）班列面临的挑战及发展对策。

本书由赵凤枝撰写第五章第二节和第六章第一节，马欣然撰写第七章，权诗琦撰写第八章；第十章和第十一章由专职从事中欧（亚）班列运营协调的武靖宇和车探来先生撰写，其他章节均由崔艳萍撰写。北京交通大学魏玉光教授和国家铁路局高弘处长对本书进行了审定。第五、六、七、八章的所有内容素材均来源于各国际组织的网站，经马欣然、权诗琦、赵凤枝反复校译，保证数据和资料的准确性和严谨性，并处于最新状态，有了他们才有了本书采用数据和资料的权威性。另外，中欧（亚）班列有关资料由纪寿文、郝国旗参与编撰。在本书编写过程中，还得到了金万建、杨浩、王连斌、纪昌家、王仲奇等国际联运专家的指导。在此，向所有为本书的完成作出贡献的同志，一并表示感谢！

本书数据和信息真实、准确，严格遵守学术规范，提出的对策建议具有较强的操作性和针对性，将为顺利推进中欧铁路通道建设和中欧（亚）班列开行发挥咨政建言作用。

我国“一带一路”国家战略正逐步趋于成熟的体系，中欧（亚）班列实践还在不断丰富，同时国际组织的理论也处于发展完善中。本书在这个过程中出版，不足之处在所难免，希望得到各界人士的持续关注和指导，更希望广大读者多提批评意见，以利修改完善，我的邮箱：cuiyanp@sina.com。

编　者

2017 年 6 月

目录

第一章 “一带一路”战略与铁路作用发挥

自2013年习近平主席提出“一带一路”战略构想以来，铁路作为现代陆上综合交通网络的骨干，为丝绸之路经济带建设提供了快速便捷的现代物流基础设施保障，在国家间关系发展、政治文化交流、区域经济发展、区域安全保障等方面起到了积极作用。

第一节 丝绸之路经济带基本内涵与战略意义

2013年9、10月间，习近平主席在访问哈萨克斯坦、印度尼西亚期间，提出了构建丝绸之路经济带和海上丝绸之路的战略构想，受到国内外高度关注。这一战略构想，对于深化我国与中亚、西亚、南亚、欧洲等地区国家的交流合作，进一步扩大对外开放，巩固我国战略安全与经济安全，拓展西部大开发战略空间，推动我国经济持续健康发展具有重大意义。

“一带一路”贯穿亚欧非大陆，一头是活跃的东亚经济圈，一头是发达的欧洲经济圈，中间广大腹地国家经济发展潜力巨大。丝绸之路经济带重点畅通中国经中亚、俄罗斯至欧洲（波罗的海）；中国经中亚、西亚至波斯湾、地中海；中国至东南亚、南亚、印度洋。21世纪海上丝绸之路重点方向是从中国沿海港口过南海到印度洋，延伸至欧洲；从中国沿海港口过南海到南太平洋。

根据“一带一路”走向，陆上依托国际大通道，以沿线中心城市为支撑，以重点经贸产业园区为合作平台，共同打造新亚欧大陆桥、中蒙俄、中国—中亚—西亚、中国—中南半岛等国际经济合作走廊；海上以重点港口为节点，共同建设通畅安全高效的运输大通道。中巴、孟中印缅两个经济走廊与推进“一带一路”建设关联紧密，要进一步推动合作，取得更大进展。

亚欧大陆是全球面积最大、人口最多、经济活动相对集中的区域。两端国家经济发达，中间的广大腹地国家资源极为丰富而经济发展相对滞后，与我国经贸合作起步虽晚但潜力巨大，是我国拓展全方位开放新格局的重点方向，开拓新兴市场的重要目的地和能矿资源等战略资源的重要来源地。截至 2016 年底的之前十年，我国与“一带一路”沿线国家货物贸易年均增长 19%，比同期我国对外贸易年均增速高 4 个百分点，所占比重从 17%提高到 24%；从沿线国家进口原油、天然气、煤炭、棉花、矿产品分别占我国进口总额的 68%、92%、42%、35%和 11%。其中，中亚地处亚欧交通咽喉，为我国陆上能源通道必经之地，是大国博弈的“棋眼”，是我国与之联手打击“三股势力”、维护国家安全边疆稳定的重点地区，是我国外交战略中的必争必保必稳之地。

加快推进“一带一路”建设，有利于打造海陆统筹、东西互济的全方位对外开放新格局，更充分地利用国际市场和国际资源，拓展我国发展空间，巩固延长战略机遇期；促进沿线国家经济共同发展、共同繁荣，形成更广范围、更宽领域、更深层次的区域经济一体化，培育参与和引领国际合作竞争新优势；有利于实现能源资源来源多元化，减轻对马六甲海峡通道的过度依赖，提高能源安全保障水平，增强我国战略主动性和抗风险能力；有利于增进与沿线国家特别是周边国家政治互信和睦邻友好，打破西方国家的战略遏制和渗透破坏，维护我国边疆稳定和国家安全；有利于确立我国新型全球大国地位，展示负责任的大国形象，提升在全球治理结构中的话语权和影响力。

第二节　丝绸之路经济带对铁路发展提出新要求

从地理位置、安全便利、经济发展来看，建立丝绸之路经济带首先就要构建陆上国际大交通网络，形成人流、物流、资金流的便捷通道，而铁路以其安全性高、运量大、技术成熟等优势成为陆上运输的优选方式。新形势下，丝绸之路经济带对铁路发展提出新要求。

1. 丝绸之路经济带建设需要铁路融入快速便捷的现代物流体系

从世界范围来看，现代物流业的发展已经成为现代经济发展的重要支撑。现代物流业的发展反映着一个国家或者一个地区产业结构的现代化水平，也意味着一个国家或者一个地区产业结构的加速调整和优化升级。现代物流业借助现代化设施、先进的信息网络体系和技术，不断地拓展、渗透到生产生活各个环节，使生产服务、生活服务更便捷化、个性化。

丝绸之路经济带需要可以实现规模化、常态化的物流模式来适应经济发展对物流的需求，必须建设以铁路为基本支撑的现代物流大通道。以丰富的口岸资源支撑的外向型物流，需要铁路具有快速的通关条件与通畅的运输能力，实现物流的快速移动。

2. 丝绸之路经济带建设需要铁路发挥综合比较优势

根据调查，中国出口至欧洲的适箱货物每年近 8 000 万 t，其中采用海运和空运方式的比例达 90%以上。目前，采用海运方式成本最低，中国至欧洲一个 40 英尺箱全程费用约为 4 500 美元，但运输时间需要 35～38 天；而采用空运方式，全程只需约 2 天，但费用最高折合每个 40 英尺箱达 4 万美元以上。铁路已成功开行的各条中国至欧洲班列，根据终到国家的不同，全程运输时间需要 10～20 天，较海运运输时间缩短一半；班列实行市场化的价格，一个 40 英尺箱运往欧洲的全程门到门费用约为 8 000～10 000 美元。铁路国际联运方式较海运有时间优势，较空运有运费优势，可发挥自身的技术经济特征，形成铁路货运细分市场而成为现有交通格局的补充和完善。

要把丝绸之路经济带从原先的“商贸路”变成产业和人口集聚的“经济带”，必须具有功能完善的以铁路为骨干的现代综合交通网络做基础保障，同时需要打造与海运有比较优势的铁路快速大通道。这需要沿带各国以大局为重，切实改善境内运输条件，降低境内运费，简化通关手续，提高整体送达速度，增强通道与海运等方式的竞争能力。

第三节　铁路在丝绸之路经济带战略中的显著作用

在丝绸之路经济带战略的建设过程中，铁路将发挥以下主要作用：

(1)铁路是双边外交关系发展的重要推动力之一。

铁路在外交活动中，不仅作为双边主要合作项目，还要承担两国关系发展后双边贸易快速发展的重要运输任务，更承载着推动两国关系向全面化、正常化、深入化方向发展的重要使命。例如规划的中吉乌国际铁路，对改善中国新疆乃至整个西部的交通格局，完善新亚欧大陆桥南部通路，加强中国与中亚各国的关系，形成东亚、东南亚通往中亚、西亚和北非、南欧的便捷运输通道都有重要意义。早在 2006 年，吉尔吉斯斯坦领导人就表示，“吉尔吉斯斯坦非常关注正在论证中的中吉乌铁路，希望这条跨过中亚连接上海和巴黎的铁路成为 21 世纪工程”。

我国实施睦邻、安邻、富邻的外交政策，资源、人口、环境问题的解决需要周边各国的共同努力，需要加强区域内人员、物资的流动和资源共享，铁路运输将是其中的重要桥梁。例如连接昆明至新加坡的泛亚铁路，它将成为中国与南亚国家经济文化交流的重要纽带。商务部有关研究认为，泛亚铁路将成为这样一条睦邻、安邻、富邻之路，是弥补中国沿边区域合作缺失链环的重大措施。此外，在图们江流域开发、湄公河流域开发、中亚区域合作开发中，铁路运输与建设都是其中的重要内容。

(2)铁路在丝绸之路经济带战略中提供重要运输保障。

在全球能源安全面临诸多挑战的背景下，寻求多元化的能源运输已成为中国能源运输十分紧迫的任务。俄罗斯、中亚等国油气资源丰富，在铁路进口运量中，能源和资源运输占80%以上。今后铁路将继续承担进口煤炭、矿石、木材、石油等能源资源任务。铁路在大宗能源资源长距离运输中的优势，是中国与周边国家积极开展能源资源互利合作的重要保证。

铁路也是加速国家对外开放、贯彻“走出去”战略的重要基础。良好的交通设施是加快边境地区开放的基础、前提和标志，而丝绸之路经济带战略的实施对交通运输有着更高的要求。铁路口岸的建设、输送能力的提高在国家对外开放中起着重要作用，人员、物资能通过庞大的铁路网快捷地运输至沿线各区域，保证物资“进得来、出得去”，扩大经济交流，加速社会进步。

(3)铁路将促进沿线产业结构调整并拉动经济发展。

我国西部有强大的资源优势，特别是石油、天然气、煤炭、有色金属、非金属矿产品、农牧业等具有独一无二的优势。但由于对外交通条件的限制，资源优势难以转换成产业优势。以新疆丰富的农副产品出口欧洲为例，在开行中欧(亚)班列之前，需要绕行天津港等港口走海运，走一个大“C”字径路，运输成本远远高于产品价值。丝绸之路国际铁路运输大通道的建设，将使西部外向型经济从劣势转变为优势，与沿海地区相比，西部与中亚、欧洲的运输距离大大缩短。因此，铁路将加快促进西部优势资源转换战略，优势资源能够就地加工生产，延长产业链，提高附加值，加速产业结构的调整与升级速度。丝绸之路国际运输物流发展，也将拉动沿线区域经济发展。

铁路在我国丝绸经济带战略中具有重要的地缘政治作用，它不仅仅是国家间关系发展的推动剂，是国家与周边区域经济合作的黏合剂，同时也是我国与周边地区区域安全的镇定剂，是我国与周边国家政治文化交流的润滑剂，更是整个国家以及周边区域经济发展的催化剂。

第四节　构建中欧国际铁路运输通道的必要性

构建中欧国际铁路运输通道对于增进政治互信、保障能源安全、推进西部大开发、促进中国铁路走向世界等方面都有重要意义。

1. 是增进政治互信，维护地区和平，促进各国共同繁荣的需要

丝绸之路通道的建设将与亚欧大陆各国建立新的运输通道，并借此提高战略合作伙伴关系，扩大贸易往来，推进交通、电力等基础设施领域的合作，加快互联互通，共同谋划辉煌的未来。同时，在地缘方面，中国相邻国家阿富汗和中亚国家都缺少入海口，无入海口的地理特点成为其发展海外国际贸易的致命阻碍。在此情况下，中国首先与上述国家实现互联互通，并通过丝绸之路骨干通道的建设，为这些国家实现出海通道。丝绸之路骨干交通网的建设可作为增进中国与丝绸之路沿线国家政治互信、促进各国共同繁荣的重要项目加以推动。

2. 是国家能源、资源安全的重要保障措施

经济全球化的快速发展，使整个世界成为不可分割的有机整体。我国作为世界上最大的发展中国家，与各国经济联系日益紧密，澳大利亚、非洲的铁矿石运往中国；印度尼西亚、马来西亚等东盟国家的矿产品、机电等大宗货物同中国交流频繁；中东和俄罗斯的天然气供应全球；今后我国将更多地从国外进口能源和资源，其中包括从具有较丰富油气资源、煤炭资源和铁、铜等矿产资源的俄罗斯、中亚各国及印度等周边国家进口。目前国外能源和矿产资源的进口运输的方式和路径较为单一，从西亚进口原油需经过波斯湾、马六甲海峡进入我国沿海港口，上述通道的安全直接影响到我国能源安全，而从我国西部的新疆通过中巴铁路可直接进入波斯湾，从霍尔果斯口岸出境经哈萨克斯坦、乌兹别克斯坦、土库曼斯坦可达伊朗、伊拉克等石油资源富集地区。构建中欧国际铁路运输通道是突破“马六甲困局”、缓解海上能源资源通道制约、构建陆上能源资源安全大通道的迫切需要。

3. 是实施向西开放、深入推进西部大开发的需要

我国改革开放以来实施非均衡发展战略，大大加快我国改革开放的进程和经济增长的速度，国民财富迅速积累，综合国力大幅提高，缩小了我国与发达国家的差距，创造了经济发展史上的中国奇迹。但是非均衡发展战略客观上扩大了东部和中西部地区发展差距，上个世纪 90 年代末爆发的亚洲金融危机，造成我国外需明显萎缩，凸显了扩大内部市场潜力的必要性和紧迫性。正是在这样的大背景下，党中央国务院做出西部大开发重要决策。西部在我国发展中有重要地位，人口占总人口的 27%，能源资源富集，水能、煤炭、金属、非金属、生物资源在全国占有举足轻重的地位。西部地区与周边 13 个国家接壤，少数民族人口占全国 70%，贫困人口占 65.9%。西部地区是大江大河的源头，是我国重要的生态屏障，因此

西部地区的繁荣发展与稳定，事关各族群众福祉，事关国家的长治久安，事关中华民族的伟大复兴。

随着国家向西开放等战略构想的形成，向西开放引领了新一轮的西部大开发，2011 年起，国家相继提出支持云南向西南开放，内蒙古向北开放，批准设立了新疆喀什、霍尔果斯两个经济开发区，允许这些地区先行先试，发挥示范带头作用，率先打开向西开放的新局面。随着我国与周边国家一体化深入发展，落后的通道基础设施制约了经贸发展和人员往来。丝绸之路通道的建设在国内将带动以口岸为依托的后方通道建设，加强西部与中国中东部联系；对外实现与周边国家互联互通，形成西部向西开放的大通道。

4. 是中国铁路走向世界的需要

中国铁路经过多年发展，取得了长足的进步，已具备了“走出去”的基本实力。一是掌握了包括高速铁路在内的各种铁路先进的设计施工技术并具有强大的铁路设计施工队伍；二是掌握了现代化铁路技术装备的设计制造技术并具有规模化生产的能力；三是具备了管理合资、合作铁路和上市铁路公司的能力，能够适应国际铁路项目的管理要求。加上我国周边一些经济相对落后的国家，缺乏铁路自我改造和发展的能力，有些已向我国提出了帮助建设铁路的要求，客观上为中国铁路走向世界提供了市场机遇。因此应从长远角度和战略高度出发，抓住机遇深入参与和引导周边国家战略运输通道建设，以推进我国与俄罗斯及中亚、东南亚国家的相关合作。当前我国与周边国家的地缘政治关系正处在一个相对有利的时期。东北亚地区把加强基础设施建设作为合作的重点；中亚国家在经历解体震荡后已进入相对稳定的发展时期；南亚地区的紧张趋势正在逐步缓解；东盟和我国的“10＋1”机制日趋完善。目前周边国家和地区形势正是我国铁路走出国门的有利时机。

第二章　运输通道与国际铁路运输通道

运输通道理论出现在 20 世纪 60 年代，从发达国家交通运输界引入，是交通运输网络发展到综合运输阶段后兴起的。当其服务地域范围延伸至国与国之间时，则称为国际运输通道。同时，若通道中以铁路交通方式为主，则称为国际铁路运输通道。

第一节　运输通道内涵与演化过程

一、运输通道内涵

运输通道又称交通走廊，随着运输通道理论与实践的发展，不同部门及研究领域从不同角度，对运输通道做了具有不同侧重点的描述。主要有：

(1)国际公共运输联盟(International Union of Public Transport)和原西德公共运输企业联盟主编的《公共运输词典》从客货运输密集带和运输线路角度，将运输通道描述为：某一地域内，连接主要交通流发源地，有共同流向，且有几种运输方式可供选择的客货密集带，是运输网络的骨干线路。

(2)美国交通工程专家 William W. Hay 从通道的影响因素角度，将运输通道描述为：在湖泊、河流、溪谷、山脉等自然资源分布、社会经济活动模式、政治等因素的影响下而形成的客货流密集地带，通常由多种运输方式提供服务。

(3)加州大学的 William L. Garrison 教授从运输需求角度将运输通道定义为：在交通运输投资集中的延伸地带内，运输需求非常大，交通流非常密集，各种不同的运输方式在此地带内互相补充，提供运输服务。

(4)中国科学院张文尝研究员从运输联系和运输区划角度将运输通道描述为：联结不同区域的重要和便捷的一种或多种运输干线的组合。

(5)重庆大学黄承锋博士从通道组成元素角度将运输通道描述为：客货流的流经地、线路、运载工具以及管理系统的总和。

综上所述，运输通道可概括为：连接一系列经济点、生产点和重要城市，所在区域有共同主流向的客货流密集地带，一般含多种交通运输方式，并有大型的枢纽、港口、机场等服务于通道的配套设施。包括以下内涵：①运输通道为一个运输地带，并非一条运输线。②是连接客货流发源地与目的地的客货流的密集地带。③一般由平行的多种运输线路互相补充，共同提供服务。虽然单一运输方式的线路也可以组成运输通道，但只有单一运输方式由多条运输线构成运输密集带时，才能叫运输通道。④运输通道不仅包括各种运输线路，而且包括枢纽、港口、车站、机场以及其他运输生产配套服务设施，形成运输通道的统一体。⑤运输通道并非技术术语，而是综合运输建设规划术语，运输投资集中于运输通道内。⑥根据规划主体和服务地域范围不同，运输通道可分为国际性、全国性、大区性、省区性、地区性甚至县级等不同层级。本书研究对象为国际性通道。

二、运输通道演化分析

带状区域中各部分之间不断强化的运输联系推动了运输通道的形成和发展。分析表明，运输通道的发展呈现出阶段性，不同的社会经济发展阶段有不同的运输需求，为满足不同的需求就需要构筑不同服务水平的通道，因而运输通道的形成和演化过程也呈现出一定的阶段性，大体上可以分为以下四个阶段。

1. 以“点”为主阶段

这一阶段是通道形成的萌芽阶段，处于以城市为区域中心和增长极的时期，此时城市腹地很小，经济发展主要处于自给自足、对外联系极少的封闭经济时期。这时期的运输量小且受到区域腹地范围的限制，主要体现为一些有空间运输需求的孤立的“点”，“点”与“点”之间联系不太紧密，且规模较小，多以人力和畜力为主要的运输行驶动力，并且点的分布方向也受到地理条件的限制。

2. 成“线”阶段

区域内某些节点（城镇）社会经济的发展和人口规模的扩大，使节点间的交流合作日益频繁。为适应经济发展的需要，把有空间运输需求的最近的点联结起来，“点”与“点”之间逐步形成紧密联系，形成“线”状形态的通道。二战后，在欧美等发达国家的经济核心区，沿通道形成了众多的“城市带”。“线”状的通道结构既保持了通达性又有强劲的集聚效应，可迅速扩大区域间的交流合作。

3. 成“网”阶段

随着运输线路的扩散和辐射作用，按最近距离的各“点”之间联系的“线”状形态之间联结起来就形成了“网”状的通道；这种情形一般可以认为是经济区域概念的形成。这种运输网把互不连接的腹地互相联结起来，内地中心不断形成，城市形态也逐渐演变成为城市群。进入这一阶段，经济发展较快，位于运输网的战略枢纽点发展成中心城市，并由此向外扩展联系范围，又形成新的产业带和城镇带，这种结构可扩大区域间的交流和联动的规模和深度。

4.“通道”阶段

这一阶段是在运输网内出现了密集的交通流量，而且往往出现在条状地域内，需优先发展这些连接线，加强重要城市之间的联系。中心城市不断扩大，成为大量交通流的发生地，导致它们之间联系的集中程度越来越高，所有中心城市和一些次要城市直接联系在运输网系统中，运输通道就因此产生。这些运输通道连接着中心大城市，并刺激通道沿线的经济发展。

第二节　国际运输通道发展与形成

国际运输通道承担着国际旅客和货物交流，是国家输入输出物资的桥梁，直接关系到国家对外贸易发展状况，一个能力充分、联通顺畅的国际运输通道是一个国家发展的基础。

一、国际运输通道基本类型与特征

运输通道大都是在长期发展中自然形成的，并随社会经济、运输技术、生产布局等诸多因素的不断变化而逐步发展。以货物运输为例，其产生最初源于对不同商品的需求，即货物的移动所形成的交通流。随着社会文明的发展和进步，经济合作由同一国家各城市之间扩展到不同国家之间，各国间国际贸易日趋频繁，运输联系不断增强，生产力的进一步发展使各种形态的交通流量不断增加、运输需求越来越大，为国际运输通道的形成提供了发展契机。

国际运输联系主要通过海上通道完成，内陆国家间也可以通过陆桥通道，主要由铁路、公路、管道以及民航方式组成。按照运输方式的构成，国际运输通道可以分为单一运输方式的国际运输通道和国际综合运输通道。单一运输方式的运输通道是指以公路、铁路、航空、水运、管道五种最基本的运输方式中的一种为主。综合运输通道由多种运输方式组成，包括由几种运输方式串联（即由两种或两种以上的运输方式线路串接联通而成），或者由几种运输方式并联或混联（即通道由至少两种运输方式线路直接连通或间歇性分段连通）而成的通道。由于方式之间的互补性，这种运输通道的可靠性和稳定性较好，方式之间既有协作，又有竞争，因此，其规划与运营管理比较复杂。

国际运输通道基本特征可以概括为：

（1）国际运输通道一般是相关各国间综合交通网络的骨干，具有全局意义，通畅性对于交通网络的整体效益起着十分重要的作用。

（2）国际运输通道容量大，需求集中。根据货物的起讫点，可承担的运输量包括洲际货运量、过境货运量、国家间货运量以及国内货运量，运输的货物可双向流动，起讫点集中在通道周围或连接各国，并且以跨国的货运量为主。

（3）通道联系的相关区域具有更强的扩展性。国际运输通道的影响范围除直接联系和经过的区域外，对运量的吸引还影响到非相邻区域。

二、国际运输通道的形成

国际运输通道的形成和发展受多种因素的影响，包括自然地理条件、社会经济水平、交通技术水平等因素。在国际运输通道形成与发展的各个阶段，主导因素往往是变化的，这些因素所起的作用大小也各不相同。

1. 建设与发展要素

国际运输通道即连接货流发源地与目的地的货流密集的运输地带，它的形成要受到自然地理、人口分布、经济活动模式、生产力布局、人为规划以及政治等多种因素的影响。分析认为国际运输通道的建设与发展，要具备两个基本要素：

（1）不同分工的起讫区域。

区域经济专门化水平的提高，促进了货物交流的不断增强，使各个区域之间的运输联系更加密切，国际运输通道的能力逐步扩大；同时伴随着运输条件的改善，各国专门化生产程度又会进一步提高。这种关系往复循环，促进了国际运输通道和各国经济的不断发展和壮大。

（2）联系各国的交通线路。

国际运输通道属于大型基础设施，是综合运输体系的骨干部分。通道以其大容量的输送能力，担负着区域间大部分的货流量，联系区域的交通线路成为国际运输通道的重要构成要素之一。

从运输方式看，构成国际运输通道的交通方式可以是公路、铁路、航空、水运和管道中的一种或多种方式，也可以是几种运输方式的联运形式，影响运输方式选择的因素主要有自然条件、货物种类以及运输方式的技术经济特征。

从运输线路看，由线路、场站设施、调度和管理的通信设备以及大量附属设备构成。运输通道的线路主要货流走向，与通道吸引范围的经济结构、运输方式的技术经济特征相关。

2. 形成原因分析

国际运输通道形成的原因很多，从国家发展战略到历史文化，从经济发展基础到自然资源条件，都直接或间接促进了运输通道的形成，同时运输通道的形成发展推动了通道所在各国经济的发展和社会的进步。

(1)历史文化交流

深厚的历史基础是国际运输通道形成的原因之一。由于历史文化交流的原因，往往使一定区域人口、城镇密集，同时相似的风俗习惯和贸易历史也促进了国际运输通道的形成。丝绸之路曾经是沟通中西经济、政治、文化和思想的大通道，是连接和融汇人类四大文明的纽带，带动了沿线国家的贸易往来，同时增进了国家间的友谊。由于悠久的贸易历史和文化交流习俗，丝绸之路已演化为以现代铁路和高速公路为代表、经由中亚联通欧洲的“新丝绸之路”。

(2)国家发展战略

经济要发展，交通必先行。没有便利的交通条件，谈不上经济快速发展，更不会有人民生活水平的提高。国家从战略角度出发，通过制定一系列的支撑政策来推动经济的发展，其中包括创建服务于国际贸易、国际经济和文化交流的运输通道，改善与其他国家的交通条件。国家“一带一路”战略要求充分发挥我国的区位优势和产业优势，使国际运输通道建设成为构建丝绸之路经济带的重要依托。

(3)沿通道经济条件

沿通道的区域经济发展水平和特点决定客货运量的规模和流向，客货运量大小则是国际运输通道形成和发展的基础条件。经济实力雄厚、综合发展水平高的地区，一般具有较大的客货生成规模和较强的辐射力与吸引力，其产品的流出和流入更加频繁。另外，沿通道经济条件好，能够促进产业的聚集和人口的集中，将诱增新的客货运量。这些都在客观上要求国际运输通道的形成和发展满足沿线地区经济社会发展的需要。

总之，国际运输通道的形成不单单局限于一种原因，往往是多种原因的组合。其中客货运需求的增长是国际运输通道形成的直接原因，同时国际运输通道的发展将扩大沿线城市规模、增加城市数量，从而带动沿线城市经济的发展。沿线城市经济改善将诱增新的客货运量产生，这就从质和量上对国际运输通道提出了更高的要求，间接促进了国际运输通道在深度和广度上的发展。

第三节　国际铁路运输通道界定

一、概　　念

国际铁路运输通道是指用来连接国家之间的客货流密集地带的至少有一条铁路的交通运输线，担负着大量重要的客货运输任务。每条通道相对独立，一些通道又相互联系，有时还相互交织，构成运输通道网。其中一部分仅在内陆，更多的则与海运、空运、管道运输等共同构成多式联运系统。国际铁路运输通道承担着国际交通运输任务，是国家或者区域对外联系的桥梁，是现代化综合运输通道的有机组成部分，具有较强的吸引力。2009 年铁路合作组织（以下简称铁组）为了发展亚欧区域的铁路运输通道，确定了铁路运输通道（走廊）[①]的定义：是拥有现代化技术装备的地面铁路干线和铁路—水运轮渡的综合体，用于实现国际过境运输，并保证最短的客货运送期限和较高的运营及经济指标。

国际铁路运输通道不是指单一的铁路交通运输线，而是运输网络中的一个概念，与交通运输网既有区别又有联系。在形式上，通道是连接客货交通流密集带的交通走廊，呈带状形态；在功能上，通道是构成运输网络的骨干，连接运输网络的主要枢纽和集散点，通过运输网络的联系来聚散密集的交通流。国际铁路运输通道对某个区域或相关国家的社会经济发展意义很大，主要功能包括以下几个方面：第一，国际铁路运输通道是国家间交通运输系统的骨干，担负大量、重要、稳定的客货运输任务，是交通运输的保证体系。第二，国际铁路运输通道作为综合运输体系的有机组成部分，通过与其他运输方式的合理分工、协调发展，可以提高综合运输能力，为国民经济的

①关于"通道"和"走廊"两个概念的说明。运输通道的概念从美国引入，原文为 transportation corridor，本书提到的铁路合作组织、欧盟、联合国亚太经社会、中亚区域经济合作等国际合作机制也使用"corridor"指代铁路客货流密集地带，国内学术界多用运输"通道"，但也有部分文献称其为"走廊"。在本文中，使用的"通道"与"走廊"意思相同。

发展提供良好的交通供给保障。第三，国际铁路运输通道的形成有利于交通运输系统管理的提高，在激烈的竞争中通过科学合理的管理过程，实现运输体系的可持续发展。第四，国际铁路运输通道的形成为发展多式联运和交通管理信息化创造了良好条件，有利于提高区域或国家的交通运输系统的经济和社会效益。

二、分　　类

根据功能，国际铁路运输通道可分为洲际性通道和区域性通道。洲际性通道指为多个国家跨洲际的运输服务，通常开展洲际间运输和海铁联运，如西伯利亚大陆桥、新亚欧大陆桥、中国东北经绥芬河至俄罗斯东方港、至日本、韩国的运输通道等。区域性通道指为一定区域内少数国家服务的运输通道，通常仅布局在相邻国家之间，这类通道里程不长，但运量较大，如天津—乌兰巴托（俗称小陆桥）通道、中吉乌通道、中巴通道等。

根据发展前景，国际铁路运输通道可分为现实性通道和战略性通道。现实性通道指当前已经具有一定运量规模，对当前国际贸易有比较重要意义的通道。如天津—乌兰巴托通道、连云港—阿拉木图等。战略性通道指虽然当前运量不大，但从长远看具有重要战略意义或发展潜力的通道，如中国—欧洲—北美（N. E. W.）通道等。

根据规划主体，国际铁路运输通道可分为国际组织规划和国家间规划两类。一般而言，国际组织由于成员国众多，规划的运输通道多包括多条铁路线路，形成彼此相互连通的洲际铁路运输通道网，如铁组规划的 13 条运输走廊、欧盟规划的 9 条货运走廊、中亚区域经济合作规划的铁路通道以及联合国亚洲及太平洋经济社会委员会（以下简称联合国亚太经社会）规划的泛亚铁路网。国家间规划的运输通道以区域性通道为主，如中巴铁路运输通道、中吉乌铁路运输通道。

第四节　国际铁路运输通道案例

一、大陆桥运输通道

1. 大陆桥运输的涵义

大陆桥（Land Bridge）是特殊的运输通道，是指由横贯大陆的铁路将其两边的海上运输线连接起来，形成跨越大陆、连接海洋的国际联运线。大陆起到了“桥”的作用，所以称之为“大陆桥”，海—陆—海的联合运输即为大陆桥运输。20 世纪 50 年代,随着大型国际标准集装箱运输的产生和发展,大陆桥运输也顺应时代发展的需要,以集装箱作为媒介而逐步发展、成熟起来。

大陆桥运输是指以集装箱为载体,以横贯大陆的铁路或公路运输系统为中间桥梁,把大陆两端的海洋连接起来的铁、海、公多种方式联合运输,是一个大的系统工程。我们通常所述大陆桥运输是个广义概念,包括大陆桥、小陆桥和微型陆桥运输。狭义的大陆桥运输的标准过程为:海运—登陆国铁路—过境国铁路……过境国铁路—到达国铁路—海运。小陆桥运输(Mini Bridge)和微陆桥运输(Micro Bridge)是指仅利用大陆桥的一部分,而不是通过整条大陆桥,实现海—陆或陆—海形式的联合运输。小陆桥和微陆桥运输径路更加合理,具有更强的灵活性和优越性,近年来发展较快。

大陆桥运输从产生之初即与集装箱紧密结合,利用集装箱便于换装的特点,使得各种运输方式有机连接,形成一个完整的多式联运体系。随着经济全球化的发展,针对国际贸易中不同地域和产品多种多样的运输要求,大陆桥运输已不再仅仅是"运输"所体现的完成货物唯一的过程,而是发展成为以集装箱多式联运为运输组织方式的综合国际物流服务系统,现有的大陆桥运输也成为承载着洲际间物资往来的国际物流通道,以其独特的优越性和影响力受到沿桥各国的关注。

2. 北美大陆桥

(1)运输线路

北美大陆桥是指利用横跨北美洲东西海岸的铁路网实现货物从日本和远东到欧洲的"海陆海"联运线路。主要包括美国大陆桥和加拿大大陆桥两条线路,其中美国大陆桥是世界上开办的第一条大陆桥运输线。20 世纪 50 年代初期,日本货运公司首先使用了美国大陆桥运输集装箱,货物运输径路为:日本和远东—美国西海岸(洛杉矶、西雅图、旧金山等)—美国东海岸(纽约、巴尔的摩等)—欧洲,其中铁路全长约 3 200 km,通过美国大陆桥运输,比经巴拿马运河的远洋运输可节省 5 天时间。美国大陆桥另一条线路是货物从美国西海岸登陆后运至南部墨西哥沿岸。加拿大大陆桥于 1979 年开通使用,与美国大陆桥的情况基本相似,货物运输径路为:日本和远东—加拿大西海岸(温哥华)—加拿大东海岸(蒙特利尔)—欧洲。

(2)产生背景

北美大陆桥的产生具有一定的时代背景。上世纪 50 年代初期,由于朝鲜战争的进行和运输战争物资的需要，日本通向西方的海运通道受到严重威胁，于是日本与美国联合，利用美国东、西海岸的港口和铁路网，以集装箱为载体开展海—铁—海联运，实现货物自日本和远东港口经海运至美国西海岸，换装经铁路运输至美国东海岸，再换装经海运至欧洲的目的。

(3)发展现状

北美大陆桥开办初期，基于其速度快、成本低的特点曾吸引不少货源。但由于美国东部港口和铁路货源过剩，运能有限，货物到后往往很难保证及时装运，从而抵消了大陆桥运输所带来的时间节省优势。同时，西伯利亚大陆桥的出现和发展，也给北美大陆桥带来很大冲击，北美大陆桥基本限于停滞状态。然而，陆桥运输系统的建立给北美陆桥运输带来了新的生机，小陆桥和微陆桥运输逐渐呈现出勃勃生机，主要吸引来自日本和远东进出口至北美墨西哥湾及内陆的货物，在运输时间和成本上表现出其他运输方式不可比拟的优势。

3. 亚欧大陆桥

(1)运输线路

亚欧大陆桥是指中国、日本、韩国及东南亚各国的货物经海运至俄罗斯或中国东部港口，再经跨越亚欧的俄罗斯西伯利亚铁路及亚欧各国互相衔接的铁路网运至欧洲的海铁联运通道。运营中的亚欧大陆桥共有两条线路。第一条为西伯利亚大陆桥，其径路为：远东货物经海运至俄罗斯纳霍德卡港，换装转运经西伯利亚铁路至莫斯科进行二次编组转运，方向一经布列斯特至西欧，方向二经圣彼得堡转海运至北欧，以及其他中亚、西亚各国。第二条为新亚欧大陆桥，其径路为：远东货物经海运至中国连云港，换装转运经中国铁路运至新疆阿拉山口，出境经哈萨克斯坦、俄罗斯及亚欧各国铁路运至欧洲、中亚、西亚目的地。

(2)产生背景

西伯利亚大陆桥是亚欧大陆桥中最早运营的陆桥，由原苏联和日本发起，1967 年试运行，其最初的东端起点为日本，西端终点为英国。随着亚欧大陆桥优势的发挥，1970 年苏联与日本协商进一步推动西伯利亚大陆桥的发展，将其正式转入运营阶段。

基于俄罗斯西伯利亚大陆桥运输的成功经验，及其对沿桥各国经济发展的推动作用，综合我国的地理位置和港口不封冻的优越条件，自 1990 年起，中华人民共和国铁道部分别与沿桥各国接触协商，探讨开行穿越中国中部的新亚欧大陆桥。1992 年 12 月 1 日实现新亚欧大陆桥试运营；2003 年 4

月22日，开行始发自连云港的首列新亚欧大陆桥示范性班列。新亚欧大陆桥比西伯利亚大陆桥有以下优势：第一，亚欧之间的货运距离比西伯利亚大陆桥显著缩短，从日本、朝鲜至欧洲，通过新亚欧大陆桥，水陆全程仅12 000 km，比西伯利亚大陆桥少2 000多km，比经苏伊士运河少8 000多km，比经巴拿马运河少11 000 km，比绕道好望角少15 000多km。第二，东亚与中亚、西亚的货运距离大幅度减少。日本神户、韩国釜山等港口至中亚的哈萨克斯坦、乌兹别克斯坦、吉尔吉斯斯坦、塔吉克斯坦、土库曼斯坦五个国家和西亚的伊朗、阿富汗，陆上距离差距很大。如到达中亚的阿雷西，走西伯利亚大陆桥，陆上距离8 600 km，走新亚欧大陆桥，陆上距离只有5 862 km，相差2 738 km。第三，新亚欧大陆桥东端桥头堡自然条件好，位置适中，气候温和，一年四季可不间断地作业。

近年来，亚欧大陆桥受到世界各国的不断关注，究其根源是来自于亚欧之间不断发展的经贸往来，随着世界经济中心的东移，中国以及亚洲与欧盟的贸易额不断增加。截至2015年，中国已连续十多年成为欧盟最大进口来源国和第二大出口目的国，蓬勃的经济发展给亚欧大陆桥运输的发展带来了新的动力。

（3）发展现状

西伯利亚大陆桥是世界各条陆桥通道中长期保持畅通，实现常态化运营的重要通道，这来自于俄罗斯及沿桥各国的高度重视。随着俄罗斯经济的发展和交通运输部门改革的推进，西伯利亚大陆桥的经营和发展进入到了新阶段。1993年，为了进一步提高西伯利亚大陆桥运量，保证路桥通道畅通，俄罗斯专门成立了“西伯利亚干线运输协调委员会”，负责有关西伯利亚大陆桥的运价制定、协调管理，解决通道运输过程中出现的问题。该委员会有115个会员，包括学术机构、铁路公司、海关等不同代表。针对西伯利亚大陆桥的发展，俄罗斯铁路在其《至2030年俄罗斯联邦铁路运输发展战略》中确定将不断加大西伯利亚大陆桥基础设施投资，加大沿桥货物集散枢纽建设，以及线路的扩能改造。

由我国发起的经阿拉山口出境的新亚欧大陆桥同样受到我国有关部门、沿桥各省以及沿桥各国的重视。近年来相继开行了示范性班列，并成立了相应组织机构，出台了相关政策，沿桥各国共同协商探讨有关推动陆桥通道发展，解决运营中存在的问题。20多年来，大陆桥沿桥区域货物运输量和周转量大幅提升；依托新亚欧大陆桥，物流业发展优势明显，进出口货运量不断攀升；联运发展技术环境逐步完善，铁路基础设施建设发展迅猛；沿线国家间国际交流合作进一步加深；大陆桥已经构建了庞大的市场体系，包括资源市场、物流市场、园区市场和旅游市场。

二、N. E. W. 通道

N. E. W. 是 Northern East West 的缩写，即北部东西通道。N. E. W. 通道作为连接东方和西方的全球性贸易通道，其东部起源于中国和俄罗斯，途经哈萨克斯坦、俄罗斯、东欧和北欧，从挪威西部港口纳尔维克下海，经大西洋最终到达北美东部港口。

N. E. W. 通道的概念最早是挪威的 Futurum AS 公司于 1997 年提出的，当时并未引起关注。2000 年以后，由于国际铁路联盟（简称铁盟，缩写 UIC）的大力推荐，特别是 9.11 事件后，美国运输部和国土安全部出于战略考虑开始介入通道的研究和开发工作，通道研究逐渐升温。几年间，铁盟通过各种会议和展览，与通道沿途各国政府和相关公司广泛接触，不遗余力推动 N. E. W. 通道的研究、开发和实施。

N. E. W. 通道主要服务于三个地区：中国、俄罗斯和中亚地区；北欧三国，即挪威、瑞典和芬兰；北美，即美国和加拿大。通道由铁路运输和海运两部分组成，运送集装箱货物，其中绝大部分运量来自中美两国间贸易货物。

N. E. W. 通道的现实意义在于缓解中美两国贸易中的运输压力，通过不同运输方式竞争降低运输成本。此外，通道还具有深远的战略意义，即在海上运输受到各种不可预见因素影响的情况下，保证亚欧大陆及中国和东南亚国家同美洲大陆运输联系不致中断，这也是通道引起各有关国家政治和经济界普遍关注的主要原因。

国际铁路联盟是 N. E. W. 通道的组织者，通道的组织机构包括三级，即高层指导委员会、管理委员会（执行委员会）和项目执行办公室。参与 N. E. W. 通道开发的各国机构包括：中国—原铁道部、中铁集装箱运输公司、中外运总公司；俄罗斯—俄铁股份公司、俄罗斯铁路集装箱股份公司、西伯利亚大陆桥国际协调委员会；哈萨克斯坦—哈萨克斯坦铁路公司；芬兰—芬兰铁路公司、芬兰铁路管理局；瑞典—瑞典国家铁路管理局、Green Cargo 铁路公司、宜家物流公司；挪威—挪威交通和通信部、北挪威执行委员会、Futurum AS 运输咨询公司、诺尔兰郡、纳尔维克市、挪威国家铁路管理局、纳尔维克港；冰岛—交通部；美国—运输部、商务部、国土安全部、美国铁路协会、波士顿港、Pacer 物流公司。

美国政府对 N. E. W. 通道的态度非常积极，因为美国西海岸的港口和西部铁路网的能力已处于十分紧张的局面，而东部港口和铁路网的能力则较为富裕，要解决美国西部运网能力短缺的问题需要投资400亿美元，且形成能力尚需时日。美国政府认为N. E. W. 通道对美国十分重要，N. E. W. 通道已被列入美国运输部长制定的“全球运输通道连通”行动方案。挪威政府也比较积极，其意在通过承担东西方之间的贸易运输促进其港口和铁路沿线经济的发展。

第三章　中欧国际铁路运输通道系统分析

中欧(亚)班列从2011年起开行,是实现丝绸之路经济带上中欧互联互通的重要载体,成为"一带一路"建设的重要早期收获之一。依托中欧(亚)班列,2015年3月三部委联合发布的中国"一带一路"顶层规划中提到的"努力实现区域基础设施更加完善,安全高效的陆海空通道网络基本形成,互联互通达到新水平"的目标可望在陆路的铁路领域优先实现,中欧国际铁路运输通道将率先形成。

第一节　中欧国际铁路运输通道概念界定

一、概　　念

中国"一带一路"顶层规划《推动共建丝绸之路经济带和21世纪海上丝绸之路的愿景与行动》中提到:"一带一路"贯穿亚欧非大陆,一头是活跃的东亚经济圈,一头是发达的欧洲经济圈,中间广大腹地国家经济发展潜力巨大。丝绸之路经济带重点畅通中国经中亚、俄罗斯至欧洲(波罗的海);中国经中亚、西亚至波斯湾、地中海;中国至东南亚、南亚、印度洋。

习近平指出:"一带一路"不是一个实体和机制,而是合作发展的理念和倡议,是依靠中国与有关国家既有的双多边机制,借助既有的、行之有效的区域合作平台,旨在借用古代"丝绸之路"的历史符号,高举和平发展的旗帜,主动地发展与沿线国家的经济合作伙伴关系,共同打造政治互信、经济融合、文化包容的利益共同体、命运共同体和责任共同体。

在多边合作机制方面,"一带一路"总体规划中也明确提出:强化多边合作机制作用,发挥上海合作组织(SCO)、中国—东盟"10+1"、亚太经合组织(APEC)、亚欧会议(ASEM)、亚洲合作对话(ACD)、亚信会议(CICA)、中阿合作论坛、中国—海合会战略对话、大湄公河次区域(GMS)经济合作、中亚区域经济合作(CAREC)等现有多边合作机制作用,相关国家加强沟通,让更多国家和地区参与"一带一路"建设。

中欧国际铁路运输通道为"一带一路"的陆路通道，是丝绸之路经济带的交通走廊。根据"一带一路"顶层规划的系统内涵，可界定为：中国与有关国家共同规划的，借助既有国际合作平台形成的，以东亚（尤其是中国）和欧洲为集疏运系统、以东亚和欧洲间铁路通道作为国际运输主骨架的运输通道网。

中欧国际铁路运输通道连接东亚经济圈和欧洲经济圈，贯穿亚欧大陆，由通道线路和节点构成，在中欧间绵延 1 万 km 以上，跨越多个国家，建设及运营过程不仅需要协调各国铁路运输部门，还需要协调海关、口岸、检验检疫等各类机构。必须有效借助区域合作机制，推动中欧国际铁路运输通道的建设，促进区域合作蓬勃发展。

就中欧国际铁路运输通道建设而言，相关的合作机制有"一带一路"顶层规划中提及的中亚区域经济合作（CAREC），另外，联合国亚太经社会、铁组、欧盟等国际组织也有专门针对铁路运输通道的规划和相应措施。依靠区域甚至洲际合作机制是高效加强国家间合作、促进国际铁路运输通道发展的有效保障。

二、内　　涵

中欧国际铁路运输通道作为"一带一路"规划的重要抓手，具有不同于其他任何运输通道的五个独特内涵：

（1）中欧国际铁路运输通道是"一带一路"六大经济走廊的物理联通。丝绸之路经济带的核心是规划中蒙俄、新亚欧大陆桥、中国—中亚—西亚、中国—中南半岛、中巴、孟中印缅六大经济走廊，而交通基础设施发展及互联互通是规划经济走廊的首要任务。"一带一路"总体规划宏观描述了六大经济走廊的走向，中欧国际铁路运输通道还需在此基础上结合铁路特征加以界定。

（2）中欧国际铁路运输通道与"一路"相互作用，形成海陆闭环通道系统。"一带一路"致力于亚欧非大陆及附近海洋的互联互通，建立和加强沿线各国互联互通伙伴关系，构建全方位、多层次、复合型的互联互通网络，实现沿线各国多元、自主、平衡、可持续的发展。其中"一带"指陆路通道，"一路"指海上通道，只有"一带"和"一路"形成闭环，沿线国家和城市才能在可达性基础上再考虑经济性而选择物流通道，运营中实现陆运和水陆联运的平衡。从这个意义上来说，中欧国际铁路运输通道是"一带一路"的陆上通道，可以认为其路径是从中国港口通过陆地到达亚欧非洲另一端的沿海港口。

(3)多边国际合作机制规划的亚欧铁路运输通道是中欧国际铁路运输通道的主要构成。在亚欧铁路通道的规划建设方面，从20世纪末期，铁组、欧盟、联合国亚太经社会、中亚经济合作等专门的国际组织和合作机制对亚欧铁路运输通道进行专门研究，区域性的欧洲铁路网、亚洲铁路网的一体化进程也在加紧实施。以亚洲铁路网、独联体铁路网和欧洲铁路网为主体结构，通过西伯利亚大铁路、新亚欧大陆桥等亚欧铁路运输通道连接，亚欧大陆一体化铁路网已基本形成，这是中欧国际铁路运输通道境外部分的主要构成。

(4)中欧国际铁路运输通道是综合运输通道的组成部分，各交通方式既合作又竞争。中欧国际铁路运输通道实现物理互联后，如何互通取决于物流集成体的经济选择。中欧班列开行前，从中国与欧洲间货运量来看，陆路运量不足2%，90%左右是通过海运或陆海联运完成的。中欧国际铁路运输通道的畅通能够将铁路发展为中欧间国际物流的另一种交通方式，便于物流商根据不同交通方式的质量、效率、成本等技术经济特征进行个性化选择。

(5)中欧国际铁路运输通道可采用联运的组织形式。中欧通道的起讫点均为港口只是对物理通道的规定，在实际运营过程中，由于港口的枢纽作用，往往充当了货源的集聚点。在我国，运输通道都是以东部沿海港口城市作为我国主要运输通道的起讫点，这些港口同时也是区域中心城市和综合性交通枢纽，韩国、日本及东南亚地区过境中转货源通过中欧国际运输通道过境我国后通达亚欧其他国家。再如越南的咖啡通过西南国际公路大通道抵达重庆，再经渝新欧转运后抵达欧洲。

三、与亚欧大陆桥的差异

根据中国发布的《推动共建丝绸之路经济带和21世纪海上丝绸之路的愿景与行动》，我国倡议的“一带一路”贯穿亚欧非大陆，一头是活跃的东亚经济圈，一头是发达的欧洲经济圈，这与亚欧大陆桥的功能非常接近。可见，中欧国际铁路运输通道与亚欧大陆桥确实关系紧密。事实上，中欧国际铁路运输主要通道与亚欧大陆桥通道重合，但两者也有区别：一是侧重点不同。中欧国际铁路运输通道以中欧(亚)班列为代表性货运产品，从中国始发，经由亚欧铁路运输通道尤其是亚欧大陆桥物理通道抵达欧洲或中亚、西亚，更强调中国市场和欧洲、中亚、西亚市场的联系，是以中国作为货源起点或终点的跨国运输;亚欧大陆桥更强调陆桥的作用,主要是采用铁水联运方式将日本、韩国货物过境中国转运至中亚,中国的主要角色是作为过境国。二是成熟程度不同。中欧国际铁路运输通道处于培育期,涉及的发运国和到达国数量有限;亚欧大陆桥是成熟的国际运输通道,联系的国家更多,市场更大。三是货物运输方式和距离不同。亚欧大陆桥的主要货物通过铁水联运上岸后到达中亚,铁路只是海运的集疏运方式,运距多为几千公里;中欧国际铁路运输通道运送中国与欧洲间的货物,运距长达一万公里以上,基本上为陆上铁路运输。四是网络结构不同。亚欧大陆桥的陆上通道只是铁水联运链条中的一环,全部通道表现为海—铁—海方式的串联关系;中欧国际铁路运输通道与“一带一路”海上运输通道形成闭环结构,铁路与水路可看做并联关系。但两者可合作共赢、效应叠加。从境内来看,中欧国际铁路运输通道的出境通道为新亚欧大陆桥,该通道上的徐州、商丘、郑州、西安、宝鸡、兰州铁路枢纽具有集聚和扩散功能,在中欧国际铁路运输通道上开行中欧(亚)班列,也可以看做是新亚欧大陆桥陆上通道的派生,是新亚欧大陆桥效应的扩散和效益的增值。除新亚欧大陆桥外,中欧国际铁路运输通道的部分径路与西伯利亚大陆桥一致,这也会产生西伯利亚大陆桥通道效应的扩散和效益增值,但体量略小。

第二节　中欧国际铁路运输通道系统构成

一、构成部分

根据线路功能,中欧国际铁路运输通道可分为三部分:集运通道、干线通道、疏运通道,其中干线通道又包括我国与相邻国家共同规划建设的出境通道以及国际合作机制已规划的亚欧铁路通道。由于中欧国际铁路运输通道的主要货流方向是从中国至欧洲,因此对于大部分货源而言中国为集运端,欧洲为疏运端,系统构成如图 3-1 所示。

二、亚欧铁路通道现状

各国际合作机制已规划的亚欧国际铁路运输通道是中欧国际铁路运输通道在境外的主要依托,是以亚欧间国际运输通道和国际物流节点为主要的基础设施平台,通过集装箱多式联运的运输组织方式,结合物流通道的组织和管理系统,实现为客户提供高效率和高效益物流服务的开放的综合物流系统。

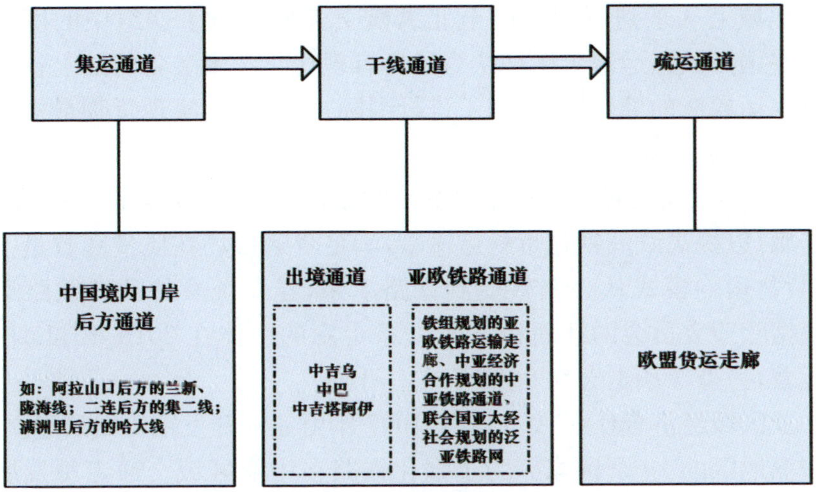

图 3-1　中欧国际铁路运输通道构成

由于国际铁路运输通道涉及多个国家，因此完整的通道必须由相关各国规划完成。合理规划和利用国际运输通道，实现安全、畅通、高效的货物运输成为诸多国家和国际组织关注的焦点。根据涵盖范围，亚欧铁路运输通道可包含不同层次。亚欧大陆作为世界上最大的陆地板块，很多国际组织规划洲际性运输通道，如铁组编制的 13 条亚欧运输走廊、欧盟委员会编制的欧洲—高加索—亚洲通道、联合国亚太经社会编制的泛亚铁路网均横跨亚欧两大洲；另外，集中在某一次区域的多国也通过综合性国际组织规划区域范围内的铁路通道，如欧盟各国间规划了 9 条货运走廊、中亚各国间规划了 6 条运输通道、东北亚 9 条运输走廊以实现相互之间的互联互通；同时，在相邻几个国家范围内，各国也协商推进相互之间的国际联运，如中吉乌、中巴、中俄蒙等通道，相比上述国际组织规划建设的通道，几个国家之间合作推进的通道涵盖范围小、通道距离短，实质上是国际大通道的子通道。其中：铁组亚欧铁路运输走廊、泛亚铁路网、欧盟货运走廊、中亚通道由国际组织统一规划，涉及范围广，可作为中欧（亚）班列境外通道的主要依托，将在下文中第五、六、七、八这四章逐一阐述。考虑到与我国相邻的几个国家之间为了促进“一带一路”发展，协商推进的通道建设实质上是丝绸之路经济带合作的直接举措，将在丝绸之路经济带铁路通道中分析我国与相邻国家间的子通道。

（1）亚欧铁路运输通道网

1996 年，铁组根据亚欧两大洲国家之间的铁路运输情况和现实发展需要，确定了 13 条亚欧间的运输走廊，由第一专门委员会负责其规划和发展。

它们在地域上从东到西和从南至北纵横交叉地覆盖了铁组中的所有成员国。这些国际铁路运输走廊被认为是具有现代化技术装备的陆上铁路线路及铁路水运轮渡的综合体系，用于进行国际过境运输，实现货物最短的运达时间和最佳的运营指标。

2010 年，欧盟委员会通过了新的欧盟条例，定义了 9 条主要的铁路货物运输走廊，以提高欧洲铁路货物运输量，满足货运市场在质量和数量上的需求，使货物运输模式从公路转变到铁路上来，建立统一的欧洲铁路运输网络。根据欧盟委员会的计划和安排，6 条走廊的主体在 2013 年 11 月 10 日正式运营，另外 3 条走廊在 2016 年左右开通。

中亚区域经济合作（CAREC）于 1997 年由亚洲开发银行倡议建立，成员国为中亚地区的 10 个国家。为了强化铁路在中亚区域交通走廊发展中的地位，2015 年 CAREC 成立了铁路工作组（RWG），专门负责中亚区域交通走廊中铁路通道的规划与建设，并确定了 6 条重点发展的铁路通道，以促进中亚各国间的铁路联运，最终实现欧洲与东亚地区铁路的互联互通，6 条走廊的主通道在 2016 年全部开通。

泛亚铁路（Trans-Asian Railway，TAR）是一个统一的、贯通亚欧大陆的货运铁路网络。2006 年 4 月，在印尼举行的联合国亚太经社会第 62 届大会上，《泛亚铁路政府间协定》获得通过，11 月 10 日，泛亚铁路涉及的 28 个国家中的 18 国在协定上正式签字，使之具备了法律效力。泛亚铁路路线确定为北部、南部、南北部和东盟 4 条通道。其中北路通道基本完善，其余通道处于发展阶段。泛亚铁路的建成有利于构筑世界上第三座亚欧大陆桥，成为连接亚、欧、非三大洲最大的“桥梁”，成为沟通太平洋、印度洋、大西洋最为壮观的大陆桥，为整个区域经济的发展起到不可估量的作用。

东北亚 9 条运输走廊是环日本海经济研究所和东北亚经济会议组织委员会经过多年调查研究，在考虑到中日、日俄、日蒙和日韩、日朝关系以及各周边国家相互关系发展的基础上提出的。这是一个既符合区域经济发展方向，又有利于加强东北亚各国合作乃至与欧洲之间合作的很好建议。通道布局涉及东北亚所有国家，并且每条通道都有出海口，通过海运方式，与日本岛相连接，开展多式联运；9 条通道在区域内相互衔接，大部分基础设施已投入运营几十年，并且可以向西延伸与欧洲相连接，开展亚欧大陆桥运输；9 条通道和联合国开发计划署图们江项目框架内，由中俄朝蒙韩五国签署的《关于建立图们江经济开发区及东北亚开发协商委员会的协定》和《图们江经济开发区及东北亚环境准则谅解备忘录》以及联合国亚太经社会提出的泛亚铁路北部通道开行集装箱示范列车项目涉及的内容相互呼应。

(2)欧洲—高加索—亚洲通道

除以上国际组织规划的网状亚欧铁路运输通道外，还有一条横跨亚欧两大洲的较为重要的通道：欧洲—高加索—亚洲通道（TRACECA）（TRACECA是Transport Corridor Europe Caucasus Asia的缩写）。该通道由欧盟于1993年提出并主持开发，由欧洲横穿黑海经高加索和里海延伸到中亚，如图3-2所示。沿线经过的13个国家于1998年商定了《关于发展高加索—亚洲运输通道的交通运输多边总体协定》，该协定涉及公路、铁路、贸易、航运、海关等多方面内容。由于通道沿线有丰富的自然资源，因此普遍认为这条通道的开发利用对各国在高加索及中亚地区的利益具有重要战略意义。

图3-2 欧洲—高加索—亚洲通道(TRACECA)

欧洲—高加索—亚洲通道从东欧开始穿过黑海经过高加索地区，然后再穿过里海到达中亚地区，涉及海运、铁路及公路等多种运输方式。通道成立的首要目的是提高通道所在区域的货物运输，建立连接亚欧之间稳固的桥头堡，促进通道所在区域的经济发展。由于通道处在连接欧洲—亚洲的关键位置，因此通道的建设和发展备受沿途国家以及亚欧各国的重视。

2012年，欧洲—高加索—亚洲运输走廊组织（成员国为阿塞拜疆、亚美尼亚、保加利亚、格鲁吉亚、伊朗、哈萨克斯坦、吉尔吉斯斯坦、摩尔多瓦、罗马尼亚、塔吉克斯坦、土耳其、乌克兰、乌兹别克斯坦）在摩尔多瓦召开常设秘书处会议，讨论制定欧洲—高加索—亚洲运输走廊、2025年前运输通道发展战略构想，以及实施“丝绸之风(Silk Wind)”项目的可行性。与会各国对开通“哈萨克斯坦—阿塞拜疆—格鲁吉亚—土耳其”快速铁路通道十分感兴趣，这是将亚洲尤其是中国产品输入欧盟的最快速和直接的通道。

第三节　中欧国际铁路运输通道组成要素及特征

一、要素分析

中欧国际铁路运输通道主要为货物运输服务，除应具有以实体线路和物流节点作为物理表征结构特点，还应具有管理模式、经营模式等软元素，组成要素主要包括：

（1）物理通道。包括铁路运输线路以及与其他联合运输方式构成的多式联运系统，其作用为将多个物流供应地和接收地连接起来。中欧国际铁路运输通道实际为哑铃型的物流通道形式：通道中部为运输主通道，主要通过铁路运输承担物流通道系统的运输功能；通道两端及通道上的物流集散点为货物的集疏运系统，属于物流通道系统的局部区域子系统，具有辐射性和网络性，通过局部区域物流网络系统，以海运、铁路、公路等运输方式分别完成整个中欧国际铁路运输通道系统的货物集运和疏运。

（2）物流的供应地和到达地。即有物质需求和供给的两地间所产生的物流的供应地和到达地。中欧国际铁路运输通道的物流供应地和到达地包括通道沿线的亚欧两大洲不同国家。

（3）枢纽节点。根据国际联运的货运、行车、联检、换装等作业特点，借鉴《中欧班列建设发展规划（2016—2020）》，可将中欧国际铁路运输通道上的关键节点分为五类。一类是内陆主要货源节点。具备稳定货源，每周开行2列以上点对点直达班列，具有回程班列组织能力，承担货源集结直达功能，如中国的重庆、成都、郑州、武汉等中欧（亚）班列始发城市。二类是主要铁路枢纽节点。在国家综合交通网络中具有重要地位，具备较强的集结编组能力，承担列车流的集零成整、中转集散的功能，如作为中欧（亚）班列集结中心的乌鲁木齐。三类是沿海重要港口节点，在过境运输中具有重要地位，具备完善的铁水联运条件，每周开行3列以上点对点直达班列，承担中欧（亚）班列国际海铁联运功能，如连云港、天津、营口。四类是沿边陆路口岸节点，通道上的重要铁路国境口岸，承担出入境检验检疫、通关便利化、货物换装、国际结算等功能，如阿拉山口、霍尔果斯、满洲里、二连。五类是其他换装节点，由于线路建设标准原因，一些换装节点不在国境站，而在一国境内，成为换装功能和设备设施配套的特殊节点，如乌克兰考纳斯站。

（4）管理模式。由于中欧国际铁路运输通道涉及多个国家、多个主体、多种文化，具有系统复杂性。除物理通道、物流起讫点、枢纽节点等硬件要素外，整个通道的决策、组织、管理等软要素更是保证运输通道运行效率和效果的关键所在。

(5)经营模式。完成建设的中欧国际铁路运输通道就成为一条提供国际物流服务的通道，在此通道上开行的列车就是物流产品。对物流产品的经营理念、经营主体、服务内容、盈利模式、营销手段等经营模式进行统筹设计有利于通道系统更好地实现经济效益和社会效益，有利于各方主体实现共赢。

以上五要素彼此关联、相互作用；物理通道、物流起讫点、枢纽节点等通道布局直接影响市场定位、经营理念和盈利模式；通道布局是确定管理模式和经营模式的基础条件；管理模式和经营模式的发展变化又直接影响通道的市场定位和节点布局。

二、相关主体

运输通道的形成和发展过程需经历两个阶段：规划建设阶段和使用阶段。中欧国际铁路运输通道的规划与建设涉及沿途各国的国家政府、地方政府、铁路规划设计部门、铁路建设企业、投融资主体；运输通道的使用阶段即运营，涉及沿途各国的相关政府部门、铁路主管部门、物流产品经营企业、铁路运输企业、物流节点经营企业、社会物流企业、客户等主体。由于中欧国际铁路运输通道的业务复杂程度高、运营活动牵涉面广、各种影响因素互相交织，因此只对运营阶段的主体展开分析。

1. 各国相关政府部门

由于中欧铁路运输通道系统涉及多个领域，除了铁路有关的部门外，还包括海关、检验检疫、环境、税收、外汇管理等多个部门，同时在通道的枢纽节点，还要与当地政府的工商、土地、价格等部门建立联系，各国相关政府部门对通道进行管理和决策支持。在以上各部门中，海关对通道的畅通发挥着重要作用，由于通道途经国家和口岸站较多，原则上每个口岸站海关部门都要对货物进行检验，与沿途各国海关建立良好的信息沟通和合作方式，实现过境货物免检、进出口口岸货物快检，对提高通道运行速度具有重要作用。

2. 物流产品经营企业

物流产品经营企业是运输通道上中欧(亚)班列的经营人，依托自己的经营网络、信息网络、资信与相关主体建立各种业务关系，为客户提供能够实现一次委托、一次计费、一份单证、一次保险的服务产品。各个国家都有专门从事通道经营的股份公司，如俄罗斯铁路股份公司和日本、芬兰、德国合资成立的股份公司，我国中铁集装箱运输总公司、地方政府为开行中欧（亚）班列而成立的平台公司等都可看作中欧（亚）班列的经营企业。

3. 各国铁路主管部门

21世纪初，沿通道各国的铁路基本实现了政企分开，各国的交通部门内设或下设铁路行业主管部门，负责研究制定铁路系统的宏观规划和发展战略、相关铁路发展政策和铁路行业管理、铁路技术规章制度等。

4. 各国铁路运输企业

铁路运输企业指沿通道的铁路运输承运人，俄罗斯、哈萨克斯坦及欧洲多数国家已经或正在实施网运分离，一般原国有铁路公司在改革后仍然拥有大部分铁路线路所有权，成为基础设施管理者。同时，各国铁路运输企业也可以成为物流通道经营主体的出资人或者与其建立战略合作伙伴关系。

5. 社会物流企业

物流公司、报关企业、货运代理公司、物流配送公司等社会物流企业，通过开展紧密战略合作或松散合作，整合各类物流资源，实现网络资源、客户资源等各类资源共享，延伸物流服务链条，完善运输通道经营网络。

6. 客户

客户是中欧国际铁路运输通道系统的服务对象，主要是从事进出口加工贸易的企业。通道经营主体与客户属于互赢的契约关系，培养客户忠诚度，可促进市场和经营的稳步扩大；另一方面客户依托中欧铁路运输通道实现企业竞争力和效益的提升，将进一步扩大经营规模，为运输通道提供更大的货源保障，形成双赢的发展局面。

三、特　　性

中欧国际铁路运输通道是一个综合物流系统，基本特性是其网络性，包括基础设施网络、经营组织网络和信息网络，这三层网络对运输通道的运作质量和效果产生重要影响。

（1）基础设施网络的影响。基础设施网络是将运输通道的基础设施节点，通过近海航线和铁路线路网的连接而形成的集合。它是中欧铁路运输通道参与各方自身网状结构的体现，由于基础设施网络涉及多个国家，在铁路基础设施建设水平、铁路运输参数和标准等方面存在很大不同，涉及铁路车机工电辆各个领域。因此能否实现有效衔接和一体化运作是中欧铁路运输通道运作质量和效果的反映，它是通道顺利运作的基础。

(2)经营组织网络的影响。经营组织网络是通过对运输通道业务、通道资源等要素进行网络化管理,以实现通道对市场的快速反应和最优成本。只有各个相关主体建立了企业内部和外部综合的组织网络管理体系,才能实现各方之间的沟通和协调,真正实现共同为客户提供一体化的运输通道服务,它是运输通道运营适应市场变化和发展的重要保证。

(3)信息网络的影响。通道各类信息分散在各国海关、检验检疫等政府部门和经营企业、运输企业等相关企业,各企业内部或几个企业之间通过信息网络共享物流信息,既提高工作效率,又降低运营成本。企业与政府、客户的数据共享和业务沟通也很重要,建立把握市场潜在需求的沟通平台和联合其他国家行政机关、企业的公共信息平台,是运输通道高水平运营的重要手段。

完善的中欧国际铁路运输大通道将具有以下特征:一是基础设施联通,这是中欧铁路大通道构建的基础且已部分实现,即铁路车机工电辆各个领域的建设参数和标准一致或可衔接;二是运输组织联通,即沿通道各国铁路运营的列车运行图、牵引重量、列车编组、运行速度或运行时刻等相互协调;三是法律文件和标准联通,即各相关主体制定一致的国际铁路运输管理办法,实现国际运输的代理、通关、铁路运输计划、投资、过境运输单证等技术和标准的统一;四是信息联通,指大通道的物流信息能够在相关主体内部和外部实现数据共享和业务沟通。

构建中欧国际铁路运输通道的主旨,就是要在现有中欧间铁路基础设施物理联通的基础上,建立适用于中欧铁路大通道统一的法律空间、统一的基础设施规范、统一的技术作业标准、统一的物流工艺流程、统一的价格联盟机制等,彻底改变通而不畅、畅而不达的现状,实现通道沿线各国优势互补、资源共享、互利共赢的一体化发展新格局。

四、发展趋势

中欧国际铁路运输通道的最大发展趋势是打通洲际战略性通道后,再开发区域性运输通道,即只利用运输通道的一部分,以最短或最有效率的路径到达目的地。由于集装箱技术的普及和大量使用,使需要远途运输、多次换装、不同运输方式多次不断转换的多式联运具备了较高的市场竞争力,尤其针对货源或目的地处于内陆国家的运输,当不同运输方式之间(含铁路不同轨距之间)的换装不再是制约运输速度和效率的短板时,寻求速度最快、价格最低、质量最好的运输方式成为众多消费者选择的方向。对于中国内陆地区的产品出口至欧洲内陆国家，直接从货源地采用铁路运输直达目的地，与海运相比，从铁路到达港口下海后到欧洲基本港、再通过陆路运输至内陆国家，采用中欧国际运输通道在运输时间和稳定性方面都具有绝对优势。近年来随着俄罗斯、中东欧国家经济的崛起，全球两大经济发展速度较快地区间的经贸往来日益频繁，两大洲之间的运输市场潜力巨大，发展前景值得期待。

第四节　中欧国际铁路运输通道总体规划

1.《中欧班列建设发展规划(2016—2020)》对中欧铁路运输通道的界定

我国关于中欧国际铁路运输通道的说法只在2016年印发的《中欧班列建设发展规划(2016—2020)》中提及，“依托西伯利亚大陆桥和新亚欧大陆桥，已初步形成西中东三条中欧班列运输通道”，并以我国为主根据出境口岸位置规划了中欧铁路运输通道：

“西通道。一是由新疆阿拉山口(霍尔果斯)口岸出境，经哈萨克斯坦与俄罗斯西伯利亚铁路相连，途经白俄罗斯、波兰、德国等，通达欧洲其他各国。二是由霍尔果斯(阿拉山口)口岸出境，经哈萨克斯坦、土库曼斯坦、伊朗、土耳其等国，通达欧洲各国；或经哈萨克斯坦跨里海，进入阿塞拜疆、格鲁吉亚、保加利亚等国，通达欧洲各国。三是由吐尔尕特(伊尔克什坦)，与规划中的中吉乌铁路等连接，通向吉尔吉斯斯坦、乌兹别克斯坦、土库曼斯坦、伊朗、土耳其等国，通达欧洲各国。

中通道。内蒙古二连浩特口岸出境，途经蒙古国与俄罗斯西伯利亚铁路相连，通达欧洲各国。

东通道。由内蒙古满洲里(黑龙江绥芬河)口岸出境，接入俄罗斯西伯利亚铁路，通达欧洲各国。

中欧(亚)班列通道不仅连通欧洲及沿线国家，也连通东亚、东南亚及其他地区；不仅是铁路通道，也是多式联运走廊。”

该文件界定的中欧班列通道仍然处在概念性设计的宏观层面，主要依据中欧(亚)班列的运行径路和开行范围，有以下特点：一是只到沿途国家，未涉及途经城市；二是可以与中蒙俄、新亚欧大陆桥、中国—中亚—西亚、中国—中南半岛、中巴、孟中印缅六大经济走廊的前三大经济走廊的走向对应，未提及另外三条经济走廊；三是以出境口岸来区分通道，未考虑终到区域的差异。

2. 中欧国际铁路运输通道的顶层规划

根据中欧国际铁路运输通道概念界定以及我国“一带一路”经济走廊顶层设计规划，远期在中巴、中吉乌以及中吉塔阿伊铁路开通后，中欧国际铁路运输通道可从顶层规划为以下六条通道：

(1)至欧洲大西洋沿岸(西欧)：中国—哈萨克斯坦—俄罗斯—白俄罗斯—波兰—德国—荷兰，辐射大西洋沿岸地区。

(2)至欧洲波罗的海沿岸(北欧)：中国—哈萨克斯坦—俄罗斯—芬兰，辐射北欧地区。

(3)至欧洲黑海沿岸(东欧)：中国—哈萨克斯坦—俄罗斯—乌克兰，辐射东欧地区。

(4)至西亚黑海沿岸(西亚)：中国—吉尔吉斯斯坦—乌兹别克斯坦—土库曼斯坦—伊朗—土耳其，辐射西亚地区。

(5)至亚洲阿拉伯海沿岸(南亚)：中国—巴基斯坦，辐射南亚地区。

(6)至亚洲中南半岛(东南亚)：中国—新加坡，辐射东南亚地区。

第四章 丝绸之路经济带铁路通道规划

丝绸之路经济带的本质是建设亚欧非间的经济走廊，而推进经济走廊建设的首要举措是打造运输大通道，铁路由于自身具备的运量大、节能环保、适合中长距离运输等技术经济特性，将成为综合运输通道的主要依托。

第一节 丝绸之路经济带经济走廊发展

经济带是一个区域经济学概念，是依托一定的交通运输干线、地理位置、自然环境和资源禀赋而形成的带状地域经济单元。在这一区域内，一些经济发达的大城市，通过互联互通发挥经济积聚和辐射带动功能，连接带动不同等级规模的城市实现经济社会发展，从而形成了一条点状密集、面状辐射、线状延伸的生产、流通一体化的带状经济区域或经济走廊。亚欧非三大陆相互连接，历史上就已经沿古丝绸之路形成了若干经济走廊，包括香料之路、皮毛之路、万里茶路、茶马古道、丝绸之路、传经之路等，在古丝绸之路上，驼队、马帮、商户、镖局、客店、通关、货栈等形成了一个体系，在一定意义上已经形成了古丝绸之路经济带。可惜的是，后来由于帝国争夺、地缘战争和一系列民族和宗教冲突，古丝绸之路经济带衰落下去，亚欧非之间的文明交流越来越多通过海上通道进行，也推动了一些沿海港口城市的繁荣。然而，随着经济全球化、交通通信技术的改进，如果能够通过创新引领行动，推进三大洲基础设施互联互通，优化整合亚欧大陆的资源禀赋、优势产能等要素，激发亚欧大陆新的经济活力和市场潜力，打造纵横交汇的亚欧大产业、大物流格局，实现以点带面、从线到片的联动发展，很有可能再次复兴丝绸之路经济带，缔造亚欧非命运共同体的新未来。

丝绸之路经济带本质上是经济走廊。从区域经济学角度来说，丝绸之路经济带从根本上是一种路域经济，是依托重要经济通道形成的产业合作带，和因道路辐射带动形成的生产力布局及区域经济发展体系。从“一带一路”的愿景规划来看，要想打通亚太经济圈与欧洲经济圈之间的经济通道，不可能平行用力，必须首先沿铁路、公路、航空和能源管线等交通线路，建设沿线路域经济走廊，实行以点带面，从线到片，依托纵横交错、贯通四方的交通网，开发若干经济走廊。2017 年，在亚洲地区，除中国已编制完成《“十三五”现代综合交通运输体系发展规划》，全力打造便捷、安全、经济、高效的综合运输体系外，东盟国家也在积极实施《东盟互联互通总体规划》，泛亚公路、铁路网正在从规划逐步走向现实。在欧洲，欧盟公布了泛欧铁路网优先建设发展规划，提出欧元投资计划。随着高铁技术的革新和日益成熟，中国已经建成世界上最大的高速铁路网，已开通运营通往欧洲的渝新欧、汉新欧、郑新欧、义新欧等多个国际货运班列，高速公路也已经初步呈现网络化、系统化和互通化格局，具备了建设经济走廊的基础。

因此，通过推进经济走廊建设，释放交通通信网的经济活力，已经成为中国与“一带一路”沿线国家的必然选择。《推动共建丝绸之路经济带和 21 世纪海上丝绸之路的愿景与行动》提出，根据“一带一路”走向，陆上共同打造新亚欧大陆桥、中蒙俄、中国—中亚—西亚、中国—中南半岛等国际经济合作走廊，以及与“一带一路”关联紧密的中巴、孟中印缅两个经济走廊等六大经济走廊建设；海上以重点港口为节点，共同建设通畅安全高效的运输大通道。

丝绸之路经济带战略涵盖东南亚经济整合、东北亚经济整合，并最终融合在一起通向欧洲，形成亚欧大陆经济整合的大趋势。21 世纪海上丝绸之路经济带战略从海上联通亚欧非三个大陆和丝绸之路经济带战略，形成一个海上、陆地的闭环。“一带一路”的目的是将不同国家的铁路和港口连通，形成贯穿中东欧地区的大通道，又与“一带一路”北南两头的铁路与港口连接，使之在整个亚欧大陆形成一个闭环式的交通循环运输系统，“一带一路”规划如图 4-1 所示。

第二节　各条经济走廊与铁路布局规划

一、中蒙俄经济走廊

1. 中蒙俄经济走廊发展概况

中国、蒙古国和俄罗斯资源禀赋各有优势，经济互补性强，并且相互之

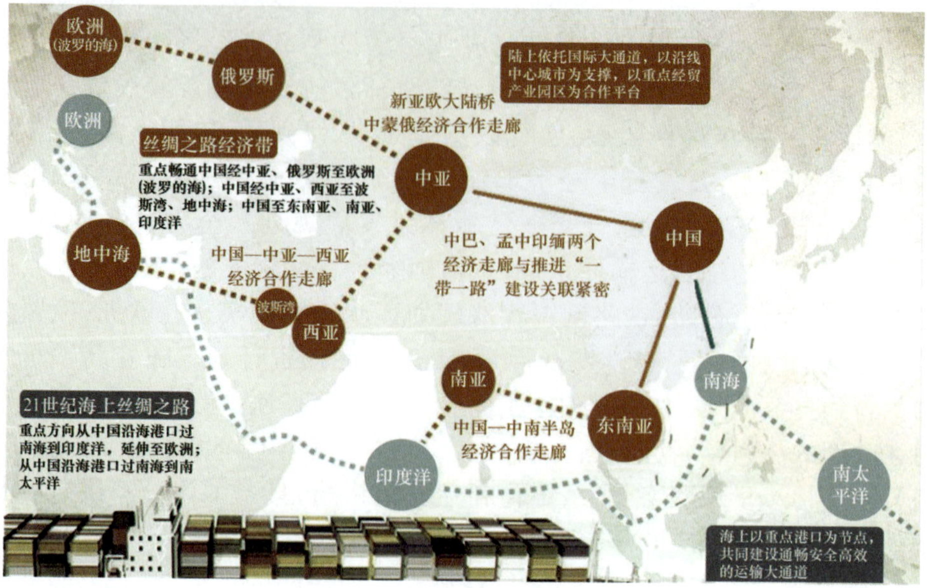

图 4-1 “一带一路”规划示意图

间的边境线很长，因此拥有共同的安全利益，加强三国之间的合作具有重要的战略意义。

蒙古国位于中国以北、俄罗斯联邦以南，是一个地处亚洲的内陆国家。中蒙两国于 1949 年 10 月 16 日建立外交关系。2011 年 6 月，中蒙双方决定提升为战略伙伴关系。2014 年 8 月，国家主席习近平在蒙古访问期间，两国领导人决定将中蒙战略伙伴关系提升为中蒙全面战略伙伴关系。

俄罗斯位于亚欧大陆北部，地跨亚欧两大洲，是世界上面积最大的国家。当前，中俄双方正致力于建设全面战略协作伙伴关系，对中俄全面战略协作伙伴关系发展进行战略引领和顶层设计。在经济上，2010 年至 2014 年，中国连续五年位居俄第一大贸易国。在国际事务中，中俄共同推动成立了上海合作组织，建立了金砖国家和中俄印合作等机制，在一系列重大国际和地区问题上立场相同或相近，保持密切沟通和合作。

中国是蒙古国最大贸易伙伴和投资伙伴国。据中国海关统计，2014 年，中蒙双边贸易总额为 73.09 亿美元，比上年增长 22.7%。其中，中方出口 22.16 亿美元，比上年下降 9.5%，进口 50.93 亿美元，比上年增长 45.1%。据中国商务部统计，2014 年，中国对蒙古国直接投资流量 5.03 亿美元，截至当年年末的直接投资存量为 37.62 亿美元。中国对蒙古国投资占外国对蒙古国投资总额的近 40%。在蒙注册中资企业数量占蒙外资企业总数近半。

2016年，中蒙俄三国以对接丝绸之路经济带、欧亚经济联盟以及“草原之路”倡议为目标，以平等、互利、共赢原则为指导，制定《建设中蒙俄经济走廊规划纲要》，规划纲要重点关注以下七个方面的合作领域：促进交通基础设施发展及互联互通；加强口岸建设和海关、检验检疫监管；加强产能与投资合作；深化经贸合作；拓展人文交流合作；加强生态环保合作；推动地方及边境地区合作。建设经济走廊旨在通过增加三方贸易量、提升产品竞争力、加强过境运输便利化、发展基础设施等领域实施合作项目，进一步加强中国、蒙古国和俄罗斯三边合作。经济走廊以建设和拓展互利共赢的经济发展空间、发挥三方潜力和优势、促进共同繁荣、提升在国际市场上的联合竞争力为愿景。其中，促进交通基础设施发展及互联互通成为规划纲要的重点，具体举措包括：

(1)三方将共同规划发展三方公路、铁路、航空、港口、口岸等基础设施资源，加强在国际运输通道、边境基础设施和跨境运输组织等方面的合作，形成长效沟通机制，促进互联互通，推动发展中国和俄罗斯、亚洲和欧洲之间的过境运输。包括：

①建设、发展国际陆路交通走廊，实施基础设施共建项目，保障乘客、货物和交通工具的无障碍流动；

②提升三方铁路和公路运输潜力，包括推进既有铁路现代化和新建铁路公路项目；

③在跨境运输领域协商制定规则，提供良好的技术和关税条件，促进国际通关、换装、多式联运整体衔接，推进国际联运信息交换，为包括初步信息在内的铁路货运数据预先交换创造条件；

④发展三方空中航行服务互联互通，提高安全水平，提升经济效益和做好空间利用；

⑤发展中蒙俄定期国际集装箱运输班列，建设一批交通物流枢纽。

(2)加强三方口岸软、硬件能力建设，推动基础设施翻新和改造，提升口岸公共卫生防控水平，加强信息互换和执法互助。创新完善海关、检验检疫业务及货物监管机制和模式，共同推动提升口岸通行过货能力。

①促进换装量、边境车站货物装卸、铁路口岸吞吐能力平衡增长；

②推动动植物检验检疫领域合作；

③建立食品安全合作机制，加强三方在食品过境贸易方面的监管合作，促进食品过境贸易的便利化；

④加强在经认证的经营者[①]等方面的相互协调，充分交流和分享三方经验及做法；

⑤加强在跨境传染病监测控制、病媒生物监测、突发公共卫生事件处置等方面的合作。

在上海合作组织杜尚别会议上，中蒙俄三国领导人对建设中蒙俄经济走廊十分积极，推动建立了双边层次的多部门对话管道，建立三国副外长级磋商机制，统筹推进三国合作。尤其是习近平主席在 2015 年 5 月访问俄罗斯期间，中俄两国共同发表了《关于深化全面战略协作伙伴关系、倡导合作共赢的联合声明》，明确提出建立中国东北地区与俄罗斯远东地区地方合作机制，继续办好每年的中俄博览会，推动中国东北地区与俄罗斯远东及东西伯利亚地区合作，这为中蒙俄经济走廊开发奠定了坚实的基础。

2. 铁路布局规划

(1)出境通道现状

根据中蒙俄区位特征、资源禀赋和交通布局，中蒙俄经济走廊有两条重要铁路通道：第一是从华北京津冀到呼和浩特，从边境城市二连浩特到蒙古乌兰巴托，然后汇入俄罗斯远东铁路网；第二是沿着老中东铁路从大连、沈阳、长春、哈尔滨到满洲里和俄罗斯的赤塔。两条走廊互动互补形成一个新的开放开发经济带，将丝绸之路经济带同俄罗斯跨亚欧大铁路、蒙古国草原之路倡议进行对接，从而成为“一带一路”建设的重要一环。两条通道的共同特征是将中国的环渤海经济圈通过中蒙俄经济走廊与欧洲经济圈连接起来，形成一条从亚洲到欧洲的北方通道。与丝绸之路经济带从西北地区走新亚欧大陆桥相比，这条经济通道连接东三省，向东可以抵达海参崴出海口，向西到俄罗斯赤塔进入亚欧大陆桥，具有运输成本低、时间短，经过的国家少海关通关成本也低等优势，是一条潜力巨大的经济走廊，已开通津满欧、苏满欧、粤满欧、沈满欧等“中俄欧”国际铁路货物班列，并基本实现常态化运营。在国家发改委对中欧(亚)班列的通道规划上，也已把以上两条通道分别列为出境中通道和东通道。

中俄同江铁路通道是中俄两国间继满洲里—后贝加尔斯克铁路、绥芬河—格罗捷阔沃铁路后的又一正在建设的铁路通道，中俄同江铁路通道由

①经认证的经营者(Authorized Economic Operator)：在世界海关组织(WCO)制定的《全球贸易安全与便利标准框架》中被定义为：“以任何一种方式参与货物国际流通，并被海关当局认定符合世界海关组织或相应供应链安全标准的一方，包括生产商、进口商、出口商、报关行、承运商、理货人、中间商、口岸和机场、货站经营者、综合经营者、仓储业经营者和分销商”。

中国同江地方铁路同江北站，向北经哈鱼岛跨黑龙江后进入俄罗斯境内，在下列宁斯阔耶与比罗比詹至列宁斯阔耶铁路支线相接后连通远东铁路。中俄同江铁路通道需建设跨黑龙江的铁路大桥。根据中俄两国政府签订的协议，大桥主桥由中俄双方按对等比例投资建设，而引桥等桥梁基础设施则在中俄境内各自施工，设计一期年过货能力 520 万 t，二期拟达到 2 000 万 t。中方投资估算为 20.26 亿元人民币，俄罗斯部分的工程造价约 90 亿卢布（约 9 亿人民币）。俄罗斯计划通过铁路桥向中国出口铁矿石、煤炭、化肥、林业产品和其他商品。大桥建成后将成为中俄间第三个铁路过货口岸。2008 年中俄双方签署共同建设、使用、管理和维护铁路界河桥协定，2014 年中俄双方在中俄总理第十九次定期会晤联合公报中又明确提出双方保证“按照业已达成的共识推动同江—下列宁斯阔耶跨境铁路桥如期建成”。我国部分已于 2014 年开工建设，但至今俄方境内大桥仍未动工。

(2)国内相关集疏运通道建设

从国内通道建设进展来看，为尽早打通内蒙古煤炭资源外运和中欧物资运输的重要通道，额济纳至新疆哈密铁路（额哈铁路）于 2015 年全线通车，成为新疆最便捷的出海通道。临策铁路、额哈铁路组成临哈铁路贯通后向东可以抵达中国天津港，向西延伸经阿拉山口可通往中亚乃至欧洲，可形成以天津港为桥头堡的第二亚欧大陆桥新便捷辅助通道；向北可与蒙古国积极策划的乌兰巴托至中国策克口岸铁路相通，对构筑蒙古、中亚等内陆国家新的便捷出海通道有重要意义。

2016 年国家发革委发布的《中长期铁路网规划（2016—2030）》中提到为推进我国与周边互联互通，要完善口岸配套设施，强化后方通道。在中俄蒙经济走廊方向上，实施集宁—二连浩特铁路扩能，规划建设伊尔施—阿日哈沙特、海拉尔—黑山头、莫尔道嘎—室韦、古莲—洛古河、虎林—吉祥、密山—档壁镇、南坪—茂山、开山屯—三峰、长白山—惠山、盘古—连崟等线路。

二、新亚欧大陆桥经济走廊

1. 新亚欧大陆桥经济走廊发展概况

2012 年，旨在加强互利共赢、务实合作的“16＋1”合作机制的建立在推动中国—中东欧国家关系发展中具有里程碑意义，标志着中国—中东欧国家关系发展进入新阶段。2013 年 11 月，《中国—中东欧国家合作布加勒斯特纲要》规划了双边合作的蓝图。中国—中东欧关系新发展蕴含着中国外交战略的新亮点。中东欧地区得到了重新重视。2012年合作机制建立前，中国与中东欧国家的双边政治关系大都停留在所谓“友好合作伙伴”的普通关系层面上；通过建立与中东欧国家的新型合作机制，中国明确将中东欧作为一个重点区域来加以开发，成为中国对外战略中区域合作方面的一个重要组成部分。为推动双边关系发展，双方构建了多层级、多领域、多轨道的交流与合作平台，多层级包括了国家领导人会晤、部长级会议、地方领导人会议的多层政治参与；多领域指在此框架内开展的论坛、会议等涵盖了农业、工业、旅游、教育、文化等多个领域；多轨道是除了政府间的对话之外，合作框架内还为商界和学界搭建起了中国—中东欧企业家洽谈会、中国—中东欧国家高级智库研讨会等诸多平台。这些平台的构建为双方政治、经济、文化交流与合作奠定了坚实的基础，是中国新型区域外交的积极实践。

中国—中东欧合作机制突出了后者的地域特征，强调了其明确的区域及自然地理界定，即德国与奥地利以东、希腊以北、波罗的海以南、俄罗斯及独联体欧洲成员国以西地域上分布着的16个国家，包括中欧五国(波兰、匈牙利、捷克、斯洛伐克、斯洛文尼亚)、波罗的海三国(爱沙尼亚、拉脱维亚、立陶宛)和东南欧八国(保加利亚、罗马尼亚、塞尔维亚、黑山、克罗地亚、马其顿、波斯尼亚和黑塞哥维那、阿尔巴尼亚)。中东欧国家经济社会发展差异明显，最富裕国家与最落后国家的人均收入差距近10倍。

多数中东欧国家地处内陆，其经济社会多样化特点显著，内部发展不平衡。V4国家(“维谢格拉德集团四国”，是由中欧的波兰、捷克、斯洛伐克、匈牙利四国组成的一个跨国组织)、克罗地亚、斯洛文尼亚以及波罗的海三国的经济社会发展水平居前。从欧盟东扩角度看，除了前南地区四国和阿尔巴尼亚外，其他国家都已入盟。从欧元区的角度看，斯洛文尼亚、斯洛伐克和爱沙尼亚加入了欧元区。从经济转型角度看，V4国家、斯洛文尼亚及波罗的海国家是较早完成转型的国家，而保加利亚、罗马尼亚、前南地区国家和阿尔巴尼亚仍处在转型进程中。从次区域集团看，波捷斯匈建立了次区域的对话和论坛机制——V4集团，保加利亚、罗马尼亚和阿尔巴尼亚是黑海经合成员。从宗教与文化角度看，该地区包括了天主教、东正教及伊斯兰教国家。

从地理位置而言，中欧地区是“丝绸之路经济带”的组成部分，巴尔干和东南欧国家处于“海上丝绸之路”的自然延伸部分。中东欧地区处在陆海丝路的重要交会区，其中V4国家是连接亚欧的重要战略通道，保加利亚、罗马尼亚及巴尔干地区国家则处在亚欧非的交会处。“一带一路”战略加强了中国—中东欧国家间的地缘经济关联度。从促进亚欧经济带中中欧两大经济体融合的角度看，“一带一路”倡议为拓展和深化中国—中东欧经贸合作提供了契机，因与倡议提出的开放型非毗邻区域经贸融合的目标一致，中国—中东欧经贸合作可定位于“一带一路”的重要支点之一。“一带一路”倡议有助于促进亚欧地区经贸融合与经济发展。

作为亚欧大陆经济带的重要组成部分，中东欧地区具有独特的产业及区位优势。较中国中亚能源合作而言，中国与中东欧国家经贸合作的领域和范围更广泛。作为欧洲新兴经济体，中东欧地区的市场及产业结构性竞争优势独特。近年来，V4 国家的传统装备制造和高新技术产业发展迅速，在欧洲和世界市场占据越来越多的份额，与中国的投资及生产合作不断加强。中国与中东欧合作形式更加多样，包括基础设施、工农业生产技术合作、高科技研发等。中东欧国家在中国对外经贸合作中的定位可包括以下几个方面：双方的经贸合作是东亚和欧洲两个重要的转型和新兴经济体的合作，中东欧国家在中欧市场对接中具有端口作用，双方经贸合作有利于促进中欧经贸关系向多元均衡方向发展；中东欧国家在提升中国企业国际合作层次中具有重要地位，中国与中东欧国家经贸合作包含着自下而上推动中欧关系健康发展的溢出效应，即相对于西欧大国而言，经贸体量的不对称使得中国—中东欧国家经贸合作具有易见效的相对优势，这种经贸合作在中欧关系范围内会收到 16＋1＞17 的积极效果。作为中国—欧盟关系的重要组成部分，中国—中东欧经贸合作可为中欧关系奠定更加坚实的物质基础，有利于中欧关系稳定健康发展。

2. 铁路布局规划

(1)通道现状

新亚欧大陆桥，又称为“第二亚欧大陆桥”。亚欧大陆桥以横跨亚欧大陆的铁路运输系统为中间桥梁，把大陆两端的海洋连接起来，实现海陆联合运输。新亚欧大陆桥是从中国江苏省连云港市到荷兰鹿特丹港的国际化铁路交通干线。

新亚欧大陆桥全长 10 900 km。在中国境内，由陇海铁路和兰新铁路组成，全长 4 213 km，途经中国江苏、安徽、河南、陕西、甘肃、青海、新疆等 7 个省区，到中哈边界的阿拉山口出国境。出国境后可经 3 条线路抵达荷兰的鹿特丹港。其中，中线与俄罗斯铁路友谊站接轨，进入俄罗斯铁路网，途经斯摩棱斯克、布列斯特、华沙、柏林到达荷兰的鹿特丹港；北线经阿克斗卡、切利诺格勒，到彼得罗巴甫洛夫斯克，再经莫斯科、布列斯特、华沙、柏林到达鹿特丹港；南线经过阿雷西、伊列次克、布良斯克，再经过布列斯特、华沙、柏林到达鹿特丹港。也可从阿雷西分路，通过伊朗的马什哈德到德黑兰，还可从布良斯克分岔至乔普到达匈牙利的布达佩斯。

新亚欧大陆桥对环太平洋经济圈的协调发展具有重要作用，拉近了中国与世界大市场的距离。与亚欧两个大陆原有的陆上运输通道相比，新亚欧大陆桥的运输距离要少 2 000 km，与绕道印度洋和苏伊士运河的水运距离相比，要少 1 万 km。新亚欧大陆桥辐射世界 30 多个国家和地区，区域经济互补优势明显。

一方面，它将日本、西欧等具有资金、技术和管理优势的国家与人口众多、资源丰富的发展中国家市场结合在一起；另一方面，它将经济增长迅速、发展前景广阔的亚太地区市场与急需寻求增长动力和投资对象的欧洲市场结合在一起。新亚欧大陆桥在地理位置、运输距离、辐射范围等方面的优势显示出沿线国家巨大的开发潜力以及相互之间的合作潜力。

可以说，新亚欧大陆桥经济走廊的构建，不仅为亚欧两大洲经济贸易交流提供了一条便捷的大通道，也为扩大亚太地区与欧洲的经贸合作，促进亚欧经济的发展与繁荣，进而开创世界经济的新格局提供了新的依托和动力。

连接中国和欧洲的亚欧大陆桥没有重要的施工建设工程，中国与沿线国家主要是以加强“通关”等软性连通为主。这主要是因为，从中国到欧洲途经路线铁路运行标准不一，通关手续复杂，但中欧之间的陆上运输线路事实上是贯通的。另外，受俄罗斯要在亚欧大陆维持其利益等因素影响，中国尚无法按照自身的项目工程标准修建新的铁路线路，即使更新或电气化亚欧大陆老旧的铁路运输线路也困难重重。

(2)“一带一路”境外铁路建设合作成果

2014 年 12 月李克强总理访问塞尔维亚时，与希腊、塞尔维亚、匈牙利和马其顿会商，一致同意共同打造中欧陆海快线。线路示意图如图 4-2 所示，南起希腊比雷埃夫斯港，北至匈牙利布达佩斯，中途经过马其顿斯科普里和塞尔维亚贝尔格莱德。传统的航线要经过马六甲海峡、孟加拉湾，穿过印度洋，绕过好望角，纵向穿越整个南大西洋，路经西非海岸，最终到达欧洲腹地。这条快线建成后，将为中国对欧洲出口和欧洲商品输华开辟一条新的便捷航线。从中国通往欧洲海运的货物将缩短至少 7 至 11 天的运输时间。中方为推动中欧陆海快线建设，除了加强比雷埃夫斯港建设投资外，还积极推动匈塞铁路及其延长线建设。

图 4-2　中欧陆海快线示意图

(3)我国出境通道建设情况

中国—哈萨克斯坦两国陆路之间自北向南现有阿黑土别克、吉木乃、巴克图、阿拉山口、霍尔果斯、都拉塔和木扎尔特等 7 个口岸。其中，阿黑土别克和木扎尔特口岸尚未正式对外开放，其余 5 个正式开放的口岸，均为国家一类常年开放口岸。在阿拉山口、霍尔果斯和巴克图口岸，中国将建设成为集公路、铁路和管道为一体的综合性运输国际大通道。

博乐—阿拉山口—阿克斗卡和伊宁—霍尔果斯—阿拉木图 2 条综合性国际大通道为运行比较正常的通道，但受到运量的影响，2 条铁路通道运能未完全发挥，例如，2014 年霍尔果斯铁路口岸共向中亚及欧洲市场进出口货物量 335 万 t，其中出口为 169.44 万 t，同比增长 2.6%。阿拉山口铁路口岸进出口货物 1 316.16 万 t。

位于塔城巴克图口岸的克拉玛依—塔城—阿亚古兹国际铁路，由国内克拉玛依—塔城段铁路和国外段巴克特—阿亚古兹铁路两部分组成。国内段于 2008 年列入《国家中长期铁路网规划》，定位为资源性铁路和煤运通道，但随着丝绸之路经济带战略的发展，新疆规划打通三条出境大通道。因此，该通道规划拟在国内段形成克塔—塔乌哈—哈临—包兰—京包—京沈铁路，成为贯通我国北部及延伸至东北亚的北部通道，设想由哈国新建巴克特至阿亚古兹铁路与哈萨克斯坦土西铁路连接或新建阿亚古兹至卡拉干达铁路后与哈铁路网衔接形成国际铁路通道，在规划中被定位为中国通往中亚及欧洲的又一条铁路大通道，仅次于兰新—陇海铁路。新疆境内段克塔铁路已列为新疆铁路发展规划的北通道。克塔铁路已于 2014 年开工，将于 2017 年运营，何时与哈铁联通尚不确定。

(4)我国境内铁路通道分析

根据《中长期铁路网规划》，在新亚欧大陆桥方向我国的主通道主要为陇海、兰新线。该通道为我国境内铁路通道路网主骨架，且大部分区段已形成双线电气化的高标准、大能力快速通道，如表 4-1 所示。但仍存在以下问题：后方通道连接至阿拉山口口岸的 75 km 仍为单线铁路，连接霍尔果斯口岸的精伊霍铁路为单线铁路，其中伊宁至霍尔果斯段 72 km 仍为内燃牵引，这些“卡脖子”区段限制了通道能力的进一步提高。从区域路网构成的长远发展看，该通道应逐步实现全线双线和电气化，成为高标准、大能力的运输通道，以适应“丝绸之路经济带”的发展需要。因此，建议近期实施精伊霍铁路伊霍段电化改造工程，远期根据客货运输需求，适时实施兰新线精河至阿拉山口段增建二线、精伊霍铁路增建二线等，逐步提高通道运输能力和运输质量。

表 4-1　境内陇海—兰新铁路通道情况表

连接口岸	线路	区段	概况	长度(km)	通道加强建议
阿拉山口	陇海线	西安—兰州	既有双线电气化铁路	3 045	远期兰新线精河至阿拉山口段增建二线
	兰新线	兰州—精河			
		精河—阿拉山口	既有单线电气化铁路		
霍尔果斯	陇海线	西安—兰州	既有双线电气化铁路	3 254	(1)近期伊霍段电化改造；(2)远期精伊霍铁路增建二线
	兰新线	兰州—精河			
	精伊霍线	精河—伊宁	既有单线内燃铁路		
		伊宁—霍尔果斯			

三、中国—中亚—西亚经济走廊

1. 中国—中亚—西亚经济走廊发展概况

中国—中亚—西亚经济走廊从新疆出发，抵达波斯湾、地中海沿岸和阿拉伯半岛，主要涉及哈萨克斯坦、吉尔吉斯斯坦、塔吉克斯坦、乌兹别克斯坦、土库曼斯坦等五个中亚国家，以及伊朗、土耳其等国。

中亚五国拥有丰富的自然资源。在矿产资源方面，哈萨克斯坦拥有铁矿、锰矿、铜矿、钾盐等矿藏，其中铬铁矿探明储量有2亿t，仅次于南非、津巴布韦居世界第三；乌兹别克斯坦现探明有近100种矿产品资源，据估计矿产资源储量总价值约为3.5万亿美元，其中，黄金探明储量为3 350 t，居世界第四位，铀储量为18.58万t，居世界第七位；吉尔吉斯斯坦的有色金属、黑色金属，特别是稀有金属汞、锑的储量可观。在油气能源方面，哈萨克斯坦石油已探明储量居世界第七位，可采储量40亿t，天然气可采储量3万亿m^3，煤探明储量为1 624亿t；土库曼斯坦天然气储量居世界第四位；塔吉克斯坦和吉尔吉斯斯坦的水电资源丰富，尤其是塔吉克斯坦的水电资源达6 400万kW。丰富的自然资源成为中亚五国经济发展的天然优势，同时也是吸引外资及与其他国家经济合作的重要领域。

伊朗国土面积约1 648 195 km^2，世界排名第18位，是亚洲主要经济体之一，经济实力较强。伊朗经济以石油开采业为主，为世界石油天然气大国，地处世界石油天然气最丰富的中东地区。截至2015年底，已探明石油储量1 578.0亿桶，天然气储量34万亿m^3。伊朗石油出口是经济命脉，石油生产能力和石油出口量分别位于世界第四位和第二位。

土耳其是一个横跨亚欧两洲的国家，是连接亚欧的十字路口，地理位置和地缘政治战略意义极为重要，在国际上具有重要地位。土耳其是北大西洋公约组织成员，经济合作与发展组织创始会员国及二十国集团的成员。在经济上，土耳其工业基础较好，是全球发展最快的国家之一。

尽管中亚、西亚地区资源丰富，但制约经济社会发展的影响很多，其中基础设施建设落后、缺乏资金技术等问题较为突出。通过中国—中亚—西亚经济走廊建设，打通对外经贸合作和资金流动通道，无疑对于促进相关国家经济社会发展具有重要的促进作用。

与新亚欧大陆桥经济走廊重叠，在新亚欧大陆桥从阿拉山口—霍尔果斯越出中国国境后，出现了一条从哈萨克斯坦到乌兹别克斯坦、吉尔吉斯斯坦、塔吉克斯坦、土库曼斯坦、伊朗、伊拉克、土耳其的新经济走廊。与亚欧大陆桥突出铁路交通优势不同，这条连接中国—中亚—西亚沿线国家的经济走廊是一条能源大通道，是中国—中亚石油管道和天然气管道的必经之地。中国—中亚天然气管道起于阿姆河右岸的土库曼斯坦和乌兹别克斯坦边境，经乌兹别克斯坦中部和哈萨克斯坦南部，从霍尔果斯进入中国，成为世界上最长的天然气管道。中国实施“一带一路”战略后，已同塔吉克斯坦、哈萨克斯坦、吉尔吉斯斯坦先后签署共建丝绸之路经济带双边合作协议。哈“光明之路”、塔“能源交通粮食”三大兴国战略、土库曼斯坦“强盛幸福时代”等国家发展战略都与丝绸之路经济带建设找到了契合点。随着合作的深入，一批物流合作基地、农产品快速通关通道、边境口岸相继启动或开通，双方海关物流更加通畅，中国—中亚—西亚经济走廊将不断延伸到伊朗、伊拉克、沙特、土耳其等西亚北非地区众多国家，成为另一条打通亚欧非三大洲的经济走廊。

2. 铁路布局规划

中国—中亚—西亚国际运输走廊已有新开辟的“丝绸之风”项目和哈土伊铁路，以及运行多年的中哈乌土伊铁路。这些铁路对于满足亚欧间国际货运来说存在很多不足之处，需要开辟新的通道。

相对于已经开通运营多年的北线——跨西伯利亚铁路和第二亚欧大陆桥来说，中国—中亚—西亚国际运输走廊上的跨国铁路正处在一个逐渐成型的过程。其中一些尚未投入建设的项目，由于其走向影响到相关国家在区域经济地理格局中的长远地位，而显得尤为重要，成为相关国家关注的焦点。

(1)中国—中亚—西亚国际运输走廊建设现状

中国—中亚—西亚国际运输走廊以铁路运输为主，在必要的情况下也包括海运。从现状来看，这条走廊下既有刚刚开辟的通道，也有运行多年的铁路，主要包括：“丝绸之风”项目和哈土伊铁路项目，以及运行多年的中哈乌土伊铁路。以下分别加以介绍：

①“丝绸之风”项目。该项目的基础是欧盟1993年启动的欧洲—高加索—亚洲运输走廊计划(TPACEKA)，共有13个国家参与，包括哈、吉、塔、乌等四个中亚国家，南高加索三国、伊朗、蒙古等，该项目旨在减少新独立国家交通上对俄罗斯的依赖。2010年因欧盟对伊朗实施制裁，停止了该项目对伊朗的技术和财政支持。

该项目的主要内容包括：改造和修建中国—哈萨克斯坦—吉尔吉斯斯坦—乌兹别克斯坦—土库曼斯坦—阿塞拜疆—格鲁吉亚—黑海—欧洲的铁路和公路。改造里海的阿克套、巴库、土库曼巴什和黑海的波季、巴统等港口；修建支线道路基础设施；培训高水平的国际运输业人才；制定统一的关税和税率规则；促使项目参与国加入有关国际公约和协定。该项目主要由欧盟资助实施，其余赞助商包括欧洲复兴与发展银行、世界银行、亚洲开发银行和伊斯兰开发银行等。

2004 年，哈萨克斯坦开始本国建设东西铁路干线项目，要在哈萨克斯坦中部修建一条总长为 3 083 km 的铁路，从中哈铁路接轨多斯特克站，经过阿克斗卡—热兹卡兹甘—别伊涅乌，到达里海岸边的阿克套港。该项目的实施分为三个阶段。第一阶段建设两条线：一是从多斯特克站至阿克斗卡站的铁路，长度为 312 km，该线路将有效地缓解多斯特克国境站上等待换装而大量积压的现象，许多车辆可以通过准轨到达阿克斗卡站，在那里进行必要的换装作业；二是从咸海附近萨克绍利斯基站至别伊涅乌的铁路。第二阶段同时开工建设三条铁路线：一是长 524 km 的阿克斗卡—莫因特的线路；二是长 520 km 的热兹卡兹甘—萨克绍利斯基铁路；三是长度 583 km 的别伊涅乌—阿克套—乌津铁路。第三阶段建设热兹卡兹甘—莫因特铁路，长度为 464 km。

哈萨克斯坦东西铁路干线通道建成后，从多斯特克到阿克套港的运输时间从 4～5 天(包括卸货时间)减至 1.5～2 天。

哈萨克斯坦东西铁路建成后，土耳其、格鲁吉亚、阿塞拜疆、哈萨克斯坦于 2012 年达成一致，利用哈萨克斯坦东西铁路通道将来自中国的货物运送到里海港口阿克套港后，通过大型的轮渡穿越里海到达阿塞拜疆的巴库，然后经过巴库—第比利斯—卡尔斯铁路到达土耳其跨越博斯普鲁斯海峡输往欧洲，实现跨亚欧大陆的中国—中亚—高加索—欧洲运输，这就是“丝绸之风”集装箱多式联运列车试验项目。四国在联运中实施统一的货运运费，简化海关和边境手续，提高商品的运输效率。由于该项目的内容与欧盟倡议相符，布鲁塞尔甚至协助准备了该项目的技术文件。“丝绸之风”项目在 2015 年 7 月进行了第一次试运行，中国—哈萨克斯坦—阿塞拜疆集装箱列车从中国石河子经过哈萨克斯坦多斯特克—阿克套港，到达阿塞拜疆。列车用 6 个昼夜行驶了长达 4 276 km 的距离。测试表明，在各方协调下，可以确保该路线交货期限为 6～7 天，并保持有竞争力的运价。从格鲁吉亚开始，货物从黑海港口波季和巴统通过轮渡前往欧洲。2017 年下半年，巴库(阿塞拜疆)—第比利斯(格鲁吉亚)—卡尔斯(土耳其)铁路将开通，该线路总长为 826 km，最高车速每小时 120 km。由阿塞拜疆和土耳其出资，其中，阿塞拜疆向格鲁吉亚提供优惠贷款 7.75 亿美元金额作为建设资金，该贷款的归还期限为 25 年，贷款利率为 1%。三国对这个合作项目寄予厚望，预计在初始阶段每年运送 600～700 万 t 货物和 100 万旅客；在后续阶段，这个项目将达到每年运送 3 000 万 t 货物的能力。该线路将便利亚欧间货物联运，增加集装箱、灌装和其他类型的货物运量。

由于该铁路在格鲁吉亚和阿塞拜疆境内已有基础，大多数线路可以由原铁路升级改造而成，新建的铁路仅是卡尔斯和阿哈尔卡拉基之间长105 km的线路，其中76 km在土耳其境内。最为复杂的工程是土耳其和格鲁吉亚边界上2.5 km长的隧道，该铁路的交付期限一再被推迟。截至2016年底，阿塞拜疆和格鲁吉亚段施工已经完成，仅差土耳其区段的路线。

②哈土伊铁路项目。2007年土库曼斯坦、哈萨克斯坦与伊朗签署了建设乌津(哈萨克斯坦)—别列克特(土库曼斯坦)—戈尔甘(伊朗)铁路的政府间协议。随后三国各自展开本国境内铁路的建设工作。2014年12月，哈土伊铁路全线投入运营。据土库曼斯坦预测：到2020年，哈土伊铁路的货运量将达到1 500万t，其中300万t属于过境货物。哈土伊铁路项目使来自中国的货物只需经过哈萨克斯坦、土库曼斯坦就能到达伊朗，免除了很多过境环节。2016年1月底，由浙江义乌开出的首班中国—哈萨克斯坦—土库曼斯坦—伊朗铁路集装箱货运试行专列从新疆阿拉山口出境，向西横穿哈萨克斯坦，然后向南沿哈土伊铁路开往伊朗德黑兰。该列车途中进行了两次换轨，2周时间行驶了1万km，比海运节省一半时间，免除了多次转运等繁琐环节。

③中哈乌土伊铁路。中亚铁路网与伊朗铁路网相连的捷詹—萨拉赫斯—马什哈德铁路于1992年5月开始修建；1996年5月，土库曼斯坦与伊朗的铁路实现对接；1997年开始过货。乌鲁木齐—多斯特克—阿拉木图—齐姆肯特—塔什干—阿什哈巴德—德黑兰—伊斯坦布尔国际铁路联运项目费用便宜，运输能力较强。该路线的潜在运输量为30万个集装箱，是同类运输中最强的项目。但是该线路也存在着诸多问题，如设施老化、技术落后、效率缓慢等，特别是它还存在着很难改善的体制机制问题。如哈萨克斯坦向伊朗出口轧钢和粮食，本可过境乌兹别克斯坦和土库曼斯坦直抵伊朗，但由于乌和土库曼制定了高昂的过境费率，使哈望而却步，舍近求远绕道其他线路。

由于各自的利益所致，中亚各国间的铁路运输很不顺畅。总体来看，中国—中亚—西亚国际运输走廊下的现有铁路运输项目普遍存在成本较高、转运过程复杂、路线曲折、效率较低等弊端，与丝绸之路北线相比缺乏竞争力。“丝绸之风”项目有很多的货物转运环节，每次港口换装都会增加成本。该线路要经过五次国界，有些环节缺乏足够的基础设施、人力资源和其他配套。里海的巴库、阿克套港口缺乏必要的组织处理集装箱货物的技术手段。

如果考虑到跨里海轮渡的运输困难性，特别在风暴期间，港口将出现挤压和拥堵，货物运输的成本和时间还要增加。即使在最乐观的情况下，"丝绸之风"运输交货期限也要大约两周。2016 年 1 月，首趟从乌克兰发车，绕开俄罗斯，经过黑海、格鲁吉亚、阿塞拜疆、里海、哈萨克斯坦前往中国的集装箱列车历时 14 天抵达中哈边境。此前阿塞拜疆、哈萨克斯坦、格鲁吉亚与乌克兰签署了有关跨里海国际货运路线运输优惠价格的协议，但是该路线的运费仍然较高，每集装箱运费约为 5 500 美元，而传统的经俄罗斯路线只需 3 920 美元，因此很多企业处于观望状态。"丝绸之风"在很大程度上只是后备项目。中国货物通过西伯利亚铁路到欧洲仍然是最廉价和最成熟的陆上路线。

哈土伊铁路项目、中哈乌土伊铁路在亚欧运输中发挥着自身的作用，未来它们将扩充运力，提高效率，但是也存在着很难改善的弊端，从全局来看并非最佳的路线，相关国家需要做出努力，以开辟更为便捷高效的中国—中亚—西亚新运输通道。

(2)过境通道规划建设方案

丝绸之路经济带的中线连接中国与中东地区，打通亚欧铁路准轨连接是中国—中亚—西亚国际运输走廊建设的首要任务。中国在国内投资将喀什打造为贸易枢纽，在国外推动中国—中亚—西亚国际铁路建设，与中亚国家一样，土耳其、伊朗也是这一战略中的重要合作伙伴。中国和土耳其已经达成一致，共同建设连接土耳其主要城市的高速铁路网。其中最重要的是土耳其东西干线铁路：埃迪尔内—伊斯坦布尔—安卡拉—卡尔斯。这条连接土耳其西部和最东部省份的铁路早在 2010 年就开始讨论。

该线路的起点在土耳其与保加利亚和希腊边界处的埃迪尔内，东部终端城市卡尔斯距离格鲁吉亚边界几十公里。该铁路总长度 1 500 多 km，预计于 2023 年完成工程建设，项目竣工后从东向西穿越土耳其将仅需 8 h。2012 年土耳其总理访问北京，出席上海合作组织北京峰会期间，这一项目成为双方谈判的主要议题之一。在此期间，土耳其被接纳为上海合作组织观察员国，这为中土关系的长远发展创造了条件。中国承诺向土耳其东西干线铁路投资 350 亿美元。为了支持土耳其铁路建设，中国还提供了技术等方面的帮助。

建设工作在土耳其中央地区展开，项目的进展较为顺利。作为丝绸之路经济带上的重要国家，商品制造领域的投资和合作将成为两国新型战略伙伴关系的重要增长点。为了促进双边贸易关系的深入发展，中国和伊朗需要相向而行，为建立准轨铁路直接连通而加强合作。由于中国和伊朗使用的都是国际标准铁路轨距，而伊朗和土耳其的铁路早已经建立连接，因此中国与伊朗的准轨连接也就意味着建立起了无需换轨的亚欧运输铁路动脉。对于修建经过阿富汗通往中国的跨国铁路，伊朗态度积极，已将其准轨铁路修到阿富汗境内的赫拉特。在将赫拉特与中国喀什相连接的新铁路走向上存在着两个方案，即中吉乌铁路和中吉塔阿伊铁路。

①中吉乌铁路。中吉乌铁路项目于 1996 年提出，各参与方一直都在积极合作过程中。2014 年起，乌兹别克斯坦耗资 19 亿美元建设连接塔什干地区的安格连和纳曼干地区帕普两个城市的铁路。这段铁路属于中吉乌铁路的一段。2016 年 6 月，该铁路卡姆奇克隧道建成。

中吉乌铁路除了汇入现有的乌兹别克斯坦—土库曼斯坦—伊朗铁路外，还可以向南经过阿富汗通往伊朗。根据 2003 年 6 月达成的一项建设跨阿富汗走廊的多边协议，从乌兹别克斯坦铁尔梅兹，经过阿富汗将建设铁路与伊朗的港口相连。乌兹别克斯坦率先展开了通往阿富汗铁路的建设，在 2010 年竣工了从海拉通到阿富汗境内马扎里沙里夫 75 km 长的铁路。该工程造价 1.65 亿美元，由亚洲开发银行支持。2011 年底投入运营后，在美国和北约从阿富汗撤军的运输中发挥了重要作用。此后历经数年，马扎里沙里夫到赫拉特的铁路融资问题始终无法解决。在中亚跨国交通路线竞争加剧的情况下，乌兹别克斯坦想要发挥自身的过境潜力就必须把本国的铁路系统与国际运输走廊集成起来，建设铁尔梅兹—马扎里沙里夫—安德浩—赫拉特铁路通道就是首选。

②中吉塔阿伊铁路。该项目最早由伊朗在 2010 年提出。2012 年 3 月，伊朗、阿富汗和塔吉克斯坦三国总统在杜尚别一致同意将三国的铁路连接起来。三国专家就设计路线和起草必要的文件展开研究，还探讨了项目融资问题，决定吸引区域金融机构的参与。2014 年 12 月 11 日，经过两天讨论后，伊朗、阿富汗、吉尔吉斯斯坦、塔吉克斯坦和中国在杜尚别首次签署了该跨国铁路的议定书，签署了有关铁路走向的协议。各方同意 6 个月后在比什凯克继续讨论项目融资问题，并明确投资总额。铁路轨距问题上，塔吉克斯坦和吉尔吉斯斯坦倾向于在本国境内延用宽轨。按照初步规划，中吉塔阿伊铁路最长的区段位于阿富汗境内。以阿富汗西部城市赫拉特为分界，向西到伊朗境内由伊朗负责建设，采用准轨，伊朗已经打通全线，但是后续要进行技术改造。在赫拉特以东，经过麦曼纳、时比尔干、马扎里、坤杜到谢尔汗—班大拉，长度 1 148 km。

为了推动该铁路建设，阿富汗政府在第一阶段的工作中拨款300万美元。该铁路对于塔吉克斯坦走出交通困境意义重大，塔早在2009年就开始独立建造从杜尚别到南部库尔干秋别的铁路，它未来是该跨国铁路的组成部分，这段铁路造价估计在1.3亿美元，预计建造18座大型和小型桥梁、一个2 340 m隧道。从杜尚别到瓦赫达特已经竣工，总长度为40.7 km的瓦赫达特—亚万铁路于2016年8月建成，而到达库尔干秋别则需要更长的时间。中吉塔阿伊铁路从塔吉克斯坦向北经过发扎博特到达吉尔吉斯斯坦的吉尔卡塔尔，从那里向东通往中国。上述两项目都处在艰苦协调和推进的过程中。

受国家间关系、融资问题、地缘政治、国内局势和经济发展方面问题的影响，中吉乌铁路项目进展较缓。中吉塔阿伊铁路处在协商、谈判的早期阶段，由于阿富汗安全形势的变化对该项目的实施具有决定性影响，因此项目的启动有很大的不确定性。一些国家已经展开工作，如态度积极的塔吉克斯坦一直在建设本国境内的路段。

四、中国—中南半岛经济走廊

1. 中国—中南半岛经济走廊发展概况

中南半岛，又称为中印半岛，位于中国和南亚次大陆之间，西临孟加拉湾、安达曼海和马六甲海峡，东临太平洋的南海，为东亚与群岛之间的桥梁，为亚洲南部三大半岛之一，面积206.5万km^2，占东南亚面积的46%。它包括越南、老挝、柬埔寨、缅甸、泰国及马来西亚西部，这些国家和地区皆与中国具有密切的历史、文化和经济联系。

中南半岛海岸线长1.17万km，沿河海分布许多重要城市和港口，其中主要港口包括海防、岘港、芽庄、胡志明市、磅逊、梭桃邑、曼谷、新加坡、巴生港、槟城港、毛淡棉、丹老与仰光等。半岛南端居南海、新加坡海峡和马六甲海峡的重要位置，是国际航运的要道，交通与战略意义重要。湄公河为半岛最大的国际河流，水利资源丰富，经济及交通意义最重要。

中国—中南半岛经济走廊东起珠三角经济区，沿南广高速公路、桂广高速铁路，经南宁、凭祥、河内至新加坡，将以沿线中心城市为依托，以铁路、公路为载体和纽带，以人流、物流、资金流、信息流为基础，加快形成优势互补、区域分工、联动开发、共同发展的区域经济体，开拓新的战略通道和战略空间，中国—中南半岛经济走廊示意图如图4-3所示。

在中国—中南半岛经济走廊建设中，广西凭祥具有重要地位。凭祥处

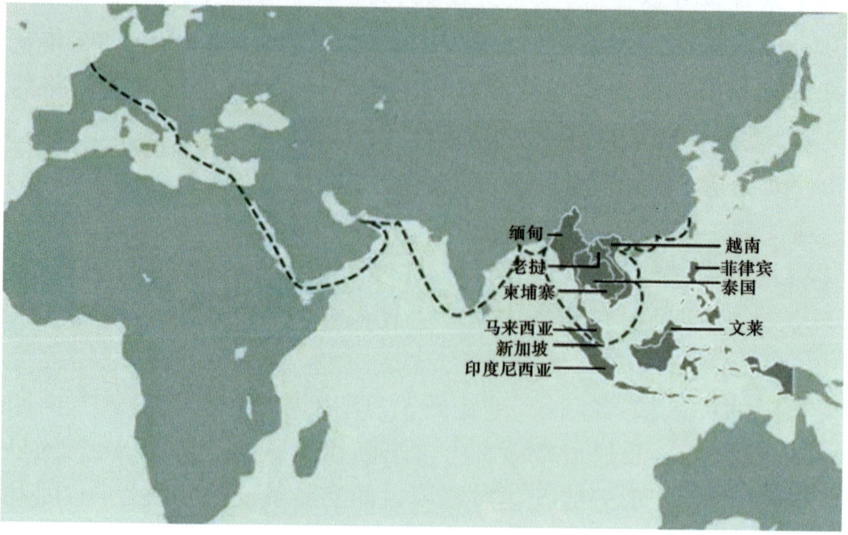

图 4-3　中国—中南半岛经济走廊

于湘桂铁路与越南河内至友谊关铁路、南宁至友谊关高速公路与越南 1 号公路的铁路、公路交接部，中国高铁、越南高速路通到凭祥后，凭祥在中国—中南半岛经济走廊中的交通枢纽地位更加重要。2014 年 10 月，中国政府批准了湘桂铁路南凭段扩能改造项目，总投资 170 亿元，设计时速 160 km，从 2016 年开工建设。越南河内至广西凭祥友谊关高速公路分三段建设，其中中段已开工建设。这将为推进“一带一路”战略，加速凭祥融入中国—中南半岛经济走廊起到重要作用。中国正以中国—中南半岛经济走廊建设为抓手，积极推进重要节点城市与相关国家交通基础设施的对接。

中国—中南半岛经济走廊是“五通”合作的前沿地区。中国与中南半岛走廊沿线国家在互联互通基础设施及网络化建设、货币金融、贸易投资、产能能源、非传统安全合作等诸多领域都走在了地区前沿。中国提出的共建“一带一路”倡议，已经得到走廊沿线国家特别是东盟绝大多数国家的响应与支持，东盟所有十个成员国都申请加入亚洲基础设施投资银行（亚投行，AIIB），并成为创始会员国。2014 年 9 月进行了首轮中国—东盟自贸区升级版谈判，“升级版中国—东盟自贸区”建设业已启动。2014 年 12 月，大湄公河次区域经济合作领导人会议在泰国首都曼谷召开，此次会议主题为“致力于大湄公河次区域的包容性和可持续发展”，六国领导人就诸多领域合作达成共识，其中提出大湄公河次区域经济合作和执法合作要提升到一个新水平。中泰两国签署了《中泰铁路合作谅解备忘录》，推动区域互联互通建设。中国与老挝中老铁路建设、中国与印尼合作建设雅（加达）—万（隆）高铁等建设项目都提到了议事日程，中国与中南半岛走廊沿线国家在互联互通基础设施方面率先走在了地区前列。

随着中国与同盟自由贸易区的发展，中国珠三角经济圈与中南半岛国家的经济联系日益密切，在中国—东盟命运共同体架构下，连接珠三角经济圈与中南半岛国家的经济走廊开始浮现。在我国两广地区，已经在积极推进沿线大城市间的合作，并通过产业园区开发和基础设施互联互通，推进经济大通道的形成，特别是沿线国际性交通运输大通道的建设，必将把中国与东盟更加紧密地联系在一起。如果在通关便利化、合作机制制度化、政策沟通多层化等方面加快推进，这一经济走廊必将对沿线国家和地区共同发展产生巨大带动效应。

2. 铁路布局规划

中国—中南半岛铁路通道包括中老泰铁路通道和中越铁路通道。中越铁路通道有两条，目前都在运营，为昆明—河口—老街—河内以及南宁—凭祥—同登—河内。中老泰铁路通道为泛亚铁路东盟通道的中线，指由我国昆明至泰国曼谷段铁路，全长 1 830 km，中、老、泰三国境内各段都在规划建设中。

(1)中老铁路建设项目

中老铁路项目北起中国老挝边境磨憨/磨丁，南至老挝首都万象市，途经老挝孟塞、琅勃拉邦、万荣等主要城市，全长 418 km，标准轨距，其中 60% 以上为桥梁和隧道。建设标准为国铁Ⅰ级、电力牵引、客货混运，速度 160 km/h。磨丁至万象铁路北端与中国境内玉溪至磨憨铁路对接，南端与泰国廊开至玛它普铁路相连（规划为标准轨距），中老铁路项目总投资约 374 亿元人民币，建设期 5 年。按照协议，中老双方按 7∶3 的股比合资进行建设。

2015 年 11 月，中老两国政府正式签署《关于铁路基础设施合作开发和中老铁路项目的协定》，标志中老铁路项目正式落地生效。2015 年 12 月，中老铁路在老挝首都万象举行了奠基仪式。但由于资金、环境、沿线开发、偿还方式等多种因素，中老铁路一直未能如期建设。2016 年 9 月，李克强总理在访问老挝时与老挝政府总理通伦发布了《中老联合公报》，最终落实中老铁路的修建问题。2016 年 12 月 25 日，中老铁路项目全线开工仪式在老挝琅勃拉邦举行，预计中老铁路将于 2020 年建成通车。

中老铁路是泛亚铁路中通道的重要组成部分，对构建印度洋出口新通道，加强中国与老挝、泰国的经贸合作，促进中国与东盟自由贸易区建设，发挥中国铁路整体输出的示范和引领作用，带动沿线地区经济社会发展具有十分重要的意义。中老铁路项目也是老挝21世纪的重大政治事件，承载着老挝从内陆“陆锁国”到“陆联国”的转变之梦，将极大地带动当地的经济社会发展。老挝国家“八五”规划将中老铁路项目列为国家1号重点项目。

(2)泰国段建设项目

从宏观来看，中泰战略合作在“一带一路”建设的开放架构下具有相当显著的契合性与可行性，因此中泰双方对进一步深化双边合作具有广泛共识；但从微观来看，双方对如何落实“一带一路”建设还存在一定程度的认知差异，最具代表性的就是双方都寄予厚望的中泰铁路合作项目。

泰国铁路系统主要建设于19世纪末至二战结束前。20世纪后半叶建过支线铁路，但铁路布局、轨道宽度、设计标准都无法适应现代轨道运输的发展需要，不仅列车速度通常不足50 km/h，部分路段甚至低于15 km/h，而且铁路事故频发，严重影响运输安全。泰国历届政府都曾提出铁路系统改造设想，早在2005年中国“泛亚铁路”构思刚刚出炉时，泰国政府就向中国表达中泰铁路合作意愿，但进展较为缓慢。

2014年11月，巴育总理赴京参加亚太经合组织领导人非正式会议期间，签订《中泰铁路合作谅解备忘录(草案)》；12月，李克强总理赴泰出席大湄公河次区域经济合作领导人第五次会议期间，与巴育总理会晤并共同见证《中泰铁路合作谅解备忘录》和《中泰农产品贸易合作谅解备忘录》的签署，从而标志着中泰铁路合作焕发生机。2015年12月，中泰双方在第九轮谈判后，签署了政府间铁路合作框架文件，并于同月举行了中泰铁路合作项目启动仪式。2016年3月23日，李克强总理在海南三亚会见了来华出席澜沧江—湄公河合作首次领导人会议及博鳌亚洲论坛年会的巴育总理，并就中泰铁路合作项目进行了沟通。

(3)中国境内段建设项目

泛亚铁路东盟通道中线铁路在我国境内段为昆明至磨憨段铁路，其中昆明—玉溪段2016年12月全线开通运营。玉溪—磨憨段铁路(称为玉磨铁路)起于云南省玉溪，途经普洱、景洪，止于磨憨口岸，全长509 km，2015年7月国家发改委批复可研报告，2016年4月全线开工建设。定位为客货共线铁路，线路等级为Ⅰ级，采用电力牵引方式，玉溪至景洪双线，景洪至磨憨单线，旅客列车设计行车速度为 160 km/h。项目估算投资总额约为 500 亿元人民币。

五、中巴经济走廊

1. 中巴经济走廊发展概况

2013 年 5 月，李克强总理访问巴基斯坦期间，提出要打造一条北起喀什、南至巴基斯坦瓜达尔港的经济走廊。中巴两国将在沿线建设交通运输和电力设施，预计总工程费将达到 450 亿美元，计划于 2030 年完工。

中巴经济走廊位于丝绸之路经济带和 21 世纪海上丝绸之路交汇处，是“一带一路”倡议的重大项目。中巴经济走廊全长 3 000 km，贯通南北丝路关键枢纽，北接“丝路经济带”、南连“21 世纪海上丝绸之路”，是一条包括公路、铁路、油气和光缆通道在内的贸易走廊。2013 年底，习近平主席提出“一带一路”战略构想，中巴经济走廊作为“一带一路”的重要组成部分，战略重要性进一步提升。在这一框架下，中巴双方共同推进了喀喇昆仑公路（又称“中巴友谊公路”）、加达尼和塔尔能源项目、瓜达尔港口运营、卡拉奇—拉合尔高速公路等一系列基础设施建设、投资和能源项目，中巴经济走廊示意图如图 4-4 所示。

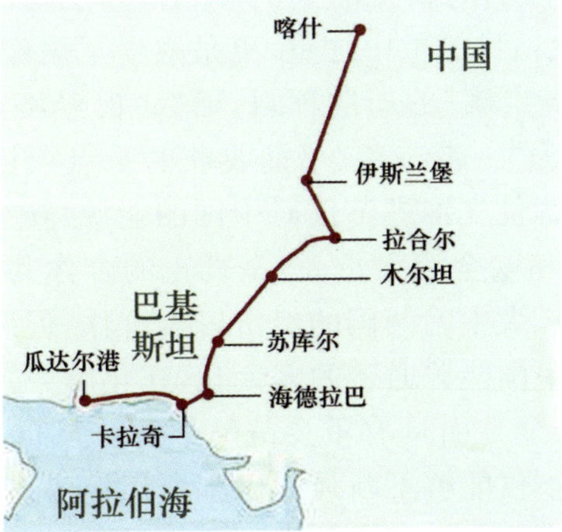

图 4-4　中巴经济走廊示意图

2015 年 4 月，国家主席习近平访问巴基斯坦，为加强中巴全天候战略伙伴关系按下了“快进键”，启动了中巴经济走廊建设的系列项目，为“一带一路”建设起到实质性推进作用。中巴两国政府初步制订了修建新疆喀什市到巴方西南港口瓜达尔港的公路、铁路、油气管道及光缆覆盖“四位一体”通道的远景规划。其间，中巴签订51项合作协议和备忘录，其中超过30项涉及中巴经济走廊。截至2016年底，双方已形成以中巴经济走廊建设为中心，瓜达尔港、能源、基础设施建设、产业合作为四大重点的“1＋4”合作布局。

中巴经济走廊不仅对中巴两国商贸发展具有强大推动作用，还有助于促进整个南亚的“互联互通”，并形成联系南亚、中亚、北非、海湾国家经济、能源领域合作的纽带。依托“中巴经济走廊”项目，两国能够实现全方位的互联互通、多元化的互利共赢，惠及相关国家近30亿的人口。

“中巴经济走廊”堪称“一带一路”的旗舰项目，它的优先推进将对其他走廊建设起到示范作用。走廊北起中国新疆喀什红旗拉口岸，最南到巴基斯坦瓜达尔港，全长3 000多km。该走廊将中国、中亚、南亚三大亚洲经济区域连接成一体，并通过瓜达尔港直达西亚、北非。2015年4月8日，“中巴经济走廊委员会”在巴基斯坦伊斯兰堡正式成立。习近平主席在对巴基斯坦进行国事访问期间提出，以中巴经济走廊为引领，以瓜达尔港、能源、交通基础设施和产业合作为重点，形成“四位一体”远景规划和合作布局。中国未来将向巴基斯坦投资460亿美元，其中包括医院、学校、饮水工程等大部分民生工程，推动中巴经济走廊建设惠及广大民众，成为对其他走廊建设具有示范意义的重大项目。作为“中巴经济走廊”的重点，瓜达尔港作为此项目的重中之重，更是取得了关键性突破。瓜达尔港的建设是“中巴经济走廊”的旗舰项目，而“中巴经济走廊”又是“一带一路”的旗舰项目，作为“一带一路”早期收获的重点项目，将发挥示范带动作用。中巴经济走廊优先推进不仅对中国的能源、安全意义重大，同样也对巴基斯坦的发展和安全意义重大，是真正的合作共赢。这条经济走廊的贯通一方面可以扩大中巴两国的经济安全合作，促进双边人文交流；另一方面又可以实现中国能源通道的多元化，在化解“马六甲困局”，确保能源安全、海上通道安全方面具有重要战略意义。从更宏观角度看，“中巴经济走廊”贯通后，不仅能够不断强化巴基斯坦作为连接亚欧及非洲大陆的桥梁纽带的战略地位，更能把南亚、中亚、西亚、北非等地区通过经济、安全、能源领域的合作紧密联合在一起，形成强烈的经济共振和良性互动，并不断发挥辐射带动效应。

2. 铁路布局规划

(1)“一带一路”合作成果

该经济走廊内最重要的铁路项目为巴基斯坦ML-1号铁路干线升级与

哈维连陆港建设项目。巴基斯坦1号铁路干线从卡拉奇向北经拉合尔、伊斯兰堡至白沙瓦，全长1 726 km，是巴基斯坦最重要的南北铁路干线。哈维连(Havelian)站是巴基斯坦铁路网北端尽头，规划建设由此向北延伸经中巴边境口岸红其拉甫至喀什铁路，哈维连拟建陆港，主要办理集装箱业务。1号铁路干线升级和哈维连陆港建设，是中巴经济走廊远景规划联合合作委员会确定的中巴经济走廊交通基础设施领域优先推进项目。

该铁路升级项目初期投入约40亿美元，总投资达60亿美元，预计2年内完工。被分为5部分实施，分别是木尔坦至拉合尔段升级、木尔坦至海德拉巴段升级、海德拉巴至卡拉奇段升级、哈维连陆港建设和专业人员培训。截至2016年11月，该项目仍处于前期勘察与试验阶段。

(2)我国境内通道建设

该通道的境内后方通道为南疆铁路接兰新和陇海线，与中国—中亚—西亚共用同一后方通道，因此在此一并描述，如图4-5所示。

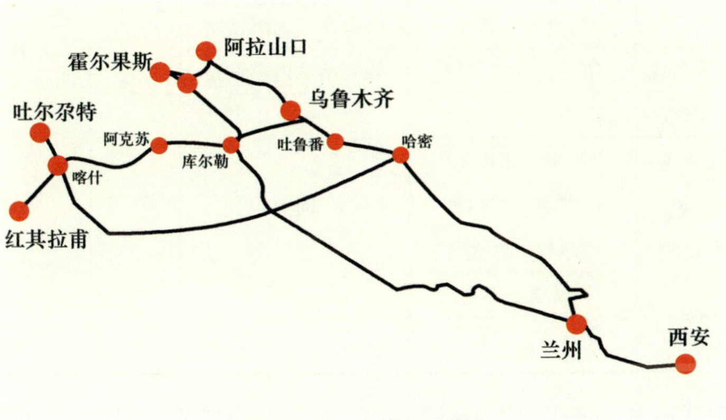

图4-5 我国境内通道图

①口岸站

吐尔尕特口岸位于新疆喀什西北的克孜勒苏柯尔克孜自治州乌恰县境内，是与吉尔吉斯斯坦通商的口岸，也是通往中亚、西亚、非洲的重要门户，建成后将成为“丝绸之路经济带”上中国—中亚—西亚经济走廊的中方出境口岸。根据铁一院中吉乌铁路项目研究，该铁路口岸规划将形成以吐尔尕特为边境站，喀拉布拉克为换装站的格局，两站相距19 km，吐尔尕特站由喀拉布拉克车站管理。

红其拉甫口岸位于喀什地区西南部，同巴基斯坦北部毗邻，口岸海拔约5 000 m，是世界上海拔最高的口岸地区。根据铁一院中巴铁路项目研究，由于距离边境最近的红其拉甫口岸处于喀喇昆仑山山脊，不具备铁路换装站的修建条件，规划拟选定在距离红其拉甫 100 km 的塔什库尔干修建换装站。

②我国境内铁路通道

内陆地区到达吐尔尕特和红其拉甫铁路口岸的境内通道可分为“一主两辅”和相关路网。“一主”为陇海—兰新—南疆铁路，如表 4-2 所示。

表 4-2 陇海—兰新—南疆铁路基本情况

<table>
<tr><th>出境口岸</th><th>线路</th><th>区段</th><th>概况</th><th>长度（km）</th><th>通道加强建议</th></tr>
<tr><td rowspan="6">吐尔尕特</td><td>陇海线</td><td>西安—兰州</td><td rowspan="2">既有双线电气化铁路</td><td rowspan="6">4 050</td><td rowspan="12">（1）近期建成中吉乌、中巴铁路；
（2）近期南疆线阿克苏至喀什段增建二线；远期南疆线库尔勒至喀什段电化改造</td></tr>
<tr><td>兰新线</td><td>兰州—吐鲁番</td></tr>
<tr><td rowspan="3">南疆线</td><td>吐鲁番—库尔勒</td><td>在建增建二线及电气化铁路</td></tr>
<tr><td>库尔勒—阿克苏</td><td>在建增建二线</td></tr>
<tr><td>阿克苏—喀什</td><td>既有单线内燃铁路</td></tr>
<tr><td>中吉乌线</td><td>喀什—吐尔尕特</td><td>规划单线内燃铁路</td></tr>
<tr><td rowspan="6">红其拉甫</td><td>陇海线</td><td>西安—兰州</td><td rowspan="5">同上</td><td rowspan="6">4 340</td></tr>
<tr><td>兰新线</td><td>兰州—吐鲁番</td></tr>
<tr><td rowspan="3">南疆线</td><td>吐鲁番—库尔勒</td></tr>
<tr><td>库尔勒—阿克苏</td></tr>
<tr><td>阿克苏—喀什</td></tr>
<tr><td>中巴线</td><td>喀什—红其拉甫</td><td>规划单线内燃铁路</td></tr>
</table>

南疆线阿克苏至喀什段 462 km 为单线内燃牵引，限制了通道能力的进一步提高。从近期看，应加快实施中吉乌铁路和中巴铁路，推进南疆线阿克苏至喀什段增建二线，使吐尔尕特、红其拉甫口岸与国内通道相连，成为畅通的对外口岸。该通道从长远发展来看，也应逐步实现全线双线、电气化，因此远期根据客货运输需求，适时实施南疆线库尔勒至喀什段电化改造，逐步提高通道运输能力和运输质量。

除以上主通道外，另外规划两大辅助通道，为由陇海、兰新、哈罗、罗若、南疆环线、喀和等路网干线组成的第一辅助通道，由陇海、兰青、青藏线西格段、库格、南疆环线、喀和等线组成的第二辅助通道。两大辅助通道在区域路网中可进一步加强吐尔尕特、红其拉甫口岸的后方通路，如表 4-3 所示。

表 4-3　陇海—兰新—南疆铁路辅助通道

通道	线路	区段	概况	长度(km)	通道加强建议
陇海—兰新—哈罗—罗若—南疆环线—喀和	陇海线	西安—兰州	既有双线电气化铁路	4 117	(1)近期建成罗若线；(2)远期建成南疆环线若羌至和田段；(3)远期兰新线张掖至哈密段开行万吨列车
	兰新线	兰州—哈密			
	哈罗线	哈密—罗中	既有单线内燃铁路		
	罗若线	罗中—若羌	规划单线内燃铁路		
	南疆环线	若羌—和田	规划单线内燃铁路		
	喀和线	和田—喀什	既有单线内燃铁路		
陇海—兰青—青藏—格库—南疆环线—喀和	陇海线	西安—兰州	既有双线电气化铁路	3 883	(1)近期建成格库线；(2)远期建成南疆环线若羌至和田段线
	兰青线	兰州—西宁			
	青藏线	西宁—格尔木	既有双线电气化铁路		
	格库线	格尔木—若羌	规划单线内燃铁路		
	南疆环线	若羌—和田	规划单线内燃铁路		
	喀和线	和田—喀什	规划单线内燃铁路		

从表中可以看出，与两大辅助通道密切相关的规划线路有格尔木至库尔勒、罗中至若羌、和田至若羌线。从加快形成“丝绸之路经济带”境内辅助通道和促进沿线开发考虑，近期应尽快实施格尔木至库尔勒、罗中至若羌，远期建成和田至若羌线，形成完善辅助通道。

六、孟中印缅经济走廊

1. 孟中印缅经济走廊发展概况

2013 年 5 月，李克强总理访问印度期间提出孟中印缅经济走廊倡议。2013 年 12 月，孟中印缅经济走廊联合工作组第一次会议在昆明召开，与会各方签署了会议纪要和孟中印缅经济走廊联合研究计划。会议就经济走廊发展前景、优先合作领域和机制建设等进行了深入讨论，就交通基础设施、投资和商贸流通、人文交流等具体领域合作达成广泛共识，并由此正式建立了四国政府推进的孟中印缅合作机制。

2014 年 9 月 18 日，习近平主席在访问印度期间，中印发表《中印联合声明》，两国共同倡议建设中印缅孟经济走廊，并将成立联合工作组，加强该地区互联互通。2015 年 5 月，印度总理莫斯访华，中印达成一系列合作协议，为孟中印缅经济走廊注入了新的活力。中印双方合作潜力巨大，特别是将珠三角经济圈与印度经济连接起来，对沿线的孟加拉国和缅甸的发展是一个巨大的推动。中印两国要着眼于推进发展规划的互联互通，充分发挥各自优势，在推进孟中印缅经济走廊建设中发挥引领作用。孟加拉国无论是官方还是民间都对“孟中印缅经济走廊”给予积极支持，总理谢赫·哈西娜2014年访华时表示，孟加拉国的发展需要“孟中印缅经济走廊”，孟加拉国具有区位优势，基础设施发展空间很大，在“孟中印缅经济走廊”及21世纪海上丝路建设中都将扮演重要角色，发挥不可替代的重要作用。孟官员、学者、企业家认为“实现孟中印缅高效、快速、可靠和无缝的基础设施连接”是今后合作的重点，希望采取“快车道”特别措施推动走廊建设，主张先易后难“多线并举”，在现有路线不通的情况下现行考虑开辟“南线”，即绕开印度北部，经缅甸若开邦直通孟加拉深水港。

孟中印缅经济走廊不仅直接惠及四国，其辐射作用还将带动南亚、东南亚、东亚三大经济板块联合发展。从经济发展水平来看，中国西南、印度东部、缅甸、孟加拉国相对而言均不发达，此前相互之间合作领域和动力十分有限。将四国合作提升至国家层面的“经济走廊”，能够促进相关国家和地区的经济发展、减少贫穷和改善民生，并带动四国所在区域的共同繁荣。

总之，六大经济走廊作为“一带一路”的战略支柱，将沿线60多个发展中国家列为中国对外交往的优先对象，不仅将“一带一路”战略构想落到了实处，也将中国的利益共同体、命运共同体和责任共同体理念落到了实处。六大经济走廊将成为地区和国际社会提供开放合作、互利共赢的公共产品，值得期待。

2. 铁路布局规划

(1)通道概况

孟加拉国、印度、缅甸三国中，中缅在铁路、公路、管道等方面已有许多规划。2010年6月3日中缅石油天然气管道工程正式开工建设，2013年建成投入运行。2010年中缅两国规划修建皎漂—昆明铁路，皎漂—昆明铁路是中缅共同实施的皎漂—瑞丽通道计划的一部分，铁路起于缅甸若开邦面对印度洋的皎漂深水港，从西南向东北贯穿缅甸中北部，经由云南瑞丽进入中国，直通昆明。该线路此前曾被称为中国西南战略大通道，贯通后将成为我国运送物资到海外的大通道和线路中间点，缅甸曼德勒和皎漂市将建设相应的物流设施，中国将在皎漂港投资兴建开发区。2011年3月8日，中国商务部宣布，由于缅甸国内问题和铁轨尺寸差异，原定于2011年开工修建连接中缅两国的铁路线暂缓施工。2011年4月，中国铁路工程总公司与缅甸铁道运输部签署该项目的谅解备忘录，规定工程建设须在签署之日起的3年内启动。工程原计划投资200亿美元，2015年前建成，中方负责筹措大部分资金，相应拥有50年运营权。2014年5月24日，缅甸铁路运输部表示，由于昆明—皎漂铁路项目未取得当地民众同意，一些民间组织反对声音较大，多次向缅甸政府抗议，并称工程建设将给地方造成负面影响，有关项目暂缓推动。

(2)中方境内建设情况

昆明经瑞丽到缅甸的中缅铁路是“一带一路”孟中印缅经济走廊的物流主通道，中方境内为大理—瑞丽，全长330 km，为国铁Ⅰ级单线电气化铁路，设计速度为140 km/h。大瑞铁路向东连接昆(明)广(通)大(理)铁路老线及修建中的昆明至大理城际铁路，向北连接大(理)丽(江)香(格里拉)铁路，向南连接大(理)临(沧)普(洱)铁路，向东北连接规划中的攀(枝花)大(理)铁路，还有保山至腾冲铁路，云南沿边铁路接入其中。工程完工后将形成西北、西南进出境国际铁路通道，并连接缅甸铁路网配合实施东盟国家提出的“泛亚铁路西线”方案。这条铁路建成后，向西继续通过孟加拉国进入印度，最终形成孟中印缅经济走廊的基础物流通道。根据线路条件，大瑞铁路分段建设，2008年6月，大理至保山段正式开工。2015年12月，长度为196 km的保山至瑞丽段正式开工，全线共有桥梁82座、隧道22座，桥隧长度占线路全长的69.76%。该线路的重点控制性工程、亚洲最长的山岭铁路隧道高黎贡山隧道于2014年底正式开工建设，计划工期为6年。另一关键性控制工程——怒江特大桥于2016年初全面开工。

2015年12月6日，国家《中长期铁路规划》连接一类口岸区域性干线铁路、国家实施“一带一路”战略、建设孟中缅印经济走廊的重要项目——大理至临沧铁路开工建设。大理至临沧铁路北起大理市，经巍山、云县，终至临沧市临翔区，线路全长202 km，为Ⅰ级单线电气化客货共线铁路，设计速度160 km/h，总投资150.46亿元，设计工期5年半。这条铁路横穿哀牢山，跨越澜沧江等诸多山系水系，桥隧总长为176 km，桥隧比高达87%，是云南在建桥隧比最高的铁路项目，工程难度大，施工风险高。建成后，昆明经大理至临沧，乘火车只需3.5 h，比汽车缩短4～5 h。

第三节　丝绸之路经济带沿线各国铁路发展

一、丝绸之路经济带的范围界定

对于如何界定丝绸之路经济带的具体范围，国家政策性文件中都未提及。在学术界内，对此达成的共识为：第一，丝绸之路经济带是一个动态的区域；第二，古丝绸之路只是一条商旅文化之路，呈线状，而丝绸之路经济带扩大了古丝绸之路的范围，是由这条“线”串联起来的一个面，呈片状；第三，“带”跟着“线”走，“带”的范围由“线”的延伸或发展而决定，丝绸之路经济带横跨整个亚欧大陆，囊括中亚、东南亚、西亚、东欧和西欧。

中国科学院地理所研究提出，丝绸之路经济带是依托现代公路、铁路、航空和油气管道组成的立体通道，丝绸之路经济带有三条通道，即以亚欧大陆桥为主的北线、以石油天然气管道为主的中线、以跨国公路为主的南线三条线，这种划分方式得到了理论界的广泛认同。依据民政部、文化部、住建部、工信部等部门进行“一带一路”文化交流时对沿线国家范围达成的共识，北线为中国经中亚、俄罗斯至欧洲，涵盖国家包括：德国、法国、荷兰、西班牙、奥地利、蒙古、哈萨克斯坦、俄罗斯、乌克兰、摩尔多瓦、罗马尼亚、保加利亚、塞尔维亚、匈牙利、捷克、斯洛伐克、波兰、立陶宛、拉脱维亚、爱沙尼亚，共 20 个国家；中线为中国经中亚、西亚至波斯湾、地中海，涵盖国家包括：吉尔吉斯斯坦、塔吉克斯坦、乌兹别克斯坦、土库曼斯坦、阿富汗、伊朗、阿曼、阿拉伯联合酋长国、卡塔尔、巴林、科威特、伊拉克、约旦、叙利亚、以色列、巴勒斯坦、黎巴嫩、格鲁吉亚、阿塞拜疆、亚美尼亚、土耳其，共 21 个国家；南线为中国至东南亚、南亚、印度洋，涵盖国家包括：越南、老挝、柬埔寨、泰国、缅甸、不丹、孟加拉国、尼泊尔、印度、巴基斯坦、斯里兰卡，共 11 个国家。如图 4-6 所示。

图 4-6 “一带一路”示意图

二、沿线各国铁路发展指标

丝绸之路经济带各国经济和铁路发展指标，如表 4-4 所示。除中国外，丝绸之路经济带覆盖的国家 GDP 总值约 18 万亿美元，国土面积约 3 700万 km^2，人口约 26 亿，铁路线路里程约 42 万 km。

52 个国家中，共有 20 个左右国家的人均 GDP 在 1 万美元以上，共有 10 个国家的铁路里程在 1 万 km 以上。以铁路里程为依据，并参考人均线路里程、线路密度等指标，将铁路发展水平分为发达、中等、欠发达三类，其中德国和法国的铁路发展水平为发达，蒙古、塔吉克斯坦等 20 个国家的铁路发展水平为欠发达，其他国家为中等。

从丝绸之路经济带三条通道的总体发展水平看，北线沿途国家的铁路发展水平较高，铁路里程约占三条通道总里程的 70%，依托“第二亚欧大陆桥”，构成连接亚欧大陆的铁路干线；中线沿途国家的铁路处于中等发达或欠发达水平，铁路里程约占总里程的 10%，阿曼、卡塔尔、巴林、科威特几个国家境内甚至没有铁路，还未形成沟通亚欧大陆的铁路通道；南线的东南亚和南亚国家人均 GDP 最低，经济落后，铁路基础设施薄弱，铁路里程约占总里程的 20%，也未形成沟通亚欧大陆的铁路通道。

从轨距来看，三条通道均呈现多样化。北线沿途国家为宽轨和准轨，从我国至欧洲的铁路运输需要跨越东欧、中亚等区域的宽轨铁路；中线以宽轨和准轨为主，约旦为 1 067 mm 的窄轨铁路；南线涵盖宽轨、准轨、窄轨三种轨距，印度为该区域轨距最为复杂的国家，境内有 1 676、1 000、762、610 mm 四种轨距，窄轨共占到总里程的 10%以上，更增加了国际铁路互联互通的难度。

表 4-4　丝绸之路经济带沿线各国经济及铁路发展指标(截至 2016 年)

国　家	位置	区域	铁路里程(km)	轨　距	GDP(亿美元)	面积(万 km^2)	人口数(万人)	人均 GDP(美元)	人均线路里程(km/人)	线路密度(km/万 km^2)	铁路发展水平
蒙　古	北线	东亚	1 815	宽轨	124.09	156.65	304.11	4 080.43	5.97	11.59	欠发达
哈萨克斯坦		中亚	14 800	宽轨	1 950.05	272.49	1 539.94	12 663.16	9.61	54.31	中等
俄罗斯		东欧	85 200	宽轨	13 113.71	1 709.82	14 004.12	9 364.18	6.08	49.83	中等
乌克兰			21 705	宽轨	901.38	60.37	4 570.04	1 972.37	4.75	359.53	中等
摩尔多瓦			1 171	宽轨	61.88	3.38	432.07	1 432.18	2.71	346.45	中等
立陶宛			1 768	宽轨	417.76	6.53	355.52	11 750.68	4.97	270.75	中等
拉脱维亚			1 826	宽轨	278.22	6.46	223.15	12 467.85	8.18	282.66	中等
爱沙尼亚			919	宽轨	229.34	4.52	129.94	17 649.68	7.07	203.32	中等
罗马尼亚		南欧	20 284	准轨	1 762.45	23.84	2 221.54	7 933.46	9.13	850.84	中等
保加利亚			5 114	准轨	471.67	11.1	720.47	6 546.7	7.1	460.72	中等
塞尔维亚			3 809	准轨	451.83	8.84	737.93	6 123	5.16	430.88	中等
西班牙			15 064	准轨	14 043	50.59	4 640.5	30 262.12	3.25	297.77	中等
匈牙利		中欧	7 766	准轨	1 184.9	9.3	990.56	11 961.92	7.84	835.05	中等
捷　克			9 469	准轨	1 824.62	7.89	1 121.19	16 273.96	8.45	1 200.13	中等
斯洛伐克			3 631	准轨	861.98	4.9	546.3	15 778.51	6.65	741.02	中等
波　兰			19 995	准轨	4 812.35	31.27	3 848.29	12 505.16	5.2	639.43	中等
荷　兰			3 016	准轨	8 695.08	4.19	1 685	51 590.1	1.79	719.81	中等
德　国		西欧	33 500	准轨	38 526	35.7	8 080	47 627.4	4.15	938.38	发达
法　国			30 884	准轨	28 292	67.28	6 620	42 736.2	4.66	459.04	发达
奥地利			5 927	准轨	4 363.44	8.39	853.68	51 127.1	6.94	706.44	中等

续上表

国家	位置	区域	铁路里程(km)	轨距	GDP(亿美元)	面积(万 km²)	人口数(万人)	人均 GDP(美元)	人均线路里程(km/人)	线路密度(km/万 km²)	铁路发展水平
吉尔吉斯斯坦	北线	中亚	423.9	宽轨	71.58	19.99	543.17	1 317.82	0.78	21.21	欠发达
塔吉克斯坦			616.7	宽轨	80.45	14.31	734.91	1 094.69	0.84	43.1	欠发达
乌兹别克斯坦			6 500	宽轨	659.53	44.74	2 760.6	2 389.08	2.35	145.28	欠发达
土库曼斯坦			2 980	宽轨	443.62	49.12	488.49	9 081.46	6.1	60.67	中等
阿富汗		西亚	75	宽轨	196.81	65.23	3 360.99	585.57	0.02	1.15	欠发达
伊朗			9 864	准轨	3 969.15	164.82	6 642.93	5 975	1.48	59.85	欠发达
阿曼			0		601.79	30.95	341.81	17 605.98	0	0	
阿拉伯联合酋长国	中线		264	准轨	3 390.85	8.36	988.16	34 314.79	0.27	31.58	欠发达
卡塔尔			0		1 920.77	1.14	749.85	25 615.39	0	0	
巴林			0		309.14	0.07	72.78	42 475.95	0	0	
科威特			0		1 232.28	1.78	269.12	45 789.24	0	0	
伊拉克			2 272	准轨	1 650.57	43.7	2 894.57	5 702.3	0.78	51.99	欠发达
约旦			505.5	窄轨(1 067 mm)	382.1	9.14	634.29	6 024.06	0.8	55.31	欠发达
叙利亚			2 052	准轨	736.72	18.52	2 215.78	3 324.88	0.93	110.8	中等
以色列			1 250	准轨	2 988.66	2.57	723.37	41 315.79	1.73	486.38	中等
巴勒斯坦			0		33.3	1.15	468	928	0	0	
黎巴嫩			402	准轨	479.84	1.05	401.71	11 945	1	382.86	中等
格鲁吉亚			1 363	准轨	137.53	6.97	461.58	2 979.55	2.95	195.55	中等
阿塞拜疆			2 068	宽轨	639.83	8.66	823.87	7 766.15	2.51	238.8	中等

续上表

国　家	位置	区域	铁路里程（km）	轨　距	GDP（亿美元）	面积（万 km²）	人口数（万人）	人均 GDP（美元）	人均线路里程（km/人）	线路密度（km/万 km²）	铁路发展水平
亚美尼亚	中线	西亚	726	宽轨	106.07	2.98	296.7	3 574.99	2.45	243.62	中等
土耳其			10 087	准轨	7 222.19	78.36	7 680.56	9 403.21	1.31	128.73	中等
越　南		东南亚	3 147	米轨	1 988.05	32.96	8 696.75	2 285.97	0.36	95.48	欠发达
老　挝			3.5	米轨	125.48	23.68	683.94	1 834.66	0.01	0.15	欠发达
柬埔寨			642	米轨	177.14	18.1	1 449.43	1 222.14	0.44	35.47	欠发达
泰　国			4 070.8	米轨	3 735.36	51.31	5 490.54	6 803.27	0.74	79.34	欠发达
缅　甸			6 108	米轨	657.75	67.66	4 813.77	1 366.39	1.27	90.27	欠发达
不　丹		南亚	0		22.09	3.84	69.11	3 196.35	0	0	
孟加拉国			2 877.1	米轨	2 023.33	14.76	15 605.01	1 296.58	0.18	194.93	中等
尼泊尔			53	窄轨(760 mm)	213.56	14.72	2 856.34	747.67	0.02	3.6	欠发达
印　度	南线		66 030	宽轨为主（1 676 mm），部分米轨	20 598.99	298	116 607.92	1 766.52	0.57	221.58	中等
巴基斯坦			7 791	宽轨为主（1 676 mm），部分米轨	2 709.61	88.03	17 624.29	1 537.43	0.44	88.5	欠发达
斯里兰卡			1 340.49	宽轨（1 676 mm）	795.24	6.56	2 132.48	3 729.18	0.63	204.34	中等
合　计			421 175		182 665	3 676.74	263 207				

第五章　亚欧铁路运输走廊布局与规划

亚欧铁路运输走廊由铁组规划。铁组是上世纪50年代中东欧和亚洲社会主义国家协商成立的铁路国际组织，旨在畅通国际铁路客货联运。规划并发展亚欧铁路运输走廊是铁组的重要工作职责之一。

第一节　铁组概况

第二次世界大战后，在20世纪40～50年代，由于亚欧地缘政治格局发生了变化，为满足日益增长的亚欧国家间客货运输需求，并保证国际铁路客货联运，迫切需要制定统一的法律和经济标准。为此，1951年，阿尔巴尼亚、保加利亚、匈牙利、民主德国、波兰、罗马尼亚、苏联、捷克斯洛伐克八国编制并商定了办理国际铁路联运客货运输的第一批基本文件：《直通国际联运铁路旅客及行李运送协定（国际客协）及其办事细则》《直达国际联运铁路货物运送协定（国际货协）及其办事细则》《直通国际联运铁路旅客、行李和包裹运价规程》《直达国际联运铁路货物运送协定参加国铁路货物运送统一过境运价规程》（统一货价）、《国际联运车辆互用规则（货车规则）》和《国际客协和国际货协清算规则》。上述协定、规则和规程自1951年11月1日起施行。波兰国家铁路受托管理国际客协和国际货协事务，为履行这一职能，在华沙成立了国际客协和国际货协事务管理局。几年后，这些协定、规则和规程做了很大改动，并将协定名称改为《国际铁路旅客联运协定（国际客协）》和《国际铁路货物联运协定（国际货协）》，此时参加上述协定的铁组成员国数量较以前有了增加。此后，铁路间的合作不断发展，客货运量大大提高。

为了进一步解决铁路运输领域存在的诸多问题，把这一合作扩大至其他铁路领域，必须成立新的机构才能在更高水平开展合作并适应新的需求，最重要的是，这一合作应在有关国家主管运输部长直接领导下开展且应定期举行部长会议。为此，1956年6月，在索非亚（保加利亚）举行了下列各国主管铁路运输部长会议：保加利亚人民共和国、匈牙利人民共和国、德意志民主共和国、中华人民共和国、朝鲜民主主义人民共和国、蒙古人民共和国、波兰人民共和国、罗马尼亚人民共和国、苏维埃社会主义共和国联盟和捷克斯洛伐克共和国。这次会议是铁组最高领导机关的第一次会议，部长会议一致决定成立铁路合作组织。此后，铁组成员国数量不断增加，截至2016年已达到下列28个：阿塞拜疆共和国、阿尔巴尼亚共和国、阿富汗伊斯兰共和国、白俄罗斯共和国、保加利亚共和国、匈牙利、越南社会主义共和国、格鲁吉亚、伊朗伊斯兰共和国、哈萨克斯坦共和国、中华人民共和国、朝鲜民主主义人民共和国、古巴共和国、吉尔吉斯共和国、拉脱维亚共和国、立陶宛共和国、摩尔多瓦共和国、蒙古国、波兰共和国、俄罗斯联邦、罗马尼亚、斯洛伐克共和国、塔吉克斯坦共和国、土库曼斯坦、乌兹别克斯坦共和国、乌克兰、捷克共和国、爱沙尼亚共和国。此外，铁组还包括7个观察员铁路：法国铁路(法铁)、德国铁路(德铁)、芬兰铁路(芬铁)、塞尔维亚铁路(塞铁)、奥地利—匈牙利铁路公司(吉肖富铁路)、联邦客运股份公司(俄罗斯)。获得铁组加入企业地位的有来自铁组成员国和其他亚欧国家(亚美尼亚和韩国)从事铁路运输活动的公司、院所和企业。截至2016年加入企业达到了40个，其数量还在不断增加。相比欧洲国家的运送条件，铁组成员国间铁路联运具有运距长(8 000～10 000 km)，途经不同气候带(包括严寒地区)，列车单向运行途中两次更换轨距(1 435 mm—1 520 mm—1 435 mm)等特点，成立专门的国际组织负责协调国际铁路运输很有必要。铁组成立之初，铁组成员国铁路线路总营业里程约227 000 km，而截至2016年铁路营业里程已超过30万km，每年可运送货物约60亿t，旅客约40亿人次。

铁组工作方向是完成一系列主要任务：发展和完善亚欧国际铁路联运，提高铁路运输效益，即使在经济和市场局势多变的情况下，仍然要不断改进服务水平。上述工作在于完善、协调和统一法律与技术标准，发展铁路运输走廊，优化铁路运价，简化过境，包括推广国际货约/国际货协统一运单，以缩短货物通过国境的时间，降低其运送成本，发展驼背运输和多式联运等。

铁组工作机关包括下列5个专门委员会(简称为一专、二专、三专、四专、五专)和2个常设工作组：一专为运输政策和发展战略专门委员会，二专为运输法专门委员会，三专为货物运输专门委员会，四专为旅客运输专门委员会，五专为基础设施和机车车辆专门委员会；两个常设工作组为编码和信息技术常设工作组，以及财务和清算问题常设工作组。另外，还有若干临时工作组和共同工作组。由于一些铁组成员国铁路领域进行了机构改革，从而出现了作为独立经营主体的铁路企业，因此在第二十届部长会议（1992年，蒙古乌兰巴托）上，决定再成立一个铁路和铁路企业一级的铁组领导机关——铁组铁路总局长（负责代表）会议。

2006年，在索非亚举行的铁组三十四届部长会议期间，举行了铁组成立50周年庆典活动。庆祝仪式上总结了铁组50年来的工作成就，提出了未来十年（2006—2016年）的新任务：极大提高铁组成员国铁路客货运送水平；全面重审国际货协，以适应当代需求；启动铁组/国际铁路运输委员会国际货约/国际货协统一运单共同项目，扩大其使用范围，简化铁路运输过境，缩短货物在途时间和运送成本；编制国际铁路直通联运公约，在其中纳入铁路运输法所有发展方向，同时将铁组提升为政府间组织；积极参与联合国欧经委建立统一铁路法的工作；在完善铁组铁路运输走廊方面开展工作：制定并监督落实改进走廊工作，消除薄弱环节，编制技术运营说明书，签署铁组13条走廊技术、运营和商务发展方面合作备忘录；在编制简化铁路运输过境公约方面有针对性地开展工作；在制定和实施商定口岸货物查验条件国际公约（1982年）附件9《简化铁路运输过境手续》方面开展工作；在开辟280条铁组成员国直达集装箱列车路径方面开展工作；使统一货价和国际货价适应国际货协修订本；编制500个以上基础设施和机车车辆备忘录（行业标准）；在1 520 mm和1 435 mm不同轨距铁路系统相互协作方面与欧盟开展共同工作；同其他国际组织开展更密切、更富有成果的合作；提升铁组在铁组成员国、铁组铁路和国际组织中的知名度和影响。2015年是铁组历史上很重要的一年，这一年完成了对铁组基本文件（包括国际客协和国际货协）的全面重审工作，以及《国际铁路直通联运公约》（草案）的编制工作。该公约草案包括铁组范围内现行国际协定、协约、规则的全部重审文件。

铁组还与铁路运输领域的其他国际组织，如联合国欧经委、联合国亚太经社会、欧盟交通运输总局、国际铁路运输政府间组织（OTIF）、国际铁路运输委员会（CIT）、欧亚经济联盟（EEU）、国际铁路联盟（UIC）、欧洲铁路署（ERA）、西伯利亚大铁路运输协调委员会（CCTT）、公共交通国际联盟（UITP）、国际货运代理协会联合会（FIATA）、欧洲时刻表协调组织（FTE）等开展积极的合作。与上述国际组织为解决国际铁路联运问题开展的合作正取得积极成果，这将极大地拓宽任务范围。

随着全球化进程的不断加深，对环境和能源的保护要求将越来越严格，这将极大地提高铁组铁路在发展国际铁路联运方面的意义。

第二节　铁组亚欧运输走廊

为完善和发展国际铁路运输，提高其在亚欧大陆的竞争力，并最大限度提高整个运输系统工作效率，满足各国对客货运输需求，近年来，铁组运输政策和发展战略专门委员会（一专）在其专题中参考联合国亚太经社会研究成果“确定铁组铁路运输走廊及其参数”的基础上，重点对亚欧联运铁路运输走廊进行了规划研究。通过研究认为亚欧走廊的选择应满足以下基本要求：与现在或将来国际客货运量很大的主要干线铁路贯通；应符合国际技术参数标准或应按照《欧洲国际铁路干线协定》（AGC，联合国欧洲经济委员会1985年制定）标准进行现代化改造；应横贯几个国家的领土；走廊路径应是货流产生地与消失地之间最短距离。铁组在对亚欧国家间货流和铁路运输基础设施调查的基础上，对一系列联运的不同运送方案主要指标进行计算，依据运距、运到期限和运费等标准选定最优的路径，确定了13条亚欧联运铁路运输走廊。

一、第1走廊

第1走廊是铁组最长的走廊，经由波兰、拉脱维亚、立陶宛、爱沙尼亚、白俄罗斯、俄罗斯、哈萨克斯坦、乌兹别克斯坦、中国、蒙古、朝鲜等11个国家境内，为上述国家之间的运输，以及这些国家与第三国的客货运输提供服务，线路走向如图5-1所示。

（1）第1走廊线路走向

主要方向：

经过国家：波兰—白俄罗斯—俄罗斯。

经过城市：库诺维策—华沙—布列斯特—明斯克—莫斯科—下诺夫哥罗德—科捷利尼奇—彼尔姆—斯维尔德洛夫斯克（叶卡捷琳堡）—鄂木斯克—新西伯利亚—克拉斯诺雅尔斯克—伊尔库茨克—扎乌金斯基工厂—卡雷姆斯卡亚—沃洛恰耶夫斯卡—纳霍德卡/瓦尼诺/哈桑，全长12 037 km。

支线：

1-1　里加/文茨皮尔斯/利耶帕亚—克鲁斯特皮尔斯—济卢佩—波辛—莫斯科。主要经过拉脱维亚、俄罗斯，全长1 349 km；

1-2　圣彼得堡/塔帕—沃洛格达—科捷列尼奇。在俄罗斯境内，全长1 440 km；

1-3　莫斯科—梁赞—塞兹兰—奥伦堡—坎达加奇—阿雷西—塔什干。主要经过俄罗斯、哈萨克斯坦、乌兹别克斯坦，全长 3 220 km；

1-4　卡雷姆斯卡亚—哈尔滨—图们江—南阳—罗津。主要经过俄罗斯、中国、朝鲜，全长 1 846 km；

1-5　哈尔滨—沈阳—大连。在中国境内，全长 944 km；

1-6　扎乌金斯基工厂—乌兰巴托—二连—北京—天津。主要经过俄罗斯、蒙古、中国，全长 2 335 km；

1-7　沈阳—丹东—新义州—开城。经过中国、朝鲜，全长 473 km；

1-8　加里宁格勒—帕盖吉艾—拉德维利什基斯—道加瓦匹尔斯—雷泽克内。经过俄罗斯、立陶宛、拉脱维亚三个国家，全长 568 km；

1-9　哈桑—图们江—元山—金刚山。经过中国、朝鲜，全长 781 km；

1-10　里加/文茨皮尔斯—克鲁斯皮尔斯—道加瓦匹尔斯—维捷布斯克—斯摩棱斯克。经过拉脱维亚、俄罗斯、白俄罗斯，全长 939 km。

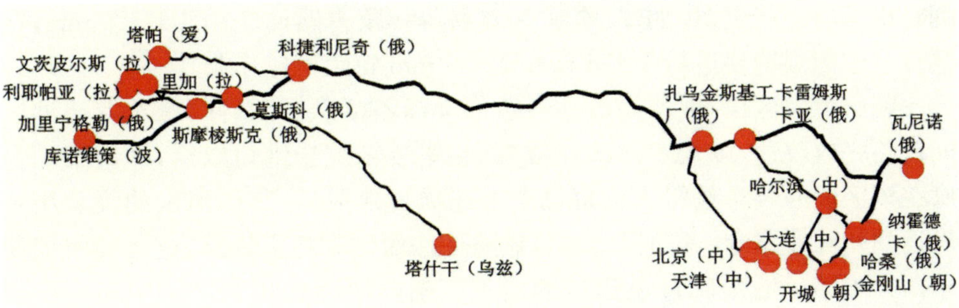

图 5-1　铁组第 1 走廊示意图

(2)第 1 走廊途经各国的概况

俄罗斯境内段是走廊最长的区段，主要为西伯利亚大铁路，其长度占走廊全长的 60%。西伯利亚大铁路是构成俄罗斯运输系统的基础，途经俄罗斯六个联邦州。在干线辐射的沿线地区，聚集了俄罗斯 80%以上的工业潜力，开采俄罗斯 65%以上的煤炭，加工约 20%的石油产品，生产 25%的木材。路径支线上拥有通往拉脱维亚共和国港口和位于加里宁格勒州的俄罗斯港口(1-1、1-8、1-10 支线)，以及俄罗斯圣彼得堡、乌斯季卢加港口和爱沙尼亚共和国港口(1-2 支线)的出口，并通过伊列茨克站使走廊主要路径与哈萨克斯坦路网相连(1-3 支线)，通过后贝加尔站使走廊主要路径与中华人民共和国路网相连(1-4 支线)，通过纳乌什基站使走廊主要路径与蒙古国路网相连(1-6 支线)。俄罗斯境内段轨距为 1 520 mm。

中国区段长度居第二，占走廊全长的14%。该区段经由我国东北地区，通过北京将天津港与蒙古国接壤的二连站相连（1-6 支线），使与朝鲜接壤的豆满江站和与俄罗斯接壤的满洲里站相连（1-4 支线），通过沈阳使黄海沿岸的大连与哈尔滨相连（1-5 支线），使与朝鲜接壤的丹东和沈阳相连（1-7 支线）。该支线经由我国发达的工农业地区。这些支线为我国商品通过陆路通道运往俄罗斯和欧洲市场创造了条件，经由该陆路通道的运到期限相比经由苏伊士运河的海上运到期限要短。我国铁路路网轨距为 1 435 mm。

哈萨克斯坦共和国区段占走廊全长的 7%，它从与乌兹别克斯坦共和国国境（钦格尔德站）到与俄罗斯联邦国境（伊列茨克站），穿越整个哈萨克斯坦境内。在该区段沿线，拥有发达的石油化工工业、冶金工业、轻工业和机械制造业等。哈萨克斯坦区段线路轨距为 1 520 mm。

蒙古区段自与中国接壤的扎门乌德站起，经乌兰巴托至与俄罗斯联邦接壤的苏赫巴托站。蒙古是一个工农业国家，其经济支柱是畜牧业。该国拥有丰富的矿产资源，如煤、金矿和建材等。蒙古路网轨距为1 520 mm，在蒙古—中国国境要进行 1 435 mm/1 520 mm 轨距换轮作业。

朝鲜境内区段，俄朝间对外经贸活动尚不活跃。随着哈桑至罗津港区间铁路完成改造，以及罗津港建成煤炭、集装箱综合港口以后，铁组第 1 走廊在该区段的装车量将大大提高。上述项目建成后，其他国家的集装箱可发运到朝鲜罗津港，进而通过宽轨铁路运往西伯利亚大铁路，这无疑将促使东西方国际运输走廊过境运量的增长。朝鲜铁路轨距为 1 435 mm（豆满江—罗津区段采用 1 520 mm/1 435 mm 混合轨距）。

拉脱维亚区段的运量主要来自俄罗斯联邦和其他铁组成员国经由拉脱维亚文茨皮尔斯、里加、利耶帕亚港的进出口货物。拉脱维亚境内段线路轨距为 1 520 mm。

走廊立陶宛境内段所属的立陶宛铁路是西欧国家多式联运货物运往波罗的海、俄罗斯西北和中部地区，以及白俄罗斯、乌克兰以远至高加索地区运输物流体系中的重要环节。立陶宛铁路轨距为 1 520 mm。

白俄罗斯铁路同样是东西方国家间国际运输物流体系中的重要一环。在白俄罗斯—明斯克—布列斯特—波兰国境区段，拥有非常发达的铁路和仓储基础设施，可以采用高效率的换装和交接工艺。通过现代信息和法律手段，将为过境货物运输的快速增长提供有力保障。白俄罗斯区段的线路轨距为 1 520 mm。

波兰区段是特雷斯波尔（与白俄罗斯接壤）—库诺维策（与德国接壤）线

路，该线路将东西方各国连接起来。波兰铁路轨距为 1 435 mm。

爱沙尼亚区段是走廊欧洲部分长度最短的区段，它保证了俄罗斯联邦和其他铁组成员国经由爱沙尼亚港口（过境爱沙尼亚共和国）的进出口货物运输。爱沙尼亚境内区段的铁路轨距为 1 520 mm。

铁组第 1 走廊主要区段 2015 年货运量见表 5-1。

表 5-1　铁组第 1 走廊主要区段 2015 年货运量

国　　家	区段长度(km)	货物周转量 (运营净重吨公里，千)	运输密度 (吨公里(千)/km)
白俄罗斯	856	16 365 942	19 119
哈萨克斯坦	1 754	22 615 070	12 893
中　国	3 717	139 871 897	37 630
拉脱维亚	1 017	16 349 548	16 076
立陶宛	316	715 276	2 264
波　兰	682	7 304 793	10 711
俄罗斯	15 181	1 078 538 811	71 045
乌兹别克斯坦	23	240 406	10 452
爱沙尼亚	133	560 794	4 217
走廊全程	23 679	1 282 562 537	54 165

二、第 2 走廊

铁组第 2 走廊经由俄罗斯、哈萨克斯坦、中国、越南四国境内，全长 12 946 km。走廊主要办理俄罗斯与中国之间的货物联运，以及少量的中国与欧洲国家之间的货物联运，是中俄两国间货物运输最受欢迎的径路之一，线路走向如图 5-2 所示。

（1）第 2 走廊线路方向

主要方向：

经过国家：俄罗斯—哈萨克斯坦—中国。

经过城市：莫斯科—喀山—叶卡捷琳堡—库尔干—彼得罗巴甫洛夫斯科—阿斯塔纳—多斯特克—阿拉山口—乌鲁木齐—郑州—徐州—连云港，全长 8 212 km。

支线：

2-1　焦马—卡尔塔雷—托博尔—阿斯塔纳，俄罗斯、哈萨克斯坦境内；

2-2　郑州—衡阳—九龙，中国境内；

2-3 徐州—上海，中国境内；

2-4 衡阳—柳州—南宁—河内，中国、越南境内；

2-5 伊列茨克—坎达加奇—尼克尔套—托博尔，俄罗斯境内。

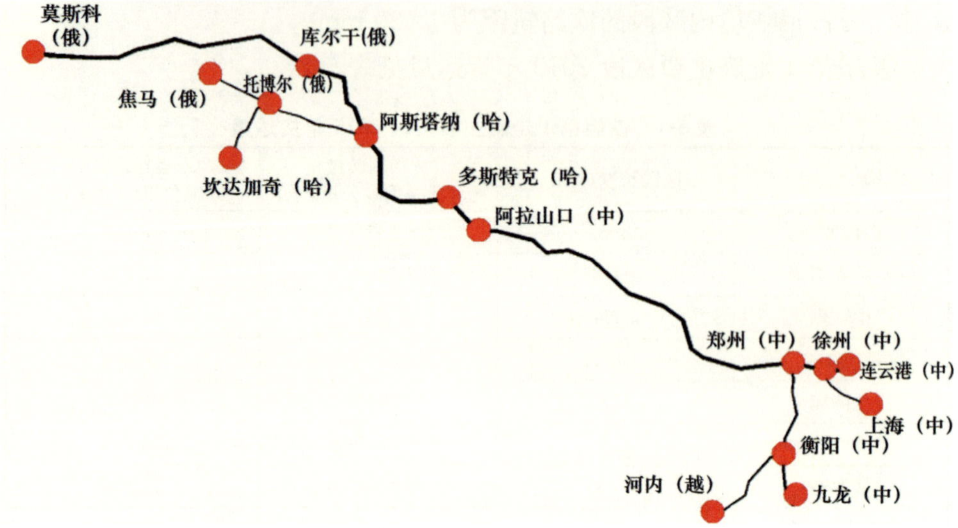

图 5-2 铁组第 2 走廊示意图

(2)第 2 走廊沿途国家概况

俄罗斯区段经由俄罗斯联邦货流产生地，如乌拉尔、伏尔加河沿岸联邦区及西伯利亚联邦区(部分地区)，这些地区拥有大量的矿产和森林资源，是俄罗斯联邦工业最发达的地区之一。

哈萨克斯坦区段经由哈萨克斯坦北部、中部和东南经济区。哈萨克斯坦中部经济区拥有采煤和冶金工业，主要利用自身矿产资源。从上述地区往中国方向运送石油、黑色和有色金属，以及黑色废金属。从北部地区往中国方向运送的货物主要有铁精矿、黑色金属和废金属。走廊第 2-1 支线多斯特克—阿克斗卡—莫因特—阿斯塔纳—阿卡苏—卡尔塔雷被俄铁和哈铁视为保证欧洲—中国西部联运中货物运送的最佳路径，它在几种可选方案中运距最短，且技术装备程度很高。

第 2 走廊主要路径保证了通往连云港的出口，连云港是第一批对外国船只开放的 14 个港口之一。

走廊第 2-2、2-3 支线拥有通往中国东部沿海大型港口九龙和上海的出口。

走廊第 2-4 支线保证了通往越南铁路的出口。支线上拥有越南社会主义共和国经济区，如谅山、河内、海防和建江经济区。上述经济区是越南北部工业发达地区。此外，通过铁组走廊第 2-4 支线，保证了泛越和泛亚铁路联运。主要区段 2015 年货运量见表 5-2。

表 5-2 铁组第 2 走廊主要区段 2015 年货运量

国 家	区段长度(km)	货物周转量（运营净重吨公里，千）	运输密度（吨公里（千）/km）
越 南	156	81 091	520
哈萨克斯坦	2 566	51 602 453	20 110
中 国	7 438	371 149 241	49 899
俄罗斯	2 786	163 925 660	58 839
走廊全程	12 946	586 758 445	45 324

三、第 3 走廊

铁组第 3 走廊经由波兰、乌克兰和俄罗斯三国境内，全长 2 227 km，只有干线没有支线，线路走向如图 5-3 所示。

主要方向：

经过国家：波兰—乌克兰—俄罗斯。

经过城市：兹戈热烈茨—弗罗茨瓦夫—奥波莱—卡托维茨—克拉科夫—梅地卡—莫斯提斯卡—利沃夫—日梅林卡—基辅—泽尔诺沃—苏泽姆卡—莫斯科。

铁组第 3 运输走廊主要方向铁路里程为 2 227 km，其中波兰境内 679 km，乌克兰境内 1 066 km，俄罗斯境内 482 km。该方向基本上为电气化复线铁路，但波兰境内的两个区段（共 169.9 km）除外。

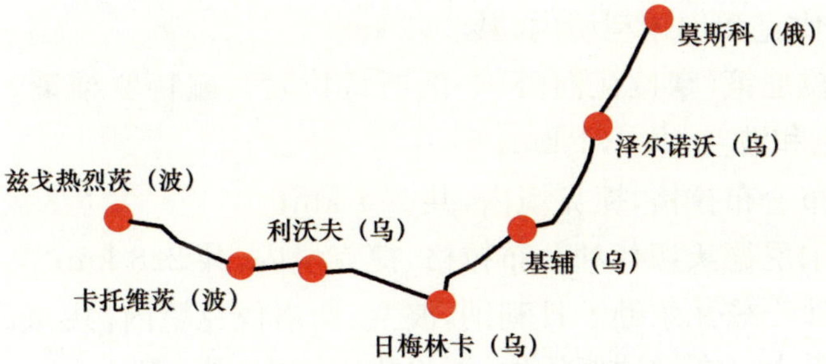

图 5-3 铁组第 3 走廊示意图

在该走廊上，波兰境内有 2 个大型集装箱办理站，乌克兰境内有 4 个，俄罗斯境内有 2 个。该走廊各区段的过境货流方向主要为东西方向。走廊的技术装备水平可以保证当前和未来的货流需求。主要区段 2015 年货运量见表 5-3。

表 5-3 铁组第 5 走廊主要区段 2015 年货运量

国　　家	区段长度(km)	货物周转量（运营净重吨公里，千）	运输密度（吨公里(千)/km）
波　兰	679	6 850 297	10 089
俄罗斯	482	9 955 077	20 654
乌克兰	1 066	20 207 666	18 957
走廊全程	2 227	37 103 040	16 620

四、第 4 走廊

该走廊贯穿捷克、斯洛伐克、匈牙利、波兰和乌克兰（乔普边境站）五国境内。在捷克共和国境内，第 4 走廊的大部分线路与第 6 走廊的区段相重合，线路走向如图 5-4 所示。

主要方向：

经过国家：捷克—斯洛伐克—乌克兰。

经过城市：杰钦—乌斯基（拉比河畔）—特尔谢勃瓦—奥洛莫乌茨—特热博瓦—普尔热洛夫（摩拉瓦河畔）—戈尔尼利捷奇—普霍夫—日利纳—科希策—切尔纳（基萨河畔）—乔普，共 815 km。

支线：

4-1　普尔热洛夫—勃尔热茨拉夫，捷克境内，共 100 km；

4-2　特热博瓦—布尔诺—勃尔热茨拉夫—布拉迪斯拉发—布达佩斯，乌克兰、斯洛伐克和匈牙利境内，共 454 km；

4-3　赫拉尼策（摩拉瓦河畔）—俄斯特拉发—佩特罗维策—卡托维茨，主要经过捷克和波兰，共 161 km；

4-4　赫布—布拉格，捷克境内，共 221 km；

4-5　郭尔尼德沃切什利—布拉格，捷克境内，共 228 km；

4-6　华沙—兹瓦尔顿—日利纳，波兰、斯洛伐克境内，共 493 km；

4-7　普霍夫—布拉迪斯拉发，斯洛伐克境内，共 158 km。

第 4 走廊国际旅客和货物运输的特点和优势是捷克、斯洛伐克、波兰和匈牙利四国已进入申根协议区。在这些国家边境内部不需要进行边境及其他检查。走廊的绝大部分线路经过捷克共和国，其境内的多数区段已在 2004 年完成了现代化改造。第 4 走廊国内区段的现代化改造，为提高亚欧

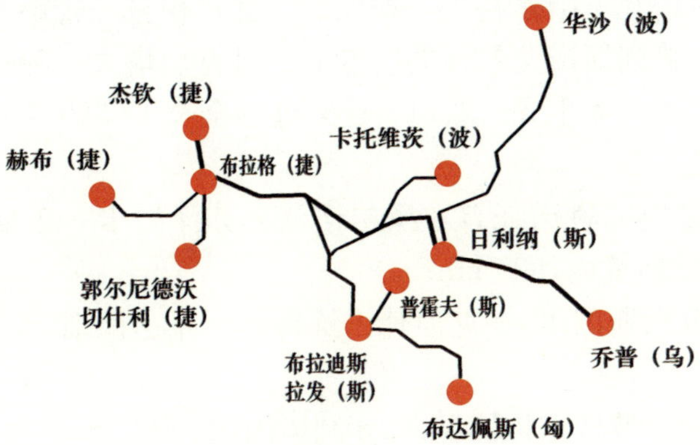

图 5-4　铁组第 4 走廊示意图

联运铁路运输的竞争力和吸引客货流创造了条件。主要区段 2013 年货运量见表 5-4。

表 5-4　铁组第 4 铁路运输走廊主要区段 2013 年货运量

国　　家	区段长度(km)	货物周转量 (运营净重吨公里,千)	运输密度 (吨公里(千)/km)
匈牙利	65	401 517	6 177
波　兰	490	4 199 236	8 570
斯洛伐克	847	20 947 246	24 731
捷　克	1 285	7 894 044	6 143
走廊全程	2 687	33 442 043	12 446

五、第 5 走廊

铁组第 5 走廊贯穿匈牙利、斯洛伐克、乌克兰、俄罗斯、哈萨克斯坦、格鲁吉亚、阿塞拜疆、摩尔多瓦、中国、吉尔吉斯斯坦等国。走廊全长 21 995.7 km。该走廊方向上的大型集装箱办理站有:匈牙利境内 5 个,斯洛伐克 4 个,摩尔多瓦 2 个,乌克兰 7 个,俄罗斯 9 个,哈萨克斯坦 11 个,阿塞拜疆 2 个,中国 4 个。该走廊区段运送的主要是来自中国和亚太地区国家到西欧国家的过境货流。走廊技术装备水平足以保证现在和未来的货运需求,线路走向如图 5-5 所示。

线路主要方向为:

经过国家:匈牙利—乌克兰—俄罗斯—哈萨克斯坦—中国。

经过城市:巴扬舍尼耶/肖普朗/赫杰什霍洛姆—布达佩斯—扎霍尼—乔普—斯特雷—利沃夫—克拉斯涅—日梅林卡—法斯托夫—达尔尼察—格

列边恩卡—波尔塔瓦—哈尔科夫—托波利—瓦卢伊基—奔萨—基涅利—库尔干—乌佳克—普列斯诺戈尔科夫斯卡亚—科克切塔夫—阿克斗卡—多斯特克—阿拉山口—乌鲁木齐—兰州—连云港。全长 11 520.7 km。

支线：

5-1　达尔尼察—科诺托普—泽尔诺沃—苏泽姆卡—布良斯克—莫斯科，乌克兰和俄罗斯境内，829 km；

5-2　姆拉开列斯图尔/杰克涅什—栋博堡—布达佩斯，匈牙利境内，共 282 km；

5-3　马吉阿尔波依—栋博堡，匈牙利境内，共 114 km；

5-4　法斯托夫—兹纳缅卡—第聂伯罗彼得洛夫斯克—伊洛瓦伊斯克—克瓦希诺—罗斯托夫—萨穆尔—雅拉马—巴库—别尤克—凯亚西克—第比利斯—波季/巴统，主要经过乌克兰—俄罗斯—阿塞拜疆—格鲁吉亚，共 3 161 km；

5-5　温格内—基希纳乌—拉兹杰利纳亚—日梅林卡，摩尔多瓦和乌克兰境内，共 531 km；

5-6　库尔干—鄂木斯克，后并入第 1 走廊，俄罗斯境内，共 540 km；

5-7　勒季谢沃—奥津基—阿雷西—卢戈瓦亚/比什凯克—雷巴奇耶/阿拉木图—阿克斗卡，经过俄罗斯、哈萨克斯坦，共 4 471.6 km；

5-8　布拉迪斯拉发—日利纳—科希策—切尔纳(蒂萨河畔)—乔普，经过匈牙利、斯洛伐克，共 546.4 km。

图 5-5　铁组第 5 走廊示意图

经由走廊各区段运送的主要货流是从中国和亚太国家到西欧国家及相反方向的过境货物。哈萨克斯坦铁路是办理从东欧国家、乌克兰和俄罗斯南乌拉尔地区通往中国的货物运输的中间环节。格鲁吉亚区段(第 5-4 支线)保证了走廊经由国家和黑海沿岸港口之间的联运。该支线经由别尤克—克亚西克/加尔达巴尼—第比利斯—波季—巴统等线路区段。吉尔吉斯铁路北区段卢戈瓦亚—比什凯克—雷巴奇耶(第5-7支线)是主要运输干线,它将吉尔吉斯共和国同哈萨克斯坦、俄罗斯、乌克兰和其他国家连接起来。主要区段2015年货运量见表5-5。

值得一提的是,20世纪末,多斯特克—阿拉山口铁路口岸的开通和运营迈出了重建伟大丝绸之路的第一步。1996年5月13日,土库曼斯坦和伊朗两国铁路在麦什德—谢拉赫斯—捷詹区段实现接轨。于是,新的亚欧大陆桥又增添了一条径路:位于中国东海岸的连云港通过铁路经乌鲁木齐、阿拉木图、塔什干与波斯湾的阿巴斯港连接起来,然后经德黑兰与黑海及地中海的欧洲港口相连。上述径路为中亚内陆国家开辟了通往太平洋、大西洋和印度洋的最短通道。

表5-5　铁组第5走廊主要区段2015年货运量

国　家	区段长度(km)	货物周转量(运营净重吨公里,千)	运输密度(吨公里(千)/km)
阿塞拜疆	680	6 067 456	8 923
匈牙利	1 695	13 185 807	7 779
格鲁吉亚	447	3 844 667	8 601
哈萨克斯坦	5 441	85 532 155	15 720
中　国	4 156	260 296 211	62 631
吉尔吉斯斯坦	324	919 254	2 837
摩尔多瓦	209	180 151	862
俄罗斯	5 299	259 748 923	49 018
斯洛伐克	549	15 411 713	28 072
乌克兰	3 118	76 292 768	24 468
走廊全程	21 918	721 479 105	32 917

六、第6走廊

铁组第6铁路运输走廊的大部分线路经过捷克、斯洛伐克、匈牙利、罗马尼亚、塞尔维亚、保加利亚、希腊、土耳其等国,并与欧盟第4走廊(克里特)重合。走廊全长12 442 km,其中正线6 915 km(占全长的56%),电气化铁路5 714 km(45.9%),3 795 km(31%)为复线区段。支线里程为5 527 km,其中电气化铁路2 363 km,线路走向如图5-6所示,2015年主要区段货运量见表5-6。

线路主要方向为:

经过国家：捷克—斯洛伐克—匈牙利—罗马尼亚—保加利亚—土耳其—伊朗—土库曼斯坦。

经过城市：杰钦—布拉格—布拉迪斯拉发—布达佩斯—阿拉德—克拉约瓦—卡拉法特—维京—索非亚—萨洛尼基/伊斯坦布尔—安卡拉—凡湖轮渡—德黑兰—萨拉赫斯—萨巴尔穆拉特土库曼巴希。

支线：

6-1　阿拉德—布加勒斯特—康斯坦察，罗马尼亚境内，共 853 km；

6-2　布达佩斯—贝尔格莱德—索非亚，经过匈牙利—塞维利亚—保加利亚，共 770 km；

6-3　赫杰什霍洛姆/肖普朗—布达佩斯，匈牙利境内，共 284 km；

6-4　索非亚—上奥里亚霍维察—瓦尔纳，保加利亚境内，共 543 km；

6-5　德黑兰—库姆—阿巴斯港，伊朗境内，共 1 462 km；

6-6　库姆—霍麦尼港，伊朗境内，共 907 km；

6-7　麦什德—巴弗克，伊朗境内，共 795 km。

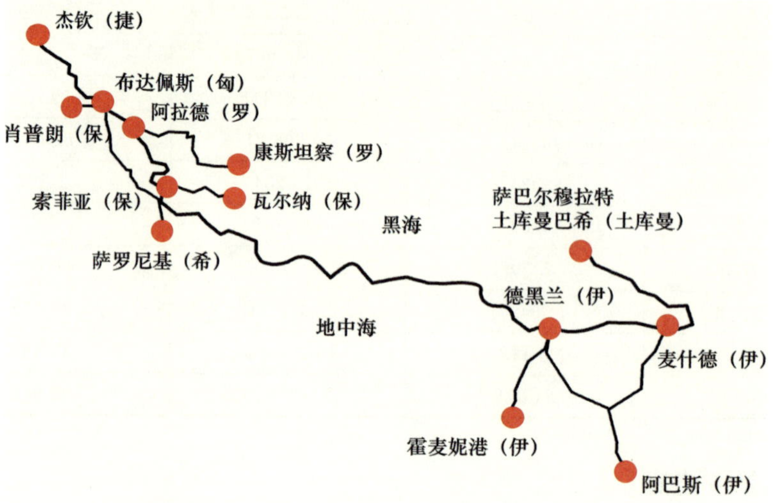

图 5-6　铁组第 6 走廊示意图

表 5-6　铁组第 6 走廊主要区段 2015 年货运量

国　　家	区段长度(km)	货物周转量（运营净重吨公里，千）	运输密度（吨公里(千)/km）
保加利亚	1 402	1 018 321	726
匈牙利	722	8 460 698	11 718
伊　朗	5 781	40 509	7

续上表

国　　家	区段长度(km)	货物周转量 (运营净重吨公里,千)	运输密度 (吨公里(千)/km)
罗马尼亚	1 349	5 567 848	4 127
斯洛伐克	220	4 498 760	20 449
捷　克	452	3 888 348	8 603
走廊全程	9 926	23 474 484	2 365

七、第 7 走廊

第 7 走廊经由波兰和乌克兰两个国家,走廊全长 1 551 km。走廊上 4 个大型集装箱办理站,波兰和乌克兰各两个。走廊上运送的主要是从波罗的海至黑海的过境货流,线路走向如图 5-7 所示。

主要方向:

经过国家:波兰—乌克兰。

经过城市:格但斯克—华沙—卢布林—多罗胡斯克—亚戈金—兹多尔布诺夫—卡扎京—日梅林卡—拉兹杰利纳亚—敖德萨。

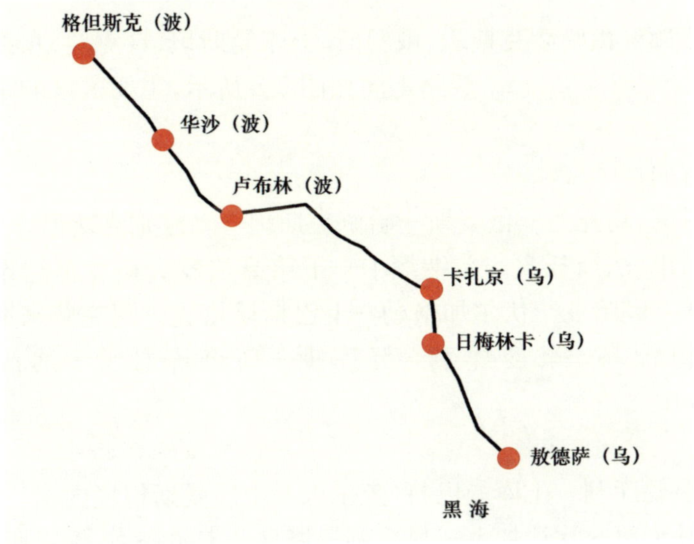

图 5-7　铁组第 7 走廊示意图

波兰境内的波铁集团下辖的铁路运输物流系统的铁路企业、股份公司和有限公司,将在铁组第 7 走廊改造完毕后,以华沙为交通枢纽保证波罗的海(波兰)与黑海(乌克兰)之间,以及乌克兰和其他欧盟国家同斯堪的纳维亚半岛国家之间畅通无阻的客货联运。

乌克兰境内走廊实际上同乌克兰与波兰之间商定的“黑海—波罗的海(敖德萨/伊利伊乔夫斯克—格但斯克/格丁尼亚)”走廊路径吻合，在两国备忘录中规定了该走廊的发展规划。

第7走廊是黑海和波罗的海的连接环节，它决定着沿线地区的发展，因为经由该走廊运送的是至/自敖德萨港(以远至黑海和地中海沿岸国家)和至/自格但斯克港(以远至斯堪的纳维亚半岛国家)的大宗货物和集装箱，走廊的技术装备水平可以保证现在和远景的货流需求，只有干线没有支线。主要区段2015年货运量见表5-7。

表5-7　铁组第7走廊主要区段2015年货运量

国　　家	区段长度(km)	货物周转量 (运营净重吨公里，千)	运输密度 (吨公里(千)/km)
波　兰	612	5 304 029	8 667
乌克兰	939	23 673 383	25 211
走廊全程	1 551	28 977 412	18 683

八、第8走廊

第8走廊经由哈萨克斯坦、俄罗斯、土库曼斯坦、乌克兰、乌兹别克斯坦五个国家，全长5 402 km。线路走向如图5-8所示，主要区段的货运量见表5-8。

主要方向：

经过国家：乌克兰—俄罗斯—哈萨克斯坦—乌兹别克斯坦。

经过城市：法斯托夫—兹纳缅卡—下第聂伯罗夫斯克枢纽站—红莫基拉—古科沃—利哈亚—伏尔加格勒—上巴斯昆恰克—阿克萨来斯卡亚—马卡特—别伊涅乌—奈曼库利—努库斯—乌奇库杜克—纳沃伊，全长3 747.98 km。

支线：

8-1　奈曼库利—土库曼巴特(查尔朱)，土库曼斯坦境内；

8-2　马卡特—坎达加奇—尼克利—塔乌—卡尔塔雷，俄罗斯境内。

走廊方向上的大型集装箱办理站有：乌克兰境内3个，哈萨克斯坦1个，乌兹别克斯坦2个。俄罗斯境内在该走廊方向上没有集装箱办理站。

铁组第8走廊是第5走廊从法斯托夫(乌克兰)在东南方向的自然延伸。哈萨克斯坦境内的走廊支线(马卡特—坎达加奇—尼克利—塔乌—卡

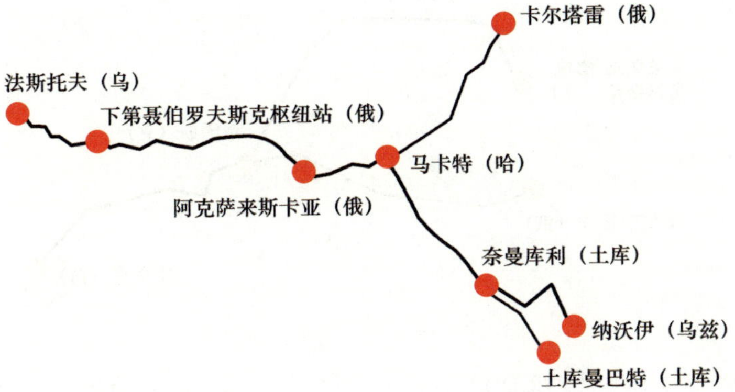

图 5-8　铁组第 8 走廊示意图

尔塔雷）可以保证哈萨克斯坦的西北部与俄罗斯南乌拉尔地区相连。乌兹别克斯坦境内的线路（奈曼库利—努库斯—乌奇库杜克—纳沃伊）在地理位置上是东西方之间的主要连接点。

表 5-8　铁组第 8 走廊主要区段 2015 年货运量

国　　家	区段长度（km）	货物周转量（运营净重吨公里，千）	运输密度（吨公里（千）/km）
哈萨克斯坦	1 353	15 253 523	11 274
俄罗斯	1 199	26 210 878	21 861
乌兹别克斯坦	1 290	4 446 250	3 447
乌克兰	964	30 154 937	31 281
走廊全程	4 806	76 065 588	15 827

九、第 9 走廊

铁组第 9 走廊经由白俄罗斯、立陶宛和俄罗斯三个国家。走廊及支线全长 863 km，线路走向如图 5-9 所示。

主要方向：

经过国家：白俄罗斯—立陶宛—俄罗斯。

经过城市：明斯克—维尔纽斯—凯西亚多利斯—希奥利艾—克莱佩达/德拉乌基斯捷，全长 582 km。

支线：凯西亚多利斯—考纳斯—涅斯捷罗夫—加里宁格勒，俄罗斯境内。

立陶宛有 4 个大型集装箱办理站，白俄罗斯有 1 个，俄罗斯有 2 个。

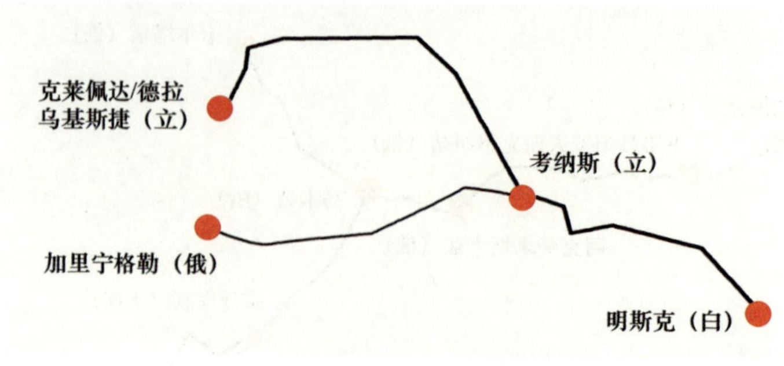

图 5-9　铁组第 9 走廊示意图

铁组第 9 走廊的铁路基础设施将立陶宛首都维尔纽斯、克莱佩达港和俄罗斯联邦加里宁格勒，通过白俄罗斯与东方的工业地区用最短的线路连接在一起，在铁组与欧盟运输网实现一体化方面具有重要的作用，并提供高水平的运输服务。主要区段 2015 年货运量见表 5-9。

表 5-9　铁组第九走廊主要区段 2015 年货运量

国　　家	区段长度(km)	货物周转量（运营净重吨公里，千）	运输密度（吨公里(千)/km）
白俄罗斯	164	3 415 550	20 827
立陶宛	548	11 650 880	21 261
俄罗斯	151	1 331 382	8 817
走廊全程	863	16 397 812	19 001

十、第 10 走廊

第 10 走廊经由乌克兰、保加利亚、罗马尼亚、格鲁吉亚、阿塞拜疆、乌兹别克斯坦、土库曼斯坦、吉尔吉斯斯坦、哈萨克斯坦、塔吉克斯坦等 10 个国家。主要方向全长(不包括轮渡里程)5 105. 8 km，支线里程 3 607. 8 km，轮渡里程 1 410 km(经黑海的轮渡里程 1 100 km，经里海的轮渡里 310 km)，线路走向如图 5-10 所示。

从保加利亚港口(瓦尔纳和布尔加斯)和乌克兰港口(伊利伊切夫斯克)到格鲁吉亚港口(波季和巴统)为 1 520 mm 轨距车辆开办有轮渡运输。正在研究是否可以将巴统轮渡设备改造为 1 435 mm 轨距，以保证可以组织与康斯坦察(罗马尼亚)的轮渡运输。从阿塞拜疆(巴库)到土库曼斯坦港口(土库曼巴希)和哈萨克斯坦(阿克套)开办有轮渡运输。走廊方向上的大型集装箱办理站有:格鲁吉亚 9 个,阿塞拜疆 2 个,乌兹别克斯坦 10 个,吉尔吉斯斯坦 3 个,哈萨克斯坦 4 个。

主要方向:

经过国家:乌克兰/罗马尼亚—保加利亚—格鲁吉亚—阿塞拜疆—土库曼斯坦—乌兹别克斯坦—哈萨克斯坦。

经过城市:敖德萨/伊利伊切夫斯克/康斯坦察/瓦尔纳/布尔加斯—波季—第比利斯—巴库—土库曼巴希—萨巴尔穆拉特土库曼巴希—布哈拉—吉扎克—哈瓦斯特—塔什干—阿雷西—卢戈瓦亚—阿克斗卡,然后并入第二走廊。

支线:

10-1　巴库—阿克套—别伊涅乌—马卡特—坎达加奇,然后并入第 5-7 走廊,主要经过阿塞拜疆—哈萨克斯坦;

10-2　阿什哈巴德—卡拉库姆—伊赫古斯—达绍古兹,土库曼斯坦境内;

10-3　卢戈瓦亚—比什凯克—雷巴奇耶,吉尔吉斯斯坦境内;

10-4　哈瓦斯特—别卡巴德—卡尼巴达姆—浩罕—安集延—卡拉苏—奥什/贾拉拉巴德,经过乌兹别克斯坦、塔吉克斯坦、吉尔吉斯斯坦三个国家;

10-5　布哈拉—卡尔希—塔什古扎尔/塔里马尔占—博孙—库姆库尔干—杜尚别/杰尔麦斯—加拉巴—哈伊拉同/库尔干—秋别,经过乌兹别克斯坦、塔吉克斯坦;

10-6　多斯特克—莫因特—杰兹卡兹甘—萨克萨乌利斯卡亚—贝涅乌—阿克套—波尔特,哈萨克斯坦境内。

吉尔吉斯斯坦铁路北区段卢加瓦亚—比什凯克—雷巴奇耶是吉尔吉斯共和国与哈萨克斯坦、俄罗斯、白俄罗斯、乌克兰和其他国家相连的主要运输干线。经由这条线路办理货物和其他种类商品的进出口运输。吉尔吉斯斯坦铁路南区段卡拉苏—奥什路径保证了吉尔吉斯斯坦同乌兹别克斯坦、塔吉克斯坦、土库曼斯坦、阿富汗和伊朗的交通线路,经由该线路办理货物、商品、碳氢化合物、建材和其他商品运输。

铁组第 10 走廊可以保证从德鲁日巴站(哈萨克斯坦)到黑海各港口(乌克兰伊利伊切夫斯克,保加利亚瓦尔纳和布尔加斯港,罗马尼亚康斯坦察港)全程无换装铁路联运,并与各陆路运输走廊相连。主要区段 2015 年货运量见表 5-10。

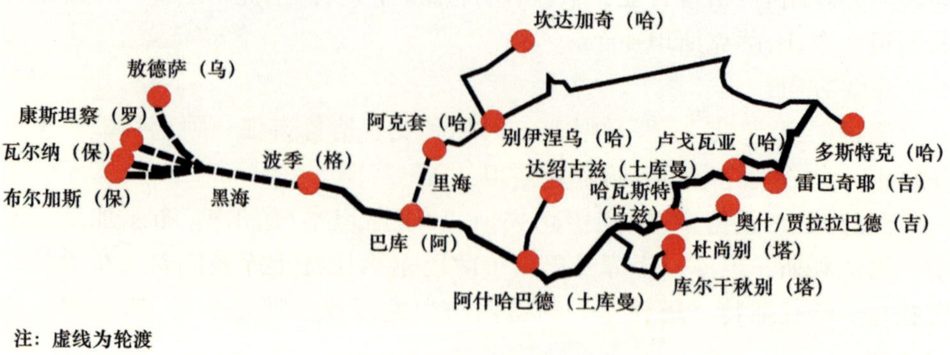

图 5-10　铁组第 10 走廊示意图

表 5-10　铁组第 10 走廊主要区段 2015 年货运量

国　　家	区段长度(km)	货物周转量（运营净重吨公里，千）	运输密度（吨公里(千)/km）
阿塞拜疆	501	4 848 700	9 678
格鲁吉亚	447	3 844 667	8 601
哈萨克斯坦	5 945	84 376 467	14 193
吉尔吉斯斯坦	324	919 254	2 837
塔吉克斯坦	630	308 327	489
乌兹别克斯坦	1 911	11 744 888	6 146
走廊全程	9 758	106 042 303	10 867

十一、第 11 走廊

第 11 走廊经由俄罗斯、阿塞拜疆和伊朗三个国家，主要保证西北欧国家与里海和印度洋国家之间的联系，全长 7 690 km。走廊主要方向在俄罗斯境内为 3 057 km，在阿塞拜疆境内 511 km，在伊朗境内 2 014 km，线路走向如图 5-11 所示。

主要方向：

经过国家：俄罗斯—阿塞拜疆—伊朗。

经过城市：布斯洛夫斯卡亚—维堡—圣彼得堡—博洛戈耶—莫斯科—科切托夫卡—勒季谢沃—萨拉托夫—伏尔加格勒—上巴斯昆恰克—阿斯特拉罕—卡尔兰 尤尔特—马哈奇卡拉—巴库—奥斯曼雷新站—阿斯塔拉—拉

什特—卡兹温—德黑兰—巴弗克—阿巴斯港。

支线：

11-1　科切托夫卡—利斯基—罗斯托夫总站—季马舍夫斯卡亚—新罗西斯克，俄罗斯境内；

11-2　罗斯托夫总站—阿尔马维尔—古杰尔梅斯—卡尔兰尤尔特，俄罗斯境内；

11-3　基马舍夫斯卡亚—克拉斯诺达尔—克里文科夫斯卡亚—阿德列尔，俄罗斯境内。

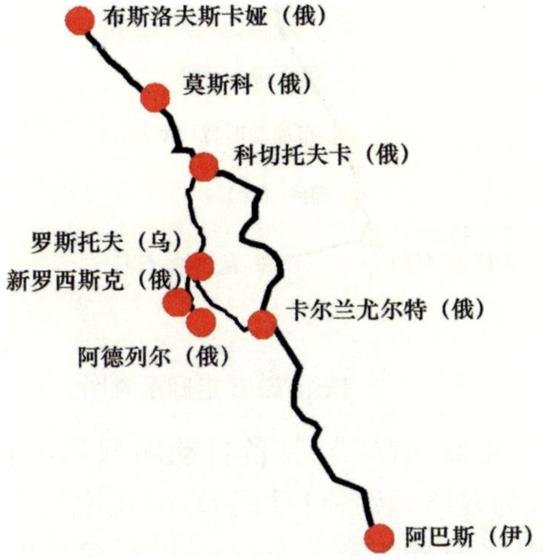

图 5-11　铁组第 11 走廊示意图

走廊方向上的中型和大型集装箱办理站有：在俄罗斯境内有 11 个，阿塞拜疆有 7 个，伊朗有 1 个。主要区段 2015 年货运量见表 5-11。

表 5-11　铁组第 11 走廊主要区段 2015 年货运量

国　家	区段长度(km)	货物周转量 (运营净重吨公里，千)	运输密度 (吨公里(千)/km)
阿塞拜疆	504	2 087 983	4 143
伊　朗	1 464	49	—
俄罗斯	5 722	139 612 455	24 399
走廊全程	7 690	141 700 487	22 259

十二、第 12 走廊

铁组第 12 运输走廊经由乌克兰、保加利亚、摩尔多瓦和罗马尼亚四个国家，全长 1 301 km，线路走向如图 5-12 所示。

主要方向为：

经过国家：乌克兰—摩尔多瓦—罗马尼亚—保加利亚。

经过城市：日梅林卡—沃尔其涅茨—奥克尼察—温格内—雅西—布加勒斯特—鲁塞—季米特洛夫格勒/瓦尔纳。

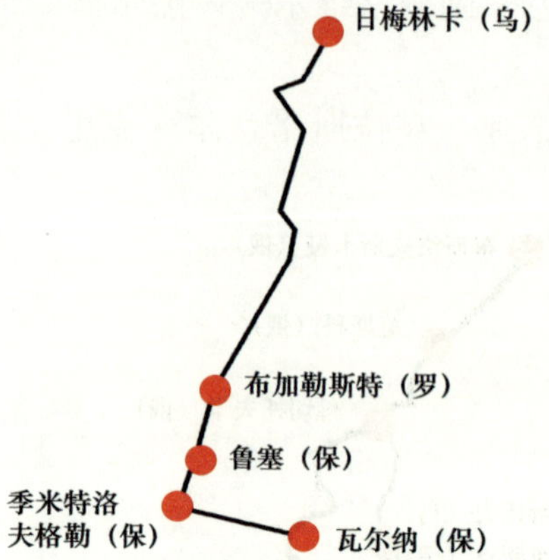

图 5-12 铁组第 12 走廊示意图

在摩尔多瓦境内，走廊为单线，装备自动闭塞和半自动闭塞，采用内燃牵引。罗马尼亚区段为复线，装备自动闭塞，采用电力和内燃牵引。保加利亚境内主要为单线，装备自动闭塞和半自动闭塞，采用电力和内燃牵引。

该走廊正在铁路线路改造，以将旅客列车速度提高到 140 km/h，货物列车速度提高到 90 km/h，最终建立多瑙河水运至鲁塞港后经铁路运输至瓦尔纳港，再进入黑海的多式联运物流运输通道。主要区段 2015 年货运量见表 5-12。

表 5-12 铁组第 12 走廊主要区段 2015 年货运量

国　　家	区段长度(km)	货物周转量（运营净重吨公里，千）	运输密度（吨公里(千)/km）
保加利亚	548	257 716	470
摩尔多瓦	216	153 290	710
罗马尼亚	537	1 878 228	3 498
走廊全程	1 301	2 289 234	1 760

十三、第 13 走廊

铁组第 13 走廊经由俄罗斯、爱沙尼亚、拉脱维亚、立陶宛、波兰五个国家，全长 1 360 km，其中波兰境内 355 km，立陶宛境内 165 km(其中有 22 km 为 1 435 mm 轨距线路)，拉脱维亚境内 242 km，爱沙尼亚境内 424 km，俄罗斯境内 174 km。没有支线，线路走向如图 5-13 所示。

经过城市为：塔林/圣彼得堡—塔帕—瓦尔加—里加—希奥利艾—考纳斯—舍什托卡伊—特拉基什基—苏瓦尔基—比亚威斯托克—华沙。

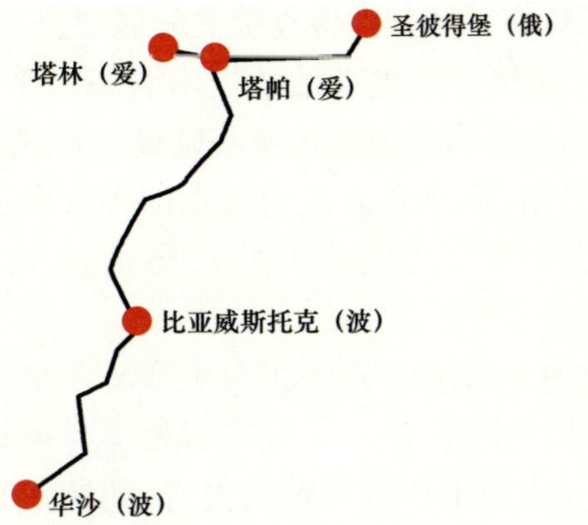

图 5-13 铁组第 13 走廊示意图

走廊各区段主要运送到波罗的海各国港口，以及俄罗斯最大的港口城市圣彼得堡的过境货物，主要区段 2015 年货运量见表 5-13。

表 5-13 铁组第 13 走廊主要区段 2015 年货运量

国 家	区段长度(km)	货物周转量(运营净重吨公里，千)	运输密度(吨公里(千)/km)
拉脱维亚	242	602 968	2 492
立陶宛	165	246 109	1 492
波 兰	355	599 701	1 689
俄罗斯	174	5 979 584	34 365
爱沙尼亚	424	2 358 876	5 563
走廊全程	1 360	9 787 238	7 195

第三节 铁组通道发展规划

亚欧铁路运输走廊的形成，为亚欧大陆的铁路运输奠定了可靠的基础。

但是，为了使这些走廊充分发挥自己的功能和作用，相关国家和国际组织还应该密切合作，进一步发展完善这些运输走廊，铁组发展国际运输走廊的总体原则是：

第一，保证走廊各国境内铁路均衡发展，建立完整的国际运输走廊基础设施体系；第二，在开展多式联运时，保证最大限度地使用灵活的运价政策，广泛采用全程直达运价费率；第三，建立跨大陆和洲际间全球铁路干线体系，保证在拥有发达和发展中经济以及大型世界经济体的大陆和岛屿国家之间建立起稳定的交通联系；第四，将部分过境货流从海运吸引到陆路铁路通道上；第五，同边防、海关及其他检查机关开展联合检查，以简化过境手续和工艺，同时改进海关和边防检查站的技术装备水平，以缩短客货运送时间；第六，在国际运输走廊沿线建立物流基础设施，包括在运输枢纽站、不同轨距铁路系统的分界站、铁路和海运衔接点的多式联运办理站；第七，提高货物运输物流链上合作伙伴之间的协作水平，通过多式联运打造优质运输新产品。

近来，铁组成员国专家制定了 2020 年完善和发展铁组铁路运输走廊的综合规划。例如，俄罗斯联邦提交了对铁组走廊与正式核准的泛欧走廊及亚欧走廊进行比较分析的工作进展情况报告，编制了有关在不同国际组织框架内协调和完善国际运输走廊工作的提案，顺利实施了各部委和铁路共同制定的一系列措施和建议，新建、改建了多条铁路线路，对铁组运输走廊进行了现代化改造，更新了机车车辆，这一切为铁组成员国开展铁路货物运输创造了必要条件。

当然，由铁组编制的亚欧国际铁路走廊并不完善，仍然存在着综合运输体系建设缓慢、基础设施总量不足等情况，现有的走廊有许多应当考虑进去但因资金等原因并未列入，这些走廊需要在动态中不断修正和发展。铁组走廊有三个发展方向：

(1)与其他国际组织加强亚欧通道研究方面的合作。

铁组亚欧铁路走廊与欧洲货运走廊合作密切。2015 年 6 月 18、19 日，在布鲁塞尔举行了铁组铁路运输走廊和欧洲铁路货运走廊相互协作第二次联合研讨会。铁组成员国、欧盟铁路货运走廊参加国、铁组委员会、欧盟委员会交通运输总局和有关国际组织的代表出席了研讨会。研讨会上达成了一系列协议，决定铁组和欧盟委员会交通运输总局之间继续在发展铁组铁路运输走廊和欧盟铁路货运走廊，以及交换经验方面开展合作，以期提高铁路运输竞争力。此后，在波兰格但斯克举行的铁组第八次跨部门会议期间，还举行了铁组铁路运输走廊和欧盟第8铁路货运走廊相互协作问题圆桌会议。

与联合国欧经委合作的主要方式是参加一些工作组活动，如铁路运输工作组(SC2)、运输海关问题工作组(WP30)、运输业动态和运输经济工作组(WP5)、畅通无阻运输和物流工作组(WP24)、危险货物运输工作组(WP15)。关于运输走廊的合作是双方合作的重要内容，目的是使铁组走廊达到《欧洲国际铁路干线协定》的要求。另外，铁组一专也与联合国亚太经社会开展了通道研究方面的合作。

(2)将各国新建铁路纳入运输走廊。

为提高铁组铁路运输走廊效益，铁组研究了将新建线路纳入铁组现有铁路运输走廊的问题(包括制定程序细则)。计划于2020年前，铁组各成员国制定并落实《完善铁组铁路运输走廊及其发展的综合规划》，按年度对各运输走廊进行修订，2015年完成第9、12、13铁路运输走廊；2016年完成铁组第1、2、3走廊；2017年完成铁组第5、7、10走廊；2018年完成铁组第4、6、8、11走廊。继哈萨克斯坦将境内新建铁路纳入第2、5、8、10走廊之后，乌克兰建议将敖德萨和伊利伊切夫斯克港口(乌克兰)经白俄罗斯境内同克莱佩达港(立陶宛)连接，延长铁组第9运输走廊。

(3)建立协调机制。

为方便各国在铁路运输走廊技术、运营和商务发展方面开展合作，各运输走廊参加国计划成立协调机关。初步想法是协调机关应着重分析口岸站铁路基础设施参数，制定有关发展和完善基础设施的总体规划。通过分析走廊综合发展规划中制定的主要措施，保证均衡发展走廊各衔接路段。关于成立协调机关的问题，建议分两个阶段进行：第一阶段，建议对每条走廊成立三个专家组，分别由走廊参加国铁路部门负责旅客、货物和基础设施问题的代表组成。由这些专家组对客货流现状与前景，以及完善基础设施的需求等进行研究，然后提出走廊发展方案。待走廊发展方案商定以后，在第二阶段研究关于协调机关的形式、职能和拨款机制的问题。

(4)加强通道运营协调工作。

为吸引更多的国际过境运量并提高铁路在运输市场上的份额，2016年，铁组成立60周年前夕，铁组一专在完善铁组铁路运输走廊方面开展了工作，定期通报通道相关的铁组成员国快速和高速旅客运输发展，分析各国境口岸交接站客货列车的滞留原因，落实《商定口岸货物条件国际公约(1982年)》附件《简化国际铁路货物运输过境手续》所开展的工作，制定关于开展驼背运输时运输工具通过国境的办法，编制13条运输走廊的主要工作指标。

第六章 欧洲货运网络布局与规划

为了增加国际铁路货运吸引力和运输效率，提高铁路在欧洲运输市场内的竞争力与市场份额，欧盟提出“有竞争力的欧洲铁路货运网络”的建设方案。2010 年 9 月，欧盟执委会移动与运输总署发布了欧洲铁路货运走廊的建设构想，提出“两纵三横四对角”的国际铁路走廊规划和组织规则。2013 年，欧盟出台构建欧洲铁路设施互联的相关补充法则（Regulation（EU）No. 1316/2013），进一步明确 9 条货运走廊建设发展布局。如图 6-1 所示。

第一节 九条货运走廊

欧盟各国中，德国、法国、波兰、英国、意大利、捷克、匈牙利、瑞典八国铁路里程均超过 10 000 km，合计占欧盟 25 国总里程的 87%左右。

一、莱茵河—阿尔卑斯走廊（RFC1：The Rhine—Alpine Corridor）

莱茵河—阿尔卑斯走廊是欧洲货运走廊的第 1 走廊，是欧洲最繁忙的货运通道之一，它连接北海的鹿特丹、安特卫普和地中海的热那亚港口，由北向南正好通过欧盟的心脏“蓝色香蕉”地区，连接欧洲主要重工业经济区，并向其提供服务。莱茵河—阿尔卑斯走廊主要经过荷兰、比利时、德国、瑞士、意大利等国家，走廊全长 3 900 km，其中主线长 2 400 km，支线长 620 km，连接线长 880 km，全走廊共有 6 个海港，10 个内陆港，100 个车站。

主要方向：

经过国家：荷兰—德国—瑞士—意大利。

经过城市：阿姆斯特丹—杜伊斯堡—科隆—巴塞尔—米兰—热那亚。

支线：泽布吕赫—布鲁塞尔—亚琛—科隆。

莱茵河—阿尔卑斯走廊与以下走廊相连：在鹿特丹、安特卫普、根特和巴塞尔与走廊 2、走廊 8 连接；在米兰与走廊 6 连接。

莱茵河—阿尔卑斯走廊的运输市场结构有以下特征：(1)整个走廊中铁

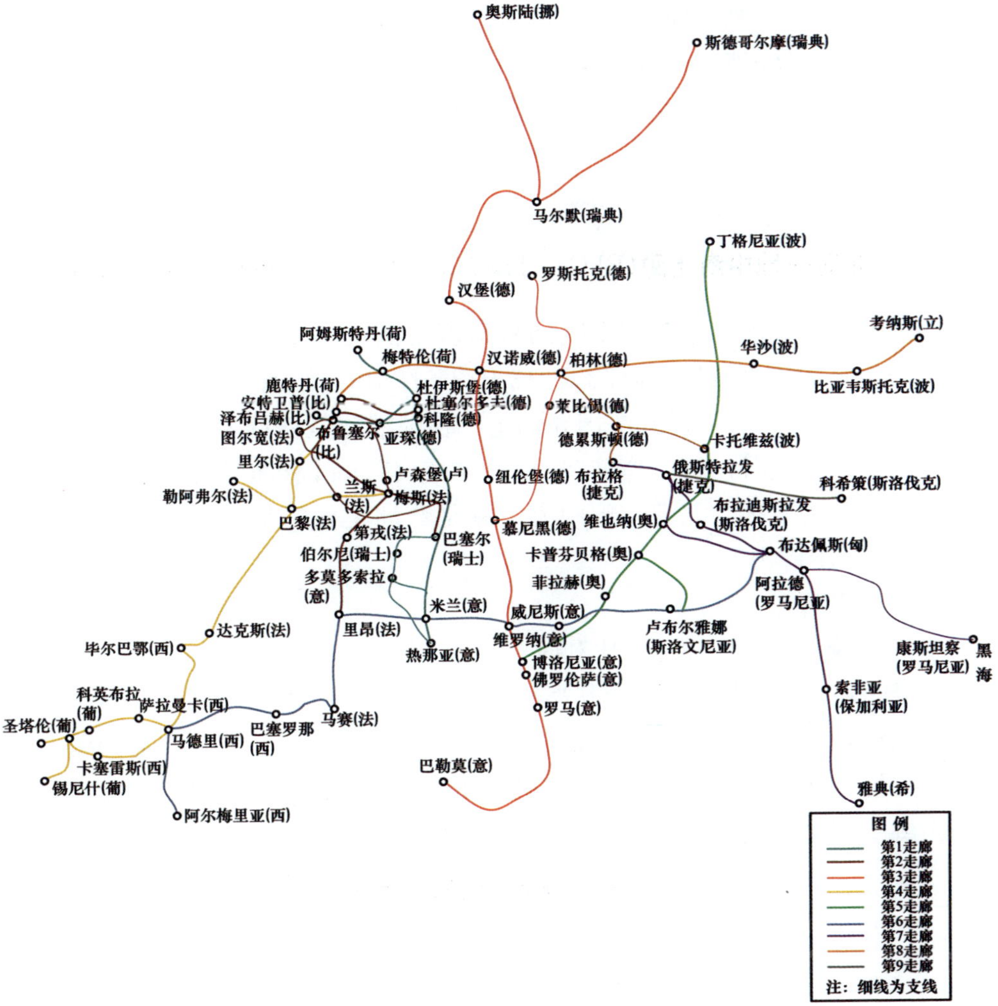

图 6-1　欧洲货运走廊示意图

路运输仅占 14%，水路运输达到 54%，原因是走廊境内的莱茵河承担了大量的中短途运输，远远超过铁路运输和公路运输；(2)意大利北部到德国鲁尔区这一区间的国际铁路货运量最大，占总运量的 95%，其中约有 65%的货运量为从意大利北部到比利时或者荷兰的港口；(3)走廊内铁路运输的主要货物品类为机器和设备等制造品，而非煤炭、矿石等大宗货物；(4)日均约有 200～300 列国际货物列车穿过莱茵河—阿尔卑斯走廊，大约 96%的列车经过德国铁路网，58%的列车经过瑞士铁路网。

2015 年，通过第 1 走廊各国境站的货车数量分别约为：亚琛西 22 000 列，巴特本特海姆、埃默里希、芬洛 43 000 列，巴塞尔 54 000 列，多莫多索拉、卢伊诺、基亚索 48 000 列。鹿特丹、安特卫普、泛阿尔卑斯地区、热那亚等地的铁路货运市场份额分别为 11%,7%,69%,17%,与 2014 年基本持平。

2012—2015 年,各站年均正点率(晚点不超过 30 min)在 50%～70%之间,而其目标为 80%。货运列车中,80%的旅行速度介于 45～55 km/h 之间。

二、北海—地中海走廊(RFC2: The North Sea—Mediterranean Corridor)

北海—地中海货运走廊是欧洲货运网络的第 2 走廊,将北海与地中海这两个主要货运集散地连通,于 2013 年 11 月 10 开始运营。经过的主要国家是荷兰、比利时、卢森堡、法国和瑞士。各国铁路里程见表 6-1。连接的欧洲主要港口有:安特卫普、鹿特丹、敦刻尔克、泽布吕赫和马赛,直接穿过欧洲南部的重工业区。北海—地中海走廊是欧洲主要的货运走廊,每年可运送 2 000 万 t 货物。

主要方向:

经过国家:荷兰—法国/比利时。

经过城市:鹿特丹—安特卫普—梅斯—第戎—里昂/巴塞尔。

支线:根特—卢森堡—梅斯。

北海—地中海走廊与以下 3 条走廊相互衔接:在鹿特丹、根特和巴塞尔与走廊 1、走廊 8 连接;在里昂和昂伯利与走廊 6 连接。

表 6-1　经过国家的铁路里程

经过国家	荷兰	比利时	法国	卢森堡	瑞士	合计
长度(km)	180	924	1 785	129	28	3 046

2016 年与 2015 年相比,第 2 走廊通过的货车数量增加了 6%,达到 6.8 万列。2016 年全年正点率平均在 75%～80%之间,目标正点率为 80%,相比 2015 年下降了 3%。2015 年与 2014 年相比,第 2 走廊的 8 对国境站中有 5 对通过列车的数量增加,增幅最大的达到 36%,其余 3 对国境站的通过列车数量减少,减幅最大的达到 27%。

三、斯堪的纳维亚—地中海走廊(RFC3: The Scandinavian—Mediterranean Corridor)

斯堪的纳维亚—地中海走廊是欧洲货运网络的第 3 走廊,是一个穿过欧洲经济区域的重要的南北轴线,又称作南北中央走廊。它从芬兰开始穿过波罗的海到达瑞典,依次通过德国、奥地利、意大利到达地中海。该走廊连接斯堪的纳维亚半岛和德国北部的主要城市和港口，进而穿过德国南部，奥地利和意大利北部的工业重镇，然后到达意大利港口和瓦莱塔。根据欧盟 2010 年 913 号条例，RFC3 已于 2015 年 11 月 10 正式运营。又根据欧盟第 1316/2013 条例，斯堪的纳维亚—地中海走廊将会在 2018 年延伸到奥斯陆、特瑞堡、利沃诺、拉斯佩齐亚、安科纳、巴里、塔兰托和奥古斯塔等城市。

主要方向：

经过国家：挪威/瑞典—丹麦—德国—奥地利—意大利。

经过城市：奥斯陆/斯德哥尔摩—马尔默—哥本哈根—汉堡—纽伦堡—慕尼黑—布伦内罗—罗马—那不勒斯—巴拉莫罗斯托克—柏林—纽伦堡—慕尼黑—布伦内罗—安科纳。

RFC3 走廊总长 7 527 km，年货运量高达 5 800 万 t。作为主要的进出口国，德国承担了 48%的发送量和 36%的到达量，意大利的以上两个比例分别为 23%和 36%，奥地利为 18%和 17%。与此相比，斯堪的纳维亚国家的进出口量占比非常小。除了意大利之外，其他国家的铁路运输市场份额均低于陆路和海运。

第三走廊中，运量最大的铁路区段为：丹麦—意大利（68%）、瑞典—奥地利（67%）、瑞典—意大利（62%）、德国—意大利（56%）。这些数据表明，在泛阿尔卑斯地区和长途运输方面，铁路货运有较强的吸引力。各国之间的国际货运量如表 6-2 所示。

表 6-2 RFC3 国际货运量（2012 年，10^3 t）

起点 / 终点	挪威	瑞典	丹麦	德国	奥地利	意大利	总计	份额（发送）
挪威		1 738	1	26	0	16	1 781	3.1%
瑞典	342		118	2 497	168	398	3 523	6.1%
丹麦	1	39		84	0	693	817	1.4%
德国	85	2 346	631		8 370	16 652	28 084	48.4%
奥地利	12	135	0	7 083		3 256	10 486	18.1%
意大利	31	242	503	10 968	1 541		13 285	22.9%
总计	471	4 500	1 253	20 658	10 079	21 015	5 7976	100%
份额（到达）	0.8%	7.8%	2.2%	35.6%	17.4%	36.2%	100%	

四、大西洋走廊（RFC4：The Atlantic Corridor）

大西洋走廊即欧洲货运网络的第 4 走廊，于 2013 年 11 月 10 日建成。

该走廊经过法国、西班牙、葡萄牙三个国家，各国的经济背景如表 6-3 所示。该走廊连接里斯本和葡萄牙西海岸的主要港口，延伸到西班牙西部的马德里，然后穿过大西洋沿岸的比利牛斯山脉一直到达巴黎，在那里分成两个分支，一个是沿着塞纳河以西，直到英吉利海峡，另一个延伸到梅斯与第 2 走廊连接。2015 年，大西洋走廊国际货运总量大约为 26 600 万 t，但是通过铁路运送的货运量仅占 4%，因此铁路货运市场存在着巨大的增长潜力。

大西洋走廊连接了法国、西班牙、葡萄牙三个国家的主要港口，包括法国的勒阿弗尔、波尔多，西班牙的阿尔赫西拉斯、毕尔巴鄂、帕萨赫斯，葡萄牙的西尼什、里斯本、阿威罗。

主要方向：

经过国家：法国—西班牙—葡萄牙。

经过城市：锡尼什/塞图巴尔/里斯本/阿维罗/雷克索斯—阿尔赫西拉斯/马德里/毕尔巴鄂/萨拉戈萨—波尔多/拉罗歇尔/南斯/巴黎/勒阿弗尔/斯特拉斯堡/曼海姆。其中通过曼海姆到达德国的分支已于 2016 年 1 月建成，另一个通过德法边境的城市达斯特拉斯堡延伸到德国的分支会在 2017 年建成。

大西洋走廊与以下 2 条走廊连接：在法国的梅斯与走廊 2 连接，在马德里与走廊 6 连接。

大西洋走廊干线的长度为 6 200 km。法国采用标准轨距 1 435 mm，而西班牙和葡萄牙的轨距是 1 668 mm。

表 6-3　RFC4 经过国家的经济背景(2014 年)

	西班牙	法国	葡萄牙
人口(百万)	46.8	66.5	10.4
GDP(万亿，欧元)	1.20	2.86	0.23
人均 GDP(欧元)	29 718	42 571	22 124
铁路运输市场份额	4.2%	13.5%	6.1%

五、波罗的海—亚得里亚海走廊(RFC5：The Baltic—Adriatic Corridor)

波罗的海—亚德里亚海走廊是欧洲货运网络的第 5 走廊，是一个连接欧洲南北方向的重要走廊，它在北边为波罗的海，穿过阿尔卑斯山连接到亚得里亚海。由北向南依次经过波兰、捷克、斯洛伐克、奥地利、意大利、斯洛文尼亚 6 个国家和 19 个重要的地区，总长度 4 820 km，经过各国的铁路里程如表 6-4 所示。走廊沿线共 84 个较大车站，8 个海港。走廊内有 4 000 万人口，连接了欧洲和蓬勃发展的亚洲市场。作为欧洲最重要的跨高山走廊，其年货运量达到 2 400 万 t，有助于推动走廊所在区域经济的发展。

主要方向：

经过国家：波兰—捷克—斯洛伐克—奥地利—意大利—斯洛文尼亚。

经过城市：格丁尼亚—卡托维兹—俄斯特拉发/日利纳—布拉迪斯拉发/维也纳/克拉福根—乌迪内—威尼斯/的里雅斯特/博洛尼亚/拉文那/格拉茨—马里博尔—卢布尔雅那—科佩尔/的里雅斯特。

根据欧盟发展计划，波罗的海—亚德里亚海走廊有两个重要的分支：一个是向西延伸到波兰等国连接华沙—考纳斯—塔林—赫尔辛基，另一个是通过马里博尔—卢布尔雅那—科佩尔/里雅斯特到达斯洛文尼亚的格拉茨。

波罗的海—亚得里亚海走廊与以下 3 条走廊连接：在威尼斯、科佩尔与第 6 走廊连接；在维也纳/布拉迪斯拉发与第 7 走廊连接；在布拉格与第 9 走廊连接。

表 6-4 RFC5 经过国家的铁路里程及占比（2015 年）

国　家	长度(km)	占走廊长度百分比(%)
波　兰	1 890	39.2
捷　克	460	9.5
斯洛伐克	440	9.1
奥地利	850	17.7
斯洛文尼亚	450	9.3
意大利	730	15.2
总　计	4 820	100

六、地中海走廊(RFC6: The Mediterranean Corridor)

地中海走廊是欧洲货运网络的第 6 走廊，是欧洲的一个主要的横向走廊，它沿着地中海北岸连接了欧洲的东南和西南的国家，向东可以延伸到乌克兰，进而可以通向更远的亚洲。因此地中海走廊具有较大的发展货运的潜力，能够显著地增加铁路市场的份额，以减少温室气体的排放，保护环境。它经过的国家主要有：西班牙、法国、意大利、斯洛文尼亚、克罗地亚、匈牙利。

主要方向：

经过国家：西班牙—法国—意大利—斯洛文尼亚—克罗地亚—匈牙利。

经过城市：阿尔梅利亚—瓦伦西亚/马德里—萨拉戈萨/巴塞罗那—马赛—里昂—都灵—米兰—维罗纳—帕多瓦/威尼斯—的里雅斯特/科佩尔—卢布尔雅那/里耶卡—萨格勒布—布达佩斯—扎霍尼（匈牙利和乌克兰边境）。长度达到 7 300 多 km，经过各国的铁路里程如表 6-5 所示。

地中海走廊与以下 7 条走廊相连接：在米兰与第 1 走廊连接；在里昂、艾姆波特与第 2 走廊连接；在维罗纳与第 3 走廊连接；在阿尔赫西拉斯、马德里与第 4 走廊连接；在威尼斯、科佩尔与第 5 走廊连接；在杰尔、布达佩斯与第 7 走廊、第 9 走廊连接。

地中海走廊铁路运输年货运量约为 2 770 万 t，仅占整个走廊货运市场份额的 5.6%。

表 6-5　经过国家的铁路里程（2015 年）

经过国家	西班牙	法国	意大利	斯洛文尼亚	克罗地亚	匈牙利	总计
长度(km)	3 372	1 435	861	408	160	1 097	7 333

七、东部走廊（RFC7：The Orient Corridor）

东部走廊是欧洲货运网络的第 7 走廊，它连接了欧洲的中部、东部和南部，形成一个通过黑海和爱琴海港口连接到亚洲的通道。东部走廊已经于 2013 年 11 月建成。经过的国家有：捷克、奥地利、斯洛伐克、匈牙利、罗马尼亚、保加利亚、希腊。这些国家中，希腊、罗马尼亚、保加利亚这三个国家靠近近海，拥有良好的港站设施，可以使走廊发挥更大的作用。同时，欧洲的最大内陆河多瑙河也流经此走廊。

主要方向：

经过国家：捷克—奥地利—斯洛伐克—匈牙利—罗马尼亚—保加利亚—希腊。

经过城市：布拉格—维也纳/布拉迪斯拉发—布达佩斯—阿拉德—维丁—索菲亚—塞萨洛尼基—雅典。

支线：布达佩斯—布加勒斯特—康斯塔察，主要经过匈牙利、罗马尼亚。

主线和支线的长度大约为 7 752.7 km。走廊线路最长的国家是罗马尼亚，长度大约为 2 205.1 km，占总长度的 28.4%，最短的国家是奥地利，长度仅为 365 km。

这些走廊上的国家大都有不同的经济背景，其中包括捷克在内的六个国家享有欧盟的协调基金政策，他们主要依靠欧盟基金发展基础设施。这些国家中的大多数国家都没有高速线路，许多地方的基础设施建设仍然比较薄弱。

东部走廊与其他走廊连接如下：在布拉格与第 9 走廊连接；在布拉迪斯拉发/维也纳与第 5 走廊连接；在布达佩斯与第 6 走廊连接。

八、北海—波罗的海走廊(RFC8：The North Sea—Baltic Corridor)

北海—波罗的海走廊是欧洲货运网络的第 8 走廊，穿过欧盟 6 个主要国家，从比利时、荷兰和德国北部的港口开始，依次通过德国、捷克和波兰中部，最终到达立陶宛。它通过诸如比利时安特卫普，荷兰鹿特丹，德国柏林、不来梅港、亚琛、哈姆、汉诺威，捷克布拉格，波兰波兹南、华沙，立陶宛考纳斯等欧洲主要交通节点。2010 年走廊经过国家的各种交通方式货运量比例见表 6-6。根据欧盟第 1315/2013 条例，北海—波罗的海走廊已于 2015 年底延伸到阿姆斯特丹、汉堡、威廉港，在 2020 年，走廊会通过铁路穿过波罗的海延伸到里加和塔林。2015 年，第 8 走廊通过的列车数达 36 700 列。该走廊经过各国的里程见表 6-7。

主要方向：

经过国家：荷兰—比利时—德国—捷克—波兰—立陶宛。

经过城市：威廉港/不莱梅/汉堡/阿姆斯特丹/鹿特丹/安特卫普—亚琛—汉诺威/柏林—华沙—泰雷斯波尔/考纳斯—布拉格/弗罗茨瓦夫—卡托维茨。

北海—波罗的海走廊与以下走廊连接：在鹿特丹、安特卫普与第 1 走廊、第 2 走廊连接，在汉堡与第 3 走廊连接。

表 6-6　走廊经过国家的各种交通方式货运量(2010 年)

	铁路货运量(10^3t)	比例(%)	公路货运量(10^3t)	比例(%)	内河货运量(10^3t)	比例(%)	海运货运量(10^3t)	比例(%)	通道总运量(10^3t)
荷兰—比利时	3 632	3.27	30 409	27.39	74 141	66.79	2 824	2.55	111 006
荷兰—德国	21 004	11.66	43 735	24.27	110 000	61.04	5 475	3.03	180 214
荷兰—波兰	137	1.48	5 320	57.30	2	0.02	3 825	41.20	9 284
荷兰—立陶宛	0	0	323	5.36	0	0	5 704	94.64	6 027
比利时—德国	6 416	12.09	16 058	30.26	26 000	49.00	4 589	8.65	53 063
比利时—波兰	173	3.34	3 725	71.91	0	0	1 282	24.75	5 180
比利斯—立陶宛	0	0	246	19.66	0	0	1 005	80.34	1 251

续上表

	铁路货运量(10^3t)	比例(%)	公路货运量(10^3t)	比例(%)	内河货运量(10^3t)	比例(%)	海运货运量(10^3t)	比例(%)	通道总运量(10^3t)
德国—波兰	8 649	14.18	45 444	74.48	762	1.25	6 158	10.09	61 013
德国—立陶宛	25	0.37	1 422	21.24	0	0	5 247	78.39	6 694
波兰—立陶宛	39	0.99	2 873	73.10	0	0	1 018	25.91	3 930
总计(平均)	40 075	9.16	149 555	34.17	210 905	48.15	37 127	8.48	437 662

表 6-7　经过国家的铁路里程(2010 年)

经过国家	比利时	荷兰	德国	波兰	立陶宛	捷克	合计
长度(km)	236	407	1 830	2 636	140	345	5 594

根据表 6-6,北海—波罗的海铁路货物运输量为 4 007.5 万 t,占整个货运市场份额的 9.16%。

九、捷克—斯洛伐克走廊(RFC9: The Czech—Slovak Corridor)

捷克—斯洛伐克走廊是欧洲货运网络的第 9 走廊,主要经过捷克、斯洛伐克两个国家,连接中欧、东欧,并可延伸到亚洲。由于走廊所在的位置能够对接东欧,又有良好的工业传统和基础设施,因此走廊建设吸引了很大一部分交通流。

主要方向:布拉格—日利纳—科希策—斯洛伐克与乌克兰边境。走廊全长 1 248 km。在布拉格与第 5 走廊和第 7 走廊连接。

第二节　建设目标与规划方案

一、建设目标

欧洲铁路货运网络的建设目标体现在 2 个层面:①提高基础设备设施性能和能力;②以优质服务为导向,从数量和质量两方面满足市场需求。建设和运营强调不同单位的通力协作、有机衔接,共同打造泛欧大陆上极具竞争力的货运网络。具体目标包括车流径路、行车组织、基础设施与投资等不同层面。

(1)车流径路管理。充分利用信息化工具,规划灵活可靠的列车径路,适应后期发展及特殊能力需求,并且保证信息公开透明。

(2)行车组织管理。一是赋予货物列车足够的优先级，确保货物列车正点运行，在运行秩序紊乱的情况下也能保证列车按图行车；二是行车组织过程中由多个走廊基础设施管理者(路网公司)协作，确保运输组织过程顺畅。

(3)基础设施建设。消除路网基础设施瓶颈，同时协调相关参数的一致性，如列车长度、列车牵引总质量、轴重、运输限界等参数。

(4)投资方案。路网公司负责投资决策和资金落实，管理委员会重点解决跨境基础设备设施建设投资的问题协商(包括协商解决因工程建设及施工维护造成的运营中断问题)。

二、规划方案

1. 空间布局

欧洲货运网络覆盖德国、法国、意大利、西班牙、波兰、捷克等 20 个国家，共 9 大走廊。网络包括铁路线、枢纽节点(包括编组场/站、主要铁路货运装车站点、多式联运港口)部分铁路轮渡线及内陆水运航道等。

2. 技术方法

欧洲铁路货运网络在选择枢纽节点及线路时主要考虑以下 6 点：①通常情况下货运走廊需要覆盖沿线所有大型枢纽；②根据当前和未来预测的铁路车流特征，评估基础设施的主要技术参数(如线路限制坡度、列车换长、车辆轴重、运输限界等)；③包含必要的平行线路以保障走廊能力；④新建的铁路线路用来增加走廊能力或消除瓶颈；⑤在特定情况下设置迂回线路和站点，在具体操作时，根据这些迂回线路的特征(如列车换长、车辆限界、车辆轴重等)，尽量减少迂回运输对运输效率带来的负面影响；⑥鉴于欧洲全面部署推进欧洲铁路运输管理系统(European Railway Traffic Management System，ERTMS)的相关规划，优先选择已安装实施 ERTMS 系统的基础线路。走廊可灵活调整，一般会在推进计划中定期审查复核。

欧洲铁路货运网络在规划建设过程中采用两阶段策略：第一阶段是从欧盟 No. 913/2010 号法规附表中选择初始枢纽节点。对于包括多个站点(如编组站/场、联运码头或港口码头等)的地区，综合考虑这些站点的交通量(当前及规划)、可扩展土地及与走廊接近程度等因素决定最终站点，站点选择由管理委员会提出方案，并由执行委员会批准。第二阶段是在选定的枢纽节点基础上，确定节点之间的连接线路，包括走廊延伸站点、迂回线路及铁路轮渡线等。不同走廊之间有重叠线路，需要相关路网公司和铁路货运走廊管理机构达成协议。相关规划由管理委员会和基础设施管理机构按照推进方案的市场调查流程，充分考虑后效性影响即客户的需求综合研究形成。

3. 与既有网络及走廊的相互关系

欧洲货运铁路网络的建设发展以既有铁路网为主，部分地区扩能改造或加入新线，形成覆盖 9 大走廊的复杂系统，欧盟相似的提法还有泛欧交通网(TEN-T)、欧洲铁路网(RNE)及 ERTMS 走廊。其中，TEN-T 的重心放在基础设施投资；RNE 着力于解决统一列车运行图及能力协调配置问题；ERTMS 走廊的核心任务是部署欧洲列车控制系统和促进不同国家铁路系统的互联互通。因此，理念定位不同，对应的网络、走廊相互关联、重叠，如欧洲货运铁路网络 9 大走廊中有 6 条与 ERTMS 局部重叠，覆盖 RNE 的 8 条走廊及 4 条分支。

三、管理模式

1. 机构设置

根据欧盟第一铁路议案(First Railway Package)，欧洲铁路货运网络管理组织架构遵从基础设施的自主管理、基础设施管理和运输组织分离、监管机构独立等基本原则，其核心包括执行委员会、管理委员会、咨询组、一站式服务机构等。

(1)执行委员会

每一条货运走廊构建一个跨多国的执行委员会，由欧盟国家政府机关代表组成。执行委员会制定内部规则，筹备并启动工作，为下层管理委员会发布经营任务并要求其提交行动计划和行动报告列表。执行委员会的会议一般一年组织 4～6 次，通常在不同成员国间轮流举办，并指定一个主席成员国(在特殊时期)来协调其相关活动。执行委员会向管理委员会提出工作安排和任务书。

(2)管理委员会

由货运走廊上各路网公司派代表组成，主要职责包括确定货运走廊线路与枢纽，建立和定义所有工作程序，设立铁路运营企业咨询组、枢纽管理者咨询组，阶段提出推进方案和运输市场研究，同当地政府对接，制定投资计划，建立一站式服务机构，发布货运走廊文件等。

(3)咨询组

由管理委员会牵头构建涵盖走廊相关铁路企事业单位和不同用户的机构，为货运走廊的规划布局及执行委员会的工作开展提供咨询支撑，沟通汇集参与各方反映的有关走廊建设的问题。实际工作中，管理委员会给予咨询组以组织和后勤支持（包括财务支持）。一般根据其目标和构成不同，分为铁路项目咨询组、业主或管理者咨询组。

（4）一站式服务机构（One-Stop-Shop，OSS）

OSS是每条货运走廊的管理委员会分别设置成立的协调部门，仅面向走廊层面，而非沿线成员国，就构成来说可以是基础设施管理者，也可以是技术主体。其主要作用体现在：一是标准化推进，各条货运走廊在建设与运营的规则、流程、工具上协调统一，如运营公司、路网公司间的界面规范化；二是对预先规划的路径与预留能力进行管理；三是信息发布，包括运能分配、运量管理、运能使用情况以及线路、枢纽介绍与业务规则等。

2. 运输组织管理

欧洲铁路货运网络的运输协调管理相关流程由管理委员会负责制定，其中核心问题是将所有在运输网络行驶的列车信息在路网公司之间顺畅传输，例如列车的正晚点情况、列车在运行过程中的唯一标识、列车的编组记录等。此外还有铁路运输组织环节中的动态信息，例如列车出发等，须立即传送到相关的信息系统。

在日常运输组织过程中，列车运行秩序会受到干扰，由于涉及多个国家，所以问题处理会比较复杂。通常各成员国必须采用通用的作业流程来保证列车正点运营以及运输秩序。应对运输秩序紊乱的常用作业流程包括以下几点：①列车降级操作，即降低列车等级及运行标准；②在不改变时刻表的情况下修改站内运行进路；③紧急情况管控；④故障列车救援；⑤列车迂回待避；⑥临时停车管理。同时，在日常运营中加强运输秩序紊乱的预见性管理，适时将运行信息变化通知铁路运输管理部门。

3. 推进方案

推进方案（The Implementation Plan）由走廊规划说明、运输市场研究、方案清单、效能目标分析、投资计划等组成，是细化货运走廊建设目标、推进走廊建设、提出运输服务质量的重要文件。运输市场研究是推进方案的核心，需要对诸方面进行综合分析，包括：相关国家的宏观经济形势、不同运输方式竞合情况、成本及比价关系、主要货物品类及发送量、运量趋势及不同运输方式发展情况、既有的列车开行类型与数量以及未来预期、通道间交叉流、相关铁路企业运营情况、客运需求、走廊既有设施设备配置及瓶颈、既有货运产品开行质量（速度、全程旅行时间、准点率等），枢纽能力及发展规划，以及货运走廊建设的社会经济成本及效益等。效能目标分析按年度编制，对走廊建设推进过程进行比较，是走廊建设调整的重要依据，主要包括绩效评价报告和满意度调查两种方式。绩效评价报告用于评估货运走廊的运输效果，监控指标包括：货运列车开行对数和总运距、不同站点的正点率、货运列车平均速度、每百公里平均侧线停站数、中时、偏离路径运行时间、无效运行线数量、空闲运行线数量、特殊路径请求的反映时间等。满意度调查主要对路网运力布局、运输组织及咨询组管理等方面进行调查。投资计划则是对走廊未来中长期重点建设项目、扩能改造及相关技术系统如 ERTMS 的协调部署计划。

第三节　发展规划

如果说 20 世纪 90 年代的欧盟铁路一体化进程主要局限于各成员国本身改革的话，进入 21 世纪，欧盟在铁路交通运输一体化进程方面则更注重在欧盟层面上的合作，在原有的 TEN-T、ERTMS 等基础上加强了监管力度，力求在 2020 年前按计划完成有关项目，对于以前没能按计划完成的项目加大扶持力度，尽快完成。同时加强与 UIC 等国际铁路组织之间的合作，发挥欧盟铁路交通运输作为一个整体在世界铁路交通运输方面的作用，还加强了对环境和能耗方面的监测和管理，加强了欧盟成员国之间货运、客运市场的开放以及工作人员在欧盟境内的流动性，切实为欧盟这个大市场内的人财物的流动提供物流方面的保证。2013 年 5 月，欧盟委员会、欧盟理事会与欧洲议会三方就建立“泛欧交通运输网”达成协议。计划中的“欧洲交通运输网”将把欧洲现有的相互分割的公路、铁路、机场与运河等交通运输基础设施连接起来，构建统一的交通运输体系，预计该体系将在 2030 年建成。相关方面将在欧盟成员国内建立一个庞大的交通运输网。它连接东欧和西欧，并用一个真正的“泛欧交通运输网”取代现有的各种交通方式独立发展规划的运输网络。

1. 背景

2020 年至 2050 年，欧洲货运量将增长 80%，客运量将增长 50%，但在交通基础设施上存在五大问题：一是环节缺失，影响成员国间、成员国与其他邻国间的人员和货物流动；二是成员国间（尤其是东欧与西欧间）基础设施水平存在很大差距，亟需新建设施，维护和升级现有设施；三是很多货运站、客运站、内河港口、海港、机场和城市物流点缺乏多式联运的能力；四是运输过程中温室气体排放较多；五是各成员国操作规范不一，协同性较差。

新政策计划将 94 个主要港口与铁路和公路连接，将 38 个重点机场与轨道交通连接到各大城市，将 15 000 km 铁路提升为高速铁路，开发 35 个跨境项目消除运输瓶颈。

2. 走廊建设

在以上 9 条货运走廊的基础上，欧盟将构建以铁路为核心的综合交通网络，每个走廊至少涵盖 3 种运输模式、3 个成员国和 2 个跨境段。分别为：

一是莱茵河—阿尔卑斯走廊，这是欧洲最繁忙的货运航线之一。从荷兰鹿特丹出发，经比利时安特卫普、瑞士、德国莱茵—鲁尔区、莱茵河—美因河—内卡河畔的各经济中心、意大利米兰的经济集聚区到达意大利热那亚。这条多式联运走廊包括莱茵河的内河航道，重点项目是修建瑞士境内通往德国和意大利的多条主隧道。

二是北海至地中海走廊，从爱尔兰和英国北部经荷兰、比利时和卢森堡延伸到法国南部的地中海地区。这条多式联运走廊包含荷比卢经济联盟和法国的内陆水道，旨在为北海各港口、马斯河、莱茵河、斯凯尔特河、塞纳河、索恩河、罗纳河流域以及法国滨海福斯港和马赛港提供更好的多式联运服务，同时也将更好地连接英伦三岛与欧洲大陆。

三是斯堪的纳维亚至地中海走廊，建设一条连接欧洲经济的南北中轴线。自芬兰和瑞典出发，穿过德国、阿尔卑斯山抵达意大利各港口，并跨海拓展至意大利西西里岛和马耳他瓦莱塔。重点项目是建设连接丹麦和德国的费马恩海底隧道，以及连接意大利和奥地利的博莱纳主隧道。

四是大西洋走廊，以高速铁路、常规铁路及塞纳河的内河航道，连接伊比利亚半岛西部、法国勒阿弗尔港、鲁昂和巴黎，并延伸至法国斯特拉斯堡与德国曼海姆一带。

五是波罗的海至亚得里亚海走廊，以公路和铁路连接波兰西里西亚、奥地利维也纳、斯洛伐克普雷斯堡、阿尔卑斯山东部地区和意大利北部的工业区。重点项目是奥地利谢莫林主隧道和科拉尔莫铁路，以及波兰、捷克和斯洛伐克之间的跨境段。

六是地中海走廊，目标是连接伊比利亚半岛至匈牙利—乌克兰边境地区。沿西班牙和法国的地中海一侧，越过阿尔卑斯山通向意大利北部，连接斯洛文尼亚、克罗地亚和匈牙利的亚得里亚海沿岸地区。除利用波河和意大利北部的其他运河外，还包括公路和铁路建设。重点项目是修建连接法国里昂和意大利都灵，以及连接意大利威尼斯和斯洛文尼亚卢布尔雅那的铁路。

七是东欧至地中海走廊，利用港口和高速公路贯穿北海、波罗的海、黑海和地中海的各交界点。利用易北河的内河航道，提高德国北部、捷克、潘诺尼亚地区和东南欧之间的多式联运能力，跨海可延伸至希腊和塞浦路斯。

八是北海至波罗的海走廊，目标是连接波罗的海东岸与北海各港口。以轮渡连接芬兰和爱沙尼亚，以现代化公路和铁路将波海三国与德国、荷兰和比利时连接，在奥得河与德语区之间、荷语区与佛兰芒语区之间修建类似米德兰运河的内河航道。重点项目是按欧洲标准轨距修建连接爱沙尼亚塔林、拉脱维亚里加、立陶宛考纳斯和波兰东北部的波罗的海铁路。

九是莱茵河—多瑙河走廊，以美因河和多瑙河航道为骨干，连接法国斯特拉斯堡和德国法兰克福的中间地带，经德国南部穿越奥地维也纳、斯洛伐克普雷斯堡、匈牙利布达佩斯，最终到达黑海。其中一个重要分支是从德国慕尼黑出发，经捷克布拉格、斯洛伐克日利纳及科希策，到达乌克兰边境。

3. 资金支持

上述目标投资规模巨大，预计 2014 年至 2020 年间就需要花费 2 500 亿欧元，其中大部分来自各成员国。欧委会计划提供 260 亿欧元融资，作为“种子资本”拉动成员国投资。其中，80％至 85％的融资用于支持九条主干走廊的优先项目，以及“单一欧洲空管计划”和“欧洲铁路运输管理系统”等与之配套的信息技术；其余融资用于应急和综合网络建设。

根据欧委会的建议，该项目所需资金将主要由成员国负担，并吸纳欧盟交通运输和地区发展方面的资金。欧盟现有的“连接欧洲”计划（2014—2020 年）项目下的融资也将用于这个核心交通运输网络的建设，主要用于填补跨境交通运输环节的缺失、清理运输瓶颈以及提高运输体系的智能化水平。2014—2020 年前主要融资 260 亿欧元拉动交通基础设施建设，简化跨境手续，构建单一市场的经济命脉，真正实现货物和人员自由流动，促进繁荣和增长。

欧盟已经预料到未来这一规划具体实施过程比较困难，因为跨境通道都涉及两个或多个国家，除了欧盟共同筹资外，各个国家也要承担相应责任，每个项目会有不同的发展模式。

4. 政策效果

欧盟基础设施新政策旨在把 28 个会员国放入一个强大的欧洲运输网络中去促进增长和竞争力，用网络整合碎片化的运输资源。9 条主干走廊中 7 条为东西走向，重点是连接东欧与西欧，消除运输瓶颈。

可以看出，欧盟规划的 9 条货运走廊，与铁组的亚欧运输走廊相比，并不仅仅是物理通道上的简单规划，还可以通过欧盟的铁路法令保证法律法规、运营规程以及运输管理系统的一致性，因此从操作性上来讲，欧盟的货运走廊发展的规范程度要好于铁组规划的亚欧铁路运输走廊。

第七章　中亚铁路通道布局与规划

中亚是中国倡议的“丝绸之路经济带”建设的核心区域，是物流、客流、信息流的集散中心。中亚各国均出台了长期发展战略，积极谋求与中国提出的“丝绸之路经济带”实现合作与对接。其中，中亚区域经济合作(CAREC)作为区域性的经济合作机制，将铁路运输作为重点关注领域，提出了中亚区域内铁路运输通道整体发展规划。

第一节　CAREC 概况

CAREC 机制于 1997 年由亚洲开发银行倡议建立，2002 年提升为部长级合作。其宗旨是以合作谋发展，通过促进交通运输、贸易、能源和其他重要领域的区域合作，促进成员国经济社会发展，减少贫困，实现“好邻居、好伙伴、好前景”的愿景。亚洲开发银行、世界银行、国际货币基金组织、联合国开发计划署、欧洲复兴开发银行、伊斯兰开发银行等 6 个多边机构，以及一些发达国家的双边援助机构作为发展伙伴参与了 CAREC 机制下的合作。截至 2016 年，CAREC 现有成员除中国外，还包括阿富汗、阿塞拜疆、吉尔吉斯、哈萨克斯坦、蒙古、巴基斯坦、塔吉克斯坦、土库曼斯坦、乌兹别克斯坦 9 个国家。

2006 年，在考虑中亚周边贸易经济流向的基础上，CAREC 高官会议确定要构建连接中亚内陆地区及周边国家和沿海港口的交通走廊。考虑到中亚位于亚欧大陆的中心和结合部，其独特的地理位置决定了铁路运输仍是其最便捷、经济，因而也是最基本的运输方式，且铁路现状已具备了发展为亚欧陆路运输走廊的条件，为了强化铁路在交通走廊发展中的地位，2015 年成立的 CAREC 铁路工作组(RWG)在交通走廊中确定了六条中亚铁路通道，以最终实现欧洲和东亚地区铁路的互联互通，见表 7-1 和图 7-1。

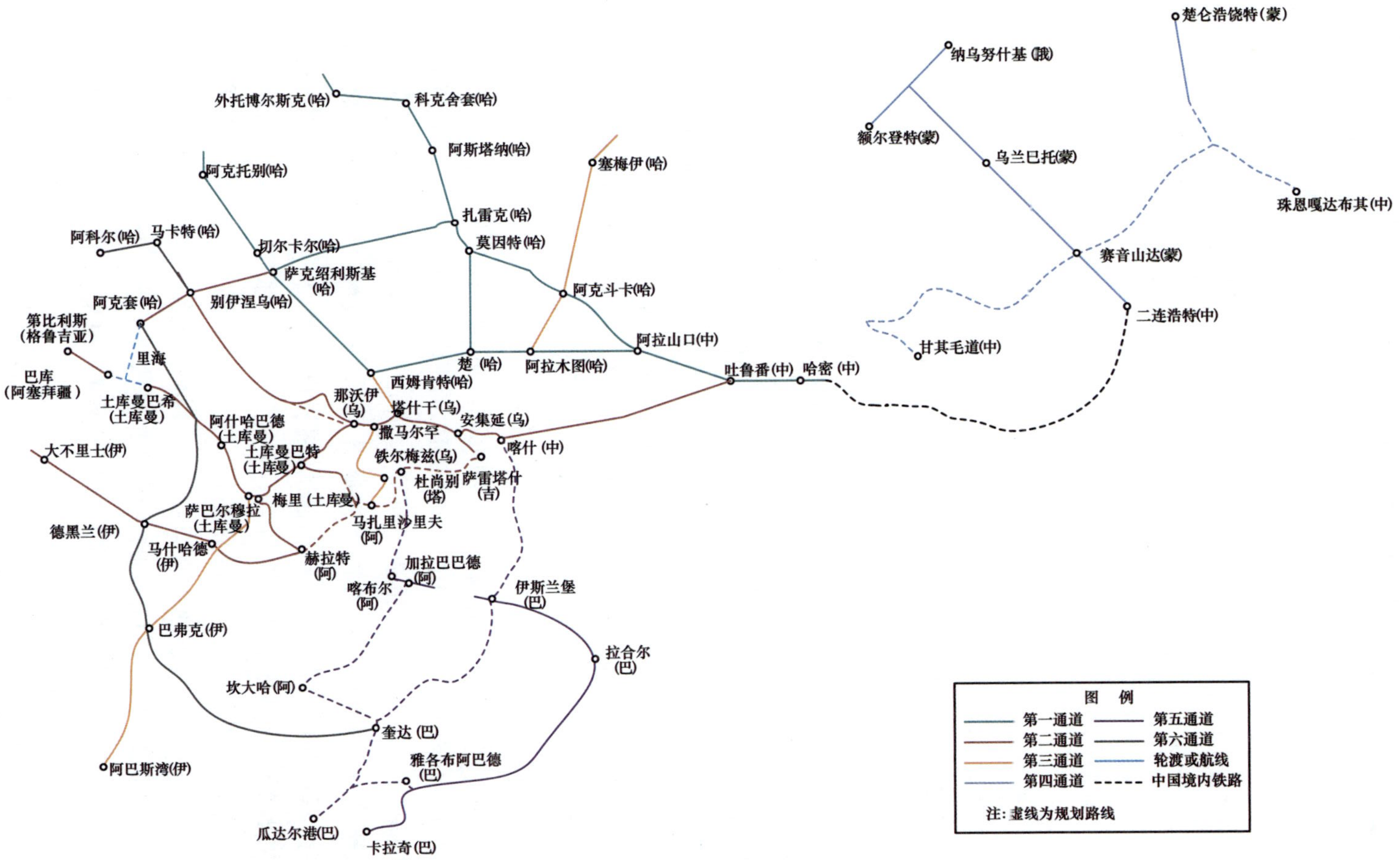

图 7-1　中亚铁路通道示意图

表 7-1　CAREC 中亚铁路通道

通道	连接区域	起　点	终　点	径　　路
1	欧洲—东亚	中国	俄罗斯	阿拉山口—阿斯塔纳—伊列茨克
		中国	哈萨克斯坦	霍尔果斯—阿拉木图/阿斯塔纳
2	地中海—东亚	格鲁吉亚	中国	第比利斯—巴库—阿克套—阿拉山口
		阿塞拜疆	中国	巴库—土库曼巴什—奥什—喀什
3	俄罗斯—中东/南亚	俄罗斯	伊朗	韦谢洛亚尔斯克—撒马尔罕—土库曼巴特—阿巴斯湾
4	俄罗斯—东亚	俄罗斯	中国	纳乌什基—赛音山达—二连浩特
5	东亚—中东/南亚	巴基斯坦	中国	瓜达尔港—奎达—喀什
		巴基斯坦	中国	瓜达尔港—坎大哈—喀布尔—杜尚别—喀什
6	欧洲—中东/南亚	俄罗斯	巴基斯坦	基加什—阿特劳—别伊涅乌—德黑兰—奎达—瓜达尔港

第二节　中亚区域的经贸合作状况

中亚五国具有严重的外部依赖性，城市化水平较低。但是，中亚地区资源丰富，主要贸易流向集中在中国和俄罗斯地区。主要向俄罗斯地区出口石油、煤炭、天然气、皮棉等货物。苏联解体后，中亚五个加盟共和国相继独立，走上市场经济的道路，同时也不同程度地陷入了恶性的通货膨胀。中亚国家经济至今仍未摆脱以农业和矿产原料为主的局面。根据世界银行资料，截至 2014 年，土库曼斯坦和哈萨克斯坦人均 GDP 已分别接近和超过 1 万美元，属于中高等收入国家；乌兹别克斯坦人均 GDP 刚超过 2 000 美元，吉尔吉斯斯坦和塔吉克斯坦的人均 GDP 也刚超过 1 000 美元，同属中低等收入国家。中亚地区经济迅速发展主要得益于良好的世界经济形势，国际农业、矿产、能源原料产品价格大幅飙升，刺激了该地区以此为主的经济大幅提升，农业和以采掘业为主的工业迅速发展。但是，到 2014 年，中亚国家工业化水平依然没有太大的提高。哈萨克斯坦工业和农业劳动力就业比重分别为 12.8%和 18.9%，塔吉克斯坦为 4.2%和 65.5%，吉尔吉斯斯坦为 14.1%和 26.7%。乌兹别克斯坦农村人口仍然高达 64%。只有哈萨克斯坦和乌兹别克斯坦工业对 GDP 的贡献率超过农业，分别为 26.6%和 4.2%、33.7%和 18.8%。塔吉克斯坦工业和农业对 GDP 的贡献率分别为 12%和 23.5%。

中国与中亚国家建交至今，经贸合作稳步推进。1992 年建交初期，中国与中亚的贸易总额不足 5 亿美元，中塔贸易额仅为 280 万美元。由于中亚国家处于国家重建和经济转型过程中，90 年代初中国与中亚国家经贸合作发展缓慢。到 2000 年，中国与中亚五国的贸易额升至 18.3 亿美元。21 世纪初，中国加入了 WTO 组织，并与哈、乌、吉、塔、俄建立上海合作组织加快经济合作，国际原油和能源市场日趋繁荣。在这样的背景下，中亚地区的原料主导发展模式表现出积极作用，中亚国家与中国的经济合作迅猛发展。至 2014 年底，中国对中亚五国贸易额突破 450 亿美元，其中对哈贸易额 224.5 亿美元、对吉 53 亿美元、对塔 25.2 亿美元、对土 104.7 亿美元、对乌 42.8 亿美元，见表 7-2。

表 7-2　中国与中亚国家贸易规模变动情况

单位：亿美元

国家＼年份	1992	2000	2005	2008	2009	2010	2011	2012	2013	2014
哈萨克斯坦	3.7	15.6	68.1	175.5	141.3	204.1	249.6	256.8	286	224.5
乌兹别克斯坦	0.48	0.52	6.8	16.1	19.2	24.8	21.7	28.8	45.5	42.8
土库曼斯坦	0.045	0.16	1.1	8.3	9.6	15.7	54.8	103.7	100.3	104.7
吉尔吉斯斯坦	0.36	1.8	9.7	93.3	53.3	42	49.8	51.6	51.4	53
塔吉克斯坦	0.028	0.17	1.6	15	14.1	14.3	20.7	18.6	19.6	25.2
合　计	4.6	18.3	87.3	308.2	237.5	300.9	396.6	459.5	502.8	450.2

第三节　六条铁路运输通道布局

一、第 1 通道（欧洲—东亚通道）

近年来，中欧贸易量增长迅速，连接中欧地区的铁路通道成为重要经济运输走廊。CAREC 的第 1 通道主要连接欧洲与东亚地区，是中欧连接的重要铁路货运通道。

由于哈萨克斯坦和俄罗斯采用 1 520 mm 宽轨轨距，而我国采用 1 435 mm 的标准轨距，所以必须在中哈两国的阿拉山口/多斯特克或霍尔果斯/阿腾科里口岸完成货物换装。

径路 1：

经过国家：中国—哈萨克斯坦—俄罗斯

经过城市：哈密—乌鲁木齐—阿拉山口—多斯特克—莫因特—阿斯塔纳—克拉克—托莱斯克

该线路全长近 3 100 km，是 CAREC 中亚铁路通道中有较大货运量的一条通道，已全部开通，无缺失段，现主要被用于进行各国境内段的铁路运输，但由于该线路连接着中国、俄罗斯及哈萨克斯坦这三个亚洲铁路大国，因此在将来也会更多地发挥国际运输作用。该线路基础设施技术标准较高，35％的线路为电气化线路，29％的线路为双线。预计至 2020 年，哈萨克斯坦境内还要进行 800 km 的电气化改造。此外，多斯特克国境站在 2016 年全年完成 1 600 万 t 的转运量，这要求国境站的作业效率随之改进。径路 1 与多个国际组织规划的铁路通道都有重合，如泛亚铁路和铁组第 2 和第 5 走廊。

径路 2：

经过国家：中国—哈萨克斯坦—俄罗斯

经过城市：哈密—乌鲁木齐—霍尔果斯—阿腾科里—阿拉木图—奇姆肯特—萨克萨乌尔斯卡亚—阿克托别—科斯岛

径路 2 全长 3 500 km，全程 31％的电气化率和 54％的双线率，主要径路与泛亚铁路重合，其特点在于双线线路区段长且全线无缺失段。该线路于 2012 年开通，中欧(亚)班列(重庆—杜伊斯堡)通过此线路。

径路 3：

经过国家：中国—哈萨克斯坦—俄罗斯

经过城市：哈密—乌鲁木齐—霍尔果斯—阿腾科里—阿拉木图—楚—莫因特—扎雷克—萨克萨乌尔斯卡亚—阿克托别—科斯岛

径路 3 全长 3 700 km，全程 32％的电气化率和 27％的双线率。该线路于 2014 年建成，但主要区段塞斯考斯金—萨克萨乌尔斯卡亚段现能力利用率较低。

二、第 2 通道(地中海—东亚通道)

根据市场分析和货运量预测，CAREC 规划了连接中国、土耳其及南欧国家的铁路通道，目的是在地中海周边国家与中国间建立铁路连接。

第 2 通道主要方向：格鲁吉亚—中国，阿塞拜疆—中国，阿富汗—中国。该通道的特点是便于多式联运，通道中包括一个铁水联运港口和多个过境点，但也存在多条物理缺失段。

径路 1：

经过国家：中国—哈萨克斯坦—阿塞拜疆—格鲁吉亚

经过城市：哈密—乌鲁木齐—阿拉山口—多斯特克—莫因特—扎雷

克—萨克萨乌尔斯卡亚—萨尔克—别伊涅乌—阿克套—里海—阿亚特—巴库—加尔达巴尼

径路1连接着中国和高加索地区，穿越了哈萨克斯坦和里海，线路全长4 200 km，其中24%为电气化线路，19%为双线。最近，随着塞斯考斯金—萨克萨乌尔斯卡亚段的建成，全线已开通运营。该线路还将继续进行电气化改造，同时里海段的铁水联运港口也将继续进行场站改善。径路1主要连接地中海地区与东亚地区，未来也将通过巴库—第比利斯—卡尔斯铁路延伸至格鲁吉亚和土耳其。该径路与TRACECA(欧洲—高加索—亚洲运输走廊组织)通道的泛高加索通道重合。

径路2：

经过国家：中国—吉尔吉斯斯坦—乌兹别克斯坦—哈萨克斯坦—阿塞拜疆—格鲁吉亚

经过城市：哈密—喀什—吐尔尕特—萨瓦伊—卡拉苏—安集延—帕普—塔什干—吉扎克—撒马尔罕—纳沃伊—卡拉卡尔帕克亚—奥瑟斯—别伊涅乌—阿克套—里海—阿亚特—巴库—加尔达巴尼

径路2途经中国、吉尔吉斯斯坦、乌兹别克斯坦、哈萨克斯坦和阿塞拜疆，连接里海的阿克套港和巴库港。通道总里程4 600 km，其中17%为电气化线路，17%为双线。径路2在吉尔吉斯边境吐尔尕特附近有约500 km的缺失段正处于可行性研究阶段。

径路3：

经过国家：中国—吉尔吉斯斯坦—乌兹别克斯坦—土库曼斯坦—阿塞拜疆—格鲁吉亚

经过城市：哈密—喀什—吐尔尕特—萨瓦伊—卡拉苏—安集延—塔什干—吉扎克—撒马尔罕—纳沃伊—布哈拉—霍贾达夫列特—法拉普—土库曼巴特—梅里—阿什哈巴德—土库曼巴希—里海—阿亚特—巴库—加尔达巴尼

径路3的走向与径路2接近，只在通过里海的铁水联运港口有所不同，径路2利用哈萨克斯坦的阿克套港、径路3利用土库曼斯坦的土库曼巴希港口。径路3的全长为4 300 km，其中19%为电气化线路，19%为双线。缺失段同径路2一致，为吐尔尕特口岸附近的500 km线路。

径路4：

经过国家：中国—吉尔吉斯斯坦—塔吉克斯坦—阿富汗—伊朗

经过城市：哈密—喀什—伊尔克什坦—萨雷塔什—卡拉米亚克—杜尚

别—库尔干秋别—潘吉波勇—班达尔—昆都士—胡勒姆—纳巴巴德—马扎里沙里夫—希比尔甘—迈马纳—克莱那—库沙克—赫拉特—古里安—克什尔科—托贝特海德里亚—德黑兰—托别兹。

径路4是连接中国、吉尔吉斯斯坦、塔吉克斯坦、阿富汗和伊朗的重要铁路通道，全长4 900 km，其中有1 700 km待建，分别为中国境内喀什—伊尔克什坦段，吉尔吉斯斯坦境内伊尔克什坦—卡拉米亚克段和瓦达特—卡拉米亚克段，塔吉克斯坦境内克尔霍扎巴德—潘吉波勇段和班达尔—马扎里沙里夫—希比尔甘段，阿富汗境内希比尔甘—赫拉特段。由于该通道跨越的国家数量多，地理条件恶劣，其建设进度受经济因素影响大。因此，亚洲十国倡导成立的经济合作组织（ECO）将对该缺失段的建设进行经济援助。

三、第3通道（俄罗斯—中东/南亚通道）

随着阿巴斯湾的战略地位的增长，伊朗潜在的经济贸易市场正在被不断挖掘。中亚地区连接俄罗斯和伊朗的铁路通道虽然现有的铁路货运量并不显著，但由于俄罗斯到伊朗的国际货运主要依靠铁路完成，第3通道未来将在货源和货运量两方面有良好发展。

主要方向：俄罗斯—哈萨克斯坦—乌兹别克斯坦—土库曼斯坦—伊朗。有两条径路。

径路1经过城市：韦谢罗亚尔斯克—奥尔—阿克托盖—阿拉木图—奇姆肯特—萨拉塔什—克列斯—塔什干—撒马尔罕—那沃伊—霍贾达夫列特—法拉普—土库曼巴特—梅里—塞拉斯—萨拉赫斯—阿巴斯湾

径路1是连接俄罗斯、哈萨克斯坦、乌兹别克斯坦及伊朗的重要通道，主要以国际联运为主。该通道全长4 100 km，电气化铁路占29%，双线占44%，该线路已全线开通使用，无缺失段。每年经由该线路的俄罗斯和哈萨克斯坦间的国际铁路运量约为750万t，土库曼斯坦和伊朗间（萨拉赫斯口岸）的运量为230万t。随着阿巴斯湾战略地位的加强，该线路的货运量增长空间很大。

径路2经过城市：韦谢罗亚尔斯克—奥尔—阿克斗卡—阿拉木图—奇姆肯特—萨拉塔什—克勒斯—塔什干—撒马尔罕—喀什—铁尔梅兹—海拉顿—马扎里沙里夫—希比尔甘—赫拉特—古里安—克什尔科—托贝特海德里亚

径路2主要连接俄罗斯、哈斯克斯坦、乌兹别克斯坦、阿富汗和伊朗，全长 3 400 km，电气化铁路占 38%，双线占 38%。阿富汗国家路网连通性差，该线路主要缺失段集中于阿富汗境内。

四、第 4 通道（俄罗斯—东亚通道）

为了更好地实现蒙古到中国的铁路货物运输，CAREC 将西伯利亚大铁路延伸至蒙古境内段作为该组织规划的第 4 条通道。

第 4 通道主要方向：俄罗斯—蒙古—中国。该线路为西伯利亚大铁路的支线，也是中国至俄罗斯间货物运输的重要线路，由于中国与俄罗斯和蒙古的铁路轨距差距，该线路涉及 1 520 mm 和 1 435 mm 的轨距转换。

径路描述：

径路 1 经过城市：纳乌什基—苏赫巴托尔—扎门乌德—二连浩特

该线路全长 900 km，单线铁路，无电气化，计划在近期扩能改造。

径路 2 经过城市：额伦察布（俄蒙边界）—西乌尔特—赛音山达—塔本陶勒盖—噶顺苏海图（中蒙边界）。基本在蒙古境内。

该径路全长 1 400 km，主要用途是将塔本陶勒盖地区的煤矿运至中国及亚洲东部地区，乔巴山至俄蒙边界段的铁路需要改造，而塔本陶勒盖至噶顺苏海图的线路即将进入修建阶段。

径路 3：额伦察布（俄蒙边界）—乔巴山—毕其格图（中蒙边界）。

该线路将中俄两国边界用铁路连接起来，其中，乔巴山至中蒙边界段存在物理缺失段，需要尽快修建，乔巴山至俄蒙边界段既有铁路也亟待改造。

五、第 5 通道（东亚—中东/南亚通道）

第 5 通道用来连接中国与巴基斯坦，意在通过铁路通道将中国货物经卡拉奇港及瓜达尔港直接出口阿拉伯海。该通道沿线的货源及货运量增长将依赖中国的工业化发展以及阿富汗的矿产资源。由于阿富汗境内铁路网连通性差，整个第 5 通道存在较多缺失段，大部分位于连接中国和巴基斯坦边界的阿富汗境内段，该段的线路建设时序应根据重要性和经济性确定。

径路 1：哈密—喀什—伊斯兰堡—拉合尔—卡拉奇

通过径路 1 可将中国的货物通过巴基斯坦卡拉奇港出口，该线路全长 3 800 km，中巴两国边界线上有 700 km 仍待修建。该线路在巴基斯坦境内主要为双线，里程占全程的 32%。然而中巴两国国界线处于喀拉昆仑山脉范围内，大大加剧了施工的成本和工程的难度。巴基斯坦境内伊斯兰堡—

拉合尔—喀什段是巴基斯坦国家路网的重要路段，约占全国路网运营里程的70%。下一阶段，该段会进行升级改造。

径路2：哈密—喀什—奎达—瓜达尔

径路2全长3 600 km，其中2 100 km为缺失段，主要集中在中巴两国边界，该线路在巴基斯坦境内段几乎全部为新建线路。

径路3：哈密—喀什—伊尔克什坦—萨雷·塔什—卡拉米亚克—杜尚别—库尔干秋别—潘吉波勇—班达尔—昆都士—喀布尔—坎大哈—查曼—奎达—瓜达尔，经过中国、吉尔吉斯斯坦、塔吉克斯坦、阿富汗、巴基斯坦。

径路3主要连接中国、吉尔吉斯斯坦、塔吉克斯坦、阿富汗和巴基斯坦，总长度为4 100 km，其中有超过2 000 km的缺失段，其线路的建设进度主要取决于瓜达尔港的发展及周边国家贸易市场的需要。现巴基斯坦已启动了对通过巴斯宴连接奎达和雅各布阿巴德的线路的可行性研究。

六、第6通道(欧洲—中东/南亚通道)

第6通道规划的目的是中亚地区通过巴基斯坦连接伊朗，最终通达欧洲，实现通过铁路将中东和南亚地区的阿巴斯湾、卡拉奇港和瓜达尔港与欧洲内陆联通。

第6通道主要方向：俄罗斯—土库曼斯坦—巴基斯坦，格鲁吉亚—伊朗—巴基斯坦，该通道将使港口与腹地相连，随着贸易需求的增大，腹地城市也会有所扩张。

径路1：加尔达巴尼—巴库—阿斯塔拉—德黑兰—阿巴斯湾，经过格鲁吉亚、阿塞拜疆、伊朗。

该线路主要走向为由东向西，从格鲁吉亚波季港经第比利斯连接巴库港，全长503 km，巴库至土耳其阿斯塔拉也属于该支线。该线路的双线占总里程的32%，电气化线路占12%，计划未来全程改造为双线电气化线路。待改造的项目包括阿塞拜疆境内的东西走向线路升级、阿塞拜疆南部与伊朗连接的8 km缺失段修建、伊朗境内南北走向连接特什雷至阿斯塔拉的170 km缺失段修建。

径路2：亚拉玛—巴库—阿斯塔拉—德黑兰—阿巴斯湾，经过阿塞拜疆、伊朗。

黑海两岸的南北运输通道有着很长的历史，几个世纪以来，一直是南亚和北欧间的交通走廊。黑海两岸各有一条南北向通道，CAREC第6通道利用黑海西岸的线路，长438 km，是亚拉玛—阿斯塔拉段的延伸，这条通道的南端为双线电气化铁路。伊朗正在规划建设一条由雷什特出发，沿黑海西岸到达阿塞拜疆边界的铁路线，全长 170 km。该线联通后，俄罗斯的货物可以直接利用该通道运至阿巴斯湾，径路 2 的也将增至 2 100 km。

径路 3：阿卡斯亚斯基—加纽什基诺—别伊涅乌—乌金—波拉查克—贝雷科特—戈尔干—德黑兰—阿巴斯湾，经过俄罗斯、哈萨克斯坦、土库曼斯坦、伊朗。

该线路为前述提到的黑海东岸的南北通道，连接哈萨克斯坦、土库曼斯坦和伊朗。径路 3 全长 3 600 km，其中电气化铁路有 100 km，双线铁路占全程的 17%。伊斯兰开发银行正在援助资金进行土库曼斯坦境内段铁路的升级改造，紧接着，土库曼斯坦还会在亚洲开发银行的资助下完成升级信号设备和提升线路能力。径路 3 没有缺失段，是连接欧洲至中东的重要通道。

径路 4：加尔达巴尼—巴库—阿斯塔拉—德黑兰—扎黑丹—奎达—卡拉奇，经过格鲁吉亚、阿塞拜疆、伊朗、巴基斯坦。

径路 4 路网状况较差，其中包括伊朗和阿塞拜疆边界处的 8 km 缺失段，巴基斯坦境内雅各布阿巴德—奎达—塔弗坦段的线路问题。径路 4 的改善将大大提高到卡拉奇港和瓜达尔港的通达性，成为北欧到卡拉奇港的最短径路。

径路 5：阿尔斯亚斯基—加纽什基诺—别伊涅乌—乌津—波拉查克—贝雷科特—阿什哈巴德—梅里—塞尔哈巴特—图尔甘地—赫拉特—坎大哈—查曼—奎达—卡拉奇，经过俄罗斯、哈萨克斯坦、土库曼斯坦、阿富汗、巴基斯坦。

径路 5 将俄罗斯与巴基斯坦的港口通过土库曼斯坦、阿富汗和巴基斯坦境内的铁路连接起来，全长 4 100 km，80% 的铁路线已开通运营，但阿富汗境内仍存在缺失段。

第四节　CAREC 铁路通道发展与规划

一、CAREC 现有通道技术指标

CAREC 规划的 6 条通道中，大部分已开通，其中第 1、2、3、6 通道的通达性（通道建设完成率）较好，已开通的通道里程占规划总里程的 80% 以上，而第 4、第 5 通道则存在较多长距离的缺失段。而第 1、2、3、6 通道，仅仅是实现了线路连通，其电气化里程和双线里程占比低，线路基础设施基础较差。各通道技术指标见表 7-3。

表 7-3 CAREC 铁路通道技术指标

通道	径路	全程(km)	现有铁路(km)	建设完成率(%)	电气化里程(km)	电气化率(%)	双线里程(km)	双线率(%)
1	1-1	3 100	3 100	100	1 100	35	900	29
	1-2	3 500	3 500	100	1 100	31	1 900	54
	1-3	3 700	3 700	100	1 200	32	1 000	27
2	2-1	4 200	4 200	100	1 000	24	800	19
	2-2	4 600	4 200	91	800	17	800	17
	2-3	4 300	3 900	91	800	19	800	19
	2-4	4 900	3 200	65	—	0	900	18
3	3-1	4 100	4 100	100	1 200	29	1 800	44
	3-2	3 400	2 800	82	1 300	38	1 300	38
4	4-1	900	900	100	—	0	0	0
	4-2	1 400	200	14	—	0	0	0
	4-3	500	200	40	—	0	0	0
5	5-1	3 800	3 100	82	300	8	1 200	32
	5-2	3 600	1 500	42	—	0	0	0
	5-3	4 100	1 500	37	—	0	0	0
6	6-1	2 500	2 300	92	300	12	800	32
	6-2	2 100	1 900	90	300	14	800	38
	6-3	3 600	3 600	100	100	3	600	17
	6-4	4 000	3 900	98	300	8	900	23
	6-5	4 100	3 300	80	—	0	400	10
总计		32 400	25 200	78	3 900	12	7 000	22

二、CAREC 铁路通道发展现状

1. 沿线各国发展现状

(1)铁路货运市场份额逐渐下降

近年来,中亚各国铁路货运量均有所增长,但铁路在货运市场中的份额普遍下降,2010 至 2014 年,中亚国家的铁路货运市场份额从平均 20%下降至 14%,主要原因是铁路基础设施不完善,标准化程度低,互联互通性差。图 7-2 为中亚部分国家铁路货运市场份额变化情况。

(2)大部分国家以国内运输为主

中亚地区少数几个国家的国际铁路联运市场需求较大,如吉尔吉斯斯

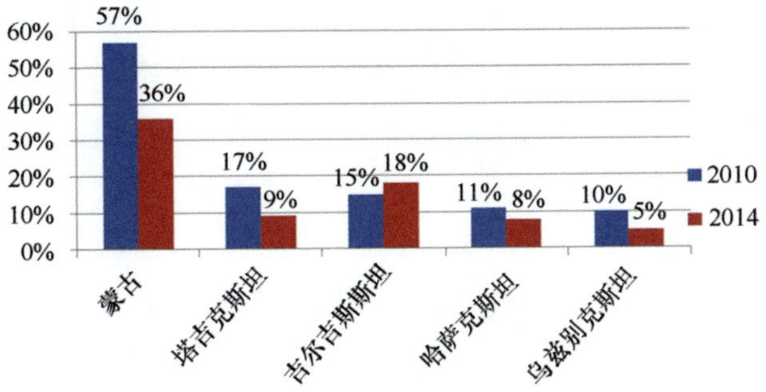

图 7-2　中亚典型国家的铁路货运市场份额变化

坦和塔吉克斯坦，分别达到 78%和 65%。除此之外，其他国家仍以内贸运输为主，如巴基斯坦的国内铁路运输占铁路总运量的 99%，乌兹别克斯坦占 68%，哈萨克斯坦占 58%。国内运输需求大对于发挥铁路运输优势不利，公路是其强劲的竞争对手。

（3）各国铁路基础设施水平差异较大

据 CAREC 统计，包括阿富汗、阿塞拜疆、哈萨克斯坦、吉尔吉斯斯坦、蒙古、巴基斯坦、塔吉克斯坦、土库曼斯坦、乌兹别克斯坦在内的 9 国铁路全长为 3.4 万 km。由于经济发展水平不同，中亚地区各国的铁路发展情况相差甚远，中国铁路发展处于世界领先，哈萨克斯坦铁路密度迅速增加，而阿富汗铁路总里程为 75 km，尚处试营业阶段。设施设备不完善一直是制约中亚国家铁路发展的核心问题。

（4）各国国内建设速度加快

近年来，为了便利国际运输，中亚各国都加快了铁路设备的建设速度。其中，近期建成或在建的项目有：塔吉克斯坦境内一条长 46.3 km 的连接其中心区域和南部的新线，2016 年建成；蒙古境内长 554 km 的运煤专线和区域性的物流中心于 2016 年开建；土库曼斯坦连接阿奎那港口的铁路正在建设；乌兹别克斯坦由世界银行赞助的安格连—帕普段新线于 2016 年建成，而分别由亚洲开发银行和日本国际协力机构赞助的马拉坎德（伊朗）—卡而希（哈萨克斯坦）段线路和喀什—铁尔梅兹（乌兹别克斯坦）段线路正在进行电气化改造。

2. 中亚铁路通道存在的问题

（1）干线路网不完善

总体来说，中亚地区主要出海港为伊朗的阿巴斯湾和巴基斯坦的卡拉奇和瓜达尔港。然而现今腹地与港口之间的铁路连接十分有限。CAREC

铁路通道受运输需求等方面的影响，在建项目中北部的第1、2、3通道优先级更高，而大部分南部的通道未投入建设。南部通道沿线的CAREC成员国家铁路网和跨境中转设施的缺失是影响通道正常开通的主要原因，其各个通道的主要缺失段为图7-1中虚线所示，具体为：哈萨克斯坦境内的别伊那乌至沙尔卡尔，萨克绍力斯卡娅至杰兹卡兹甘，与土库连接的乌津至波拉绍段；土库曼斯坦境内贝雷科特至古尔冈；伊朗境内的哈菲兹至扎黑丹至伊朗南部恰赫巴哈尔港；阿富汗境内的赫拉特至伊朗哈菲兹段，哈尔至安德胡伊段，连接塔吉克斯坦的安德胡伊—马扎里—谢里夫—尼津帕亚捏段与连接土库的安德胡伊—阿塔梅拉特段；巴基斯坦哈文里安至中国境内的喀什，达伯丁至瓜达尔港段；吉尔吉斯境内卡拉苏至巴雷克奇段。

(2)设备设施老化影响运输能力

中亚地区的独联体国家铁路是宽轨铁路，机车车辆的维修和铁路基础设施的维护都依靠俄罗斯和乌克兰。苏联解体后这些国家所需的与铁路技术相关的产品和维护材料都要支付外汇来购买，由于外汇短缺造成中亚铁路网普遍存在设备陈旧、技术落后等问题。如哈萨克斯坦，其铁路磨损率已达60%，同样的问题在其他国家也较为突出。另外，随着近年来中亚国家经济的恢复和发展，铁路运力不足的矛盾也十分突出，各出口企业经常因为车辆不足而延误发货。铁路运力矛盾已成为中亚国家经济发展的重要掣肘因素。

(3)过境点衔接不顺畅

中亚区域跨境运输存在的问题主要有三点：一是换轨或换装作业导致的时间延误。CAREC国家轨距大多为1 520 mm宽轨，而中国为1 435 mm标准轨，巴基斯坦为1 676 mm宽轨，因此中国和巴基斯坦跨境其他国家都要换装货物。中亚铁路通道不同轨距的转换点集中在阿腾科里/霍尔果斯和阿拉山口/多斯特克，土库曼斯坦和伊朗过境点萨拉赫斯/萨拉赫斯，及扎门乌德/二连浩特处。萨拉赫斯过境点只需更换货车的转向架，不需将货物换装；中国与哈萨克斯坦和蒙古间跨境运输必须进行整车货物或集装箱的换装，经常发生车辆短缺而延误换装的情况；二是两国国境站双重检验导致作业效率低下，现行的跨境运输程序为双方联检部门在两国国境站进行同样程序的一关两检，导致通关时间长；三是进出口清关是跨境运输的制约瓶颈，长时间的海关检验和附加的通关操作使国际联运附加成本高。海关检查中由于货物延期带来的损失由货主承担，更增加了铁路跨境运输的成本和时间。

(4)运营机制差异大

中亚各国的铁路运营机制存在较大差别。有些国家铁路为政府部门管理和经营,例如巴基斯坦和土耳其;有些国家铁路由政府控股,例如吉尔吉斯斯坦、蒙古、塔吉克斯坦和乌兹别克斯坦;还有些国家铁路经营完全交给私人公司,例如哈萨克斯坦。各国铁路运营情况的差别增加了国际运输联运协定签订的难度。

(5)区域整体利益最大化与各国利益分配有待协调

通常情况下,相关国家在通道功能和收益上的平等互利是保证国际通道顺利建设和运营的基本原则。CAREC 中亚铁路通道建设的基础设施推进和技术联通要求各成员国与沿线国家通力合作,实现区域整体利益最大化。然而该通道范围内欠发达国家较多,部分国家经济落后,政局不稳,铁路建设水平低,对通道关注度不够,只有少部分国家经济发展水平较高,尤其是中国"新丝绸之路经济带"的战略要求是中亚铁路通道发展的重要催化剂。

三、CAREC 通道发展规划

铁路运输在中亚地区的作用将随着中亚贸易的开放,及其自身的快速、便捷、跨区域联通性好等优点将不断增强。至 2030 年,中亚铁路通道将在亚欧大陆范围内承担重要角色,并成为我国丝绸之路经济带的重要交通通道。

针对 CAREC 通道联通现状,今后应主要完善铁路及与其他运输方式的联运以及将铁路运输做商业化改革。CAREC 铁路专门工作组在 2016 年的发展计划报告中列出了 2017—2030 年的发展策略,主要针对完善铁路基础设施和促进区域铁路运营市场化改革两方面。

完善铁路基础设施主要包括:①建设通道沿线的铁路联运设备设施,连通缺失段;②提升已开通线路的等级以应对列车轴重的增加,使电气化和通信通号设备现代化;③更新机车车辆,提高电气化机车的使用率,淘汰技术指标较差的车辆,提高运输效率,减少环境污染;④投资建设信息化设备,以满足货主个性化需求。

促进铁路市场化经营的改革主要包括:形成以铁路运输为中心的物流网络,吸引私有资本投资建设铁路物流中心,在中亚区域内形成跨国家的国际铁路物流公司,并成立中亚区域的铁路运输监管局。其中长期规划的策略框架见表 7-4。

表 7-4　CAREC 中长期规划策略框架(2017—2030)

目标及举措	完成时限及指标
目标:提高通道主要路段的线路等级;提高铁路运营效率及效益	(1)至 2030 年,通道的主要路段运行时速提高 20%; (2)至 2030 年,各成员国都应建立关于铁路设施改造及完善的盈利方案;并将铁路员工生产力(年产量/员工)提高 10%
加强基础设施建设	至 2030 年,完成 3 000 km 的新线建设、既有线改造、电气化或信号系统更新改造;增加多轨距铁路线的长度(线路里程增加 5%);增加电气化线路里程(线路里程增加 10%);将至少 2 条铁路通道连接至国际港口
进行商业开发	至 2030 年,在物流和铁路运营商和铁路当局中建立区域性的伙伴关系(如 CAREC 铁路联合运营商);开发或改进至少 5 个国际交通枢纽和物流终端节点
改进组织法律和监管体系	至 2030 年,将国际财务报告准则引入多数 CAREC 国家;建立有效的法律和监管制度;建立双边关税协定;建立现代交通制度

在以上策略框架中,CAREC 铁路工作组主要承担以下工作:2017 至 2030 年,CAREC 铁路研究机构将完成 8 个可行性研究;收集有关缺失段的建设资料;吸引新的融资伙伴关系和非公开财政资源;调动新的创新融资方法;推广区域性的共同技术标准,促进各成员国之间的关税合作;协调与 UIC 和 OSJD 及其他合作伙伴的合作关系;协助实施耗资 1 390 万美元的 7 个技术援助项目,调节国家、区域和国际发展机构间的关系。

第八章　泛亚铁路网布局与规划

泛亚铁路网由联合国亚太经社会提出并由其18个成员国签署了《泛亚铁路网政府间协议》，各国承诺建设和连通四条泛亚铁路动脉，包括连接朝鲜半岛、俄罗斯、中国、蒙古、哈萨克斯坦等国的北路通道；连接中国南部、缅甸、印度、伊朗、土耳其的南路通道；连接俄罗斯、中亚、波斯湾的南北走廊；以及连接中国、东盟的东盟通道，四条线路总长8.1万km，涉及28个国家。由于中国巨大的版图和独特的地理位置，中国在构筑泛亚铁路网，特别是北通道和中国—东盟通道方面，起着重要作用。

第一节　概　　况

1960年，联合国亚太经社会首次提出泛亚铁路的概念，意在联通中东和欧洲的铁路网。

1967年，在亚洲开发银行、东盟、亚太理事会以及经济合作组织提供资金和技术支持的情况下，亚太经社会下属的运输和通信委员会整合中东、南亚和东南亚国家的资源，落实泛亚铁路计划。该计划主要由三部分组成：①完善泛亚铁路干线的缺失段，统一铁路技术标准，对落后站段进行设施设备的改造；②制定联合国亚太经社会所管辖区域内各国自由贸易计划，协调各国运输及经济标准和规定；保证铁路运输在集装箱运输方面的竞争力，发展综合运输；③最终达到国家间经济和运输的一体化。但是，由于自1976年开始，中东、南亚和东南亚的政治、军事冲突，使得泛亚铁路计划暂时被搁置。80年代中期，亚太地区经济和政治发生变化，联合国亚太经社会再次将泛亚铁路计划推上日程，并于1992年4月，推出亚洲陆地交通基础设施发展项目(ALTID)。

1994—1995年，亚太经社会开始对亚洲北部进行可行性研究，基本确定泛亚铁路北部通道的框架，随后，陆续开展了对其他线路的可行性研究。截至2001年，基本完成泛亚铁路四条通道的选线工作。

1995年12月，马来西亚总理马哈蒂尔在东盟第五届首脑会议上提出修建一条新“泛亚铁路”的倡议，该线路从新加坡到中国昆明，途经马来西亚、泰国、印度、越南、缅甸、柬埔寨。1996年3月，在曼谷召开的亚欧25国和欧盟领导人会议上，马哈蒂尔再次提出建设“泛亚铁路”的建议，以及建设高速(160 km)、准轨、复线、电气化铁路的方案，得到了与会国家的大力支持，法国等欧盟国家更表示愿意提供技术援助。1996年6月，在东盟—湄公河流域开发合作第一次部长级会议上，确定了由马来西亚负责昆明到新加坡铁路项目的可行性研究、资金和选线方案。1996年12月，马来西亚召开第一次泛亚铁路特别工作组会议，马、新、印尼、中、老、缅、泰、柬、越9国纷纷表示支持。1999年9月，在东盟第五次交通部长会议上，东盟各国研讨“泛亚铁路”路网问题并签署了谅解备忘录，加强东盟各国间的交通连接。

自2002年开始，亚太经社会秘书处与铁组共同开展了一系列确认各国有能力组织快速、安全、可靠长距离运输的测试。2003年11月至2004年7月间，共组织四次这类的测试，其中包括三条连接亚欧的线路测试。

2006年4月，在亚太经社会第62届大会上，通过了《泛亚铁路政府间协定》。同年11月，泛亚铁路涉及的18个国家代表在《泛亚铁路政府间协定》上签字，此举标志着酝酿了46年之久的泛亚铁路网终于迈出了实质性的一步。

依据《泛亚铁路政府间协定》，泛亚铁路涉及亚美尼亚、阿塞拜疆、孟加拉国、柬埔寨、中国、朝鲜、格鲁吉亚、印度、印度尼西亚、伊朗、哈萨克斯坦、吉尔吉斯斯坦、老挝、马来西亚、蒙古、缅甸、尼泊尔、巴基斯坦、韩国、俄罗斯、新加坡、斯里兰卡、塔吉克斯坦、泰国、土耳其、土库曼斯坦、乌兹别克斯坦、越南28个国家，主要包括北路、南路、南北走廊和东盟通道四个部分，涉及1 676 mm、1 520 mm、1 435 mm、1 067 mm和1 000 mm共5种轨距。现阶段，只有北路建设比较完善，并已开通运营；南北走廊和南路基本可实现连通，仅部分路段处于缺失状态；东盟通道由于老、越、柬、缅经济落后，资金不足，导致缺失段迟迟未能建设完全，影响线路的正常运营。

第二节　泛亚铁路四个通道

一、北　　路

泛亚北路由俄罗斯出发，途经哈萨克斯坦、蒙古、中国及朝鲜半岛，此线与西伯利亚铁路基本重叠。北路轨距主要分两类：一类是中国和朝鲜半岛境内线路，采用的是 1 435 mm 的标准轨；另一类是俄罗斯、哈萨克斯坦、蒙古境内线路，采用的是 1 520 mm 的宽轨。

(1)北路线路方向

主要方向：

经过国家：俄罗斯—哈萨克斯坦—蒙古—中国—朝鲜半岛

经过城市：莫斯科—科捷利尼奇—叶卡捷琳堡—新西伯利亚—泰舍特—乌兰乌德—纳乌什基—苏赫巴托尔—乌兰巴托—扎门乌德—二连浩特—集宁—北京—天津—沈阳—丹东—平壤—开城—汶山—首尔—木浦

支线：

北路线路与铁组第 2 和第 5 走廊线路基本一致，仅在俄罗斯和哈萨克斯坦境内存在轨距不一致的线路，支线部分仅列出未重合线路主要经过的城市，如图 8-1 所示。

1-1 莫斯科—科捷利尼奇—叶卡捷琳堡—科克舍套—阿斯塔纳—扎雷克—莫因特—阿克斗卡—多斯特克—阿拉山口—乌鲁木齐—吐鲁番—哈密—呼和浩特—北京—天津—沈阳—丹东—平壤—开城—汶山—首尔—木浦

1-2 莫斯科—科捷利尼奇—叶卡捷琳堡—新西伯利亚—泰舍特—乌兰乌德—赤塔—后贝加尔—满洲里—齐齐哈尔—哈尔滨—长春—图们—南阳—罗津—元山—江陵—釜山—大邱—全州—丽水

1-3 莫斯科—科捷利尼奇—叶卡捷琳堡—塔口斯卡亚—库伦达—鲁布佐夫斯克—塞梅伊—阿克斗卡—阿拉木图—卢戈瓦亚—比什凯克—奥什—吐尔尕特—喀什

1-4 莫斯科—新西伯利亚—巴尔瑙尔—赛梅伊

1-5 莫斯科—科捷利尼奇—叶卡捷琳堡—车里雅宾斯克—卡尔塔雷—坎达加奇—阿拉尔斯克—阿雷西—塔什干—哈瓦斯特—奥什—吐尔尕特—喀什

1-6 卡尔塔雷—托博尔—阿斯塔纳

1-7 莫斯科—科切托夫卡—萨拉托夫—奥津基—奥伦堡—奥尔斯克—坎达加奇

1-8 北京—石家庄—郑州—武汉—长沙—衡阳—南宁—广州—深圳—香港

1-9 天津—济南—青岛

1-10 天津—济南—徐州—南京—上海

1-11　那姆鲁格—胡尔特—西乌尔特—赛音山达—塔旺陶勒盖—那林苏海特—西博库伦

1-12　塔旺陶勒盖—噶顺苏海图

1-13　额仁查布—乔巴山—胡尔特—毕其格图

1-14　萨吉特—额尔登特—阿尔茨苏日

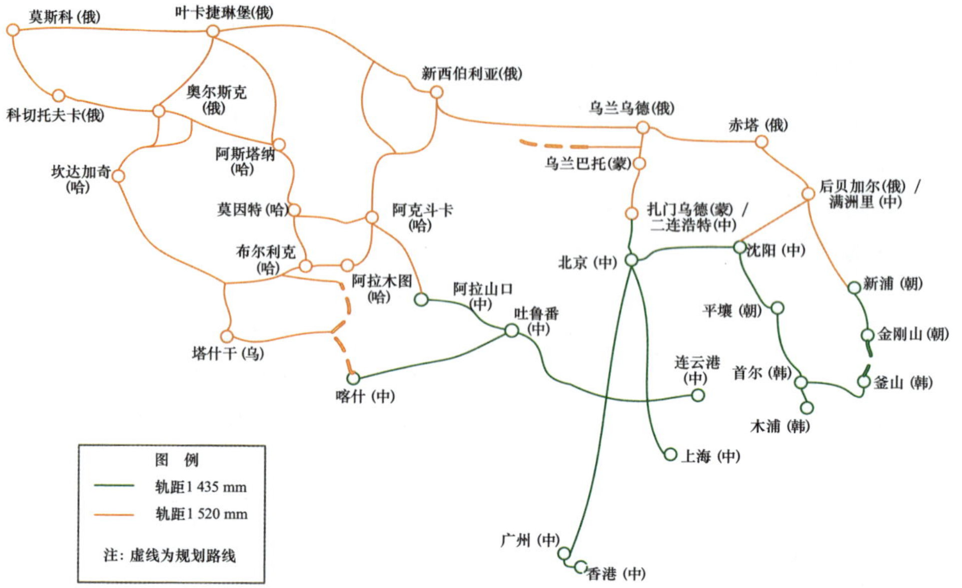

图 8-1　泛亚铁路北路通道示意图

(2)沿线各国铁路发展情况

泛亚铁路北路通道的俄罗斯、蒙古、哈萨克斯坦及中国境内的线路基本与中欧(亚)班列运营的主通道一致,是泛亚铁路网中少数能够畅通运输的通道,中欧(亚)班列也利用此条路径连接亚欧国家间的贸易合作。但是,这条通道也有自己的特点,存在不与铁组线路重合的俄罗斯至哈萨克斯坦的路径,此外还涉及朝鲜和韩国两国。

哈萨克斯坦区段内有一条在哈萨克斯坦西部贯穿该国南北方向的线路,这条线路沿线经过哈萨克斯坦的油气田、煤田,通过这条线路可将该国更多的矿产资源出口到俄罗斯、中国、乌克兰、白俄罗斯等国。

朝鲜区段是包括朝鲜沿海的两条线:一条从中国珲春边境站接入朝鲜境内,经豆满江、罗津、新浦、金刚山到达朝鲜与韩国的边境;另一条是从中国丹东接入朝鲜,经平壤、开城到达朝鲜与韩国的边境。两条线路均已建设完成,采用的是 1 435 mm 的标准轨距。朝鲜经济处于增长阶段,该国于2011 年制定了“国家经济开发十年战略计划”。该国较为重视工业发展,而且由于受自然灾害等因素的限制，农业发展一般，世界其他国家长期为朝鲜援助粮食。

韩国区段也是沿海修建的，从开城连入境内经汶山、首尔、光州至木浦，此外，还有从金刚山接入韩国经江陵、釜山、大邱、全州至丽水，后者还处于规划当中。由于韩国和朝鲜政治分歧，使得朝鲜通韩国的铁路线未被使用，若有货物从俄罗斯通往韩国，则需将货物在海参崴换装到船上，通过海运运送至韩国。韩国境内的矿产和农业资源非常稀缺，但是制造业发达，韩国在钢铁、造船、汽车、半导体及数码产品等制造业方面有着较强的国际竞争力，多数产品拥有自主品牌，近年来在国际产业链中的地位不断提高。

二、南北走廊

南北走廊起自俄罗斯，在里海处分三条支线进入伊朗境内，三条支线分别是：经阿塞拜疆、亚美尼亚至伊朗的西线；利用轮渡经里海至伊朗的中线；经哈萨克斯坦、乌兹别克斯坦和土库曼斯坦至伊朗的东线。三条支线会合于德黑兰后，最后抵达阿巴斯港。南北走廊的轨距主要分两类：一类是俄罗斯、格鲁吉亚、亚美尼亚、土库曼斯坦、乌兹别克斯坦、哈萨克斯坦使用的1 520 mm的宽轨；一类是伊朗采用的1 435 mm的标准轨。

南北走廊的线路与铁组的第10和第11走廊线路相吻合，仅有少部分线路不同，例如：俄罗斯区段不仅包括与铁组通道吻合的路径，还包括从科切托夫卡至格鲁吉亚的沿黑海建设的铁路线，该条线路经过俄罗斯石油储备区；格鲁吉亚和亚美尼亚境内还包括与土耳其相连接的线路，但这两条线路尚未建设完全，还在规划当中；阿塞拜疆境内还包括一条沿伊朗与该国边境接壤的铁路线。

此外，途经俄罗斯、乌兹别克斯坦、土库曼斯坦的线路还可延伸至吉尔吉斯斯坦、塔吉克斯坦境内；还可由土库曼斯坦经阿富汗进入巴基斯坦与泛亚铁路的南路相连。但是由于吉尔吉斯斯坦、塔吉克斯坦、阿富汗等国经济发展落后，因此，这几个国家的交通设施设备建设不完全，导致这部分路网并未完全连通，尤其是阿富汗境内，没有已开通路线，均处于规划阶段。乌兹别克斯坦、土库曼斯坦、吉尔吉斯斯坦三个国家规划建设的铁路轨距为1 520 mm，阿富汗及中国境内规划建设的铁路轨距为1 435 mm，如图8-2所示。

南北走廊线路主要方向：

(1)经过国家：

西线：俄罗斯—阿塞拜疆—亚美尼亚—伊朗

中线：俄罗斯—里海—伊朗

东线：俄罗斯—哈萨克斯坦—乌兹别克斯坦—土库曼斯坦—伊朗

(2)各支线主要经过城市：

西线：圣彼得堡—莫斯科—梁赞—科切托夫卡—伏尔加格勒—阿斯特拉罕—马哈奇卡拉—萨穆尔河—亚拉马—巴库—第比利斯—大不里士—德黑兰—库姆—巴弗克—阿巴斯港

中线：圣彼得堡—莫斯科—梁赞—科切托夫卡—伏尔加格勒—阿斯特拉罕—安扎利港—德黑兰—库姆—巴弗克—阿巴斯港

东线：圣彼得堡—莫斯科—梁赞—科切托夫卡—伏尔加格勒—基加什—季内努尔佩索沃依—阿特劳—马卡特—别伊涅乌—卡拉卡帕基亚—达绍古兹—乌尔根奇—土库曼纳巴特—萨拉赫斯—德黑兰—库姆—巴弗克—阿巴斯港

支线：

2-1 莫斯科—梁赞—科切托夫卡—米列罗沃—罗斯托夫—克捷斯诺达尔—波季—第比利斯—巴库—阿斯塔拉—安扎利港—德黑兰

2-2 别伊涅乌—塞于铁斯—阿克套

2-3 达绍古兹—阿什哈巴德—别列科特—土库曼巴希

2-4 达绍古兹—土库曼巴特—卡尔希—杜尚别

2-5 达绍古兹—铁尔梅兹—库尔干秋列—库洛布

2-6 达绍古兹—铁尔梅兹—马扎里沙里夫—赫拉特—喀布尔—贾拉拉巴德

2-7 达绍古兹—铁尔梅兹—马扎里沙里夫—赫拉特—坎大哈—奎达

三、南　　路

泛亚南路贯穿亚欧大陆，能够满足通道沿线各国的客货运输需求，利用准时性的优势，提高铁路集装箱运输的竞争力。该路径主要经由保加利亚、土耳其、伊朗、巴基斯坦、印度、孟加拉、缅甸和泰国，到达泰国后的线路与泛亚铁路东盟通道的线路相连，分别进入中国云南，以及经马来西亚进入新加坡。南路途经国家的轨距主要分为三类：第一类是中国、保加利亚、土耳其和伊朗境内的线路，采用 1 435 mm 的标准轨；第二类是印度、巴基斯坦和孟加拉国境内部分地区的线路，采用 1 676 mm 的宽轨；第三类是缅甸、泰国及孟加拉国境内部分地区的线路，采用 1 000 mm 的窄轨，线路主要走势如图

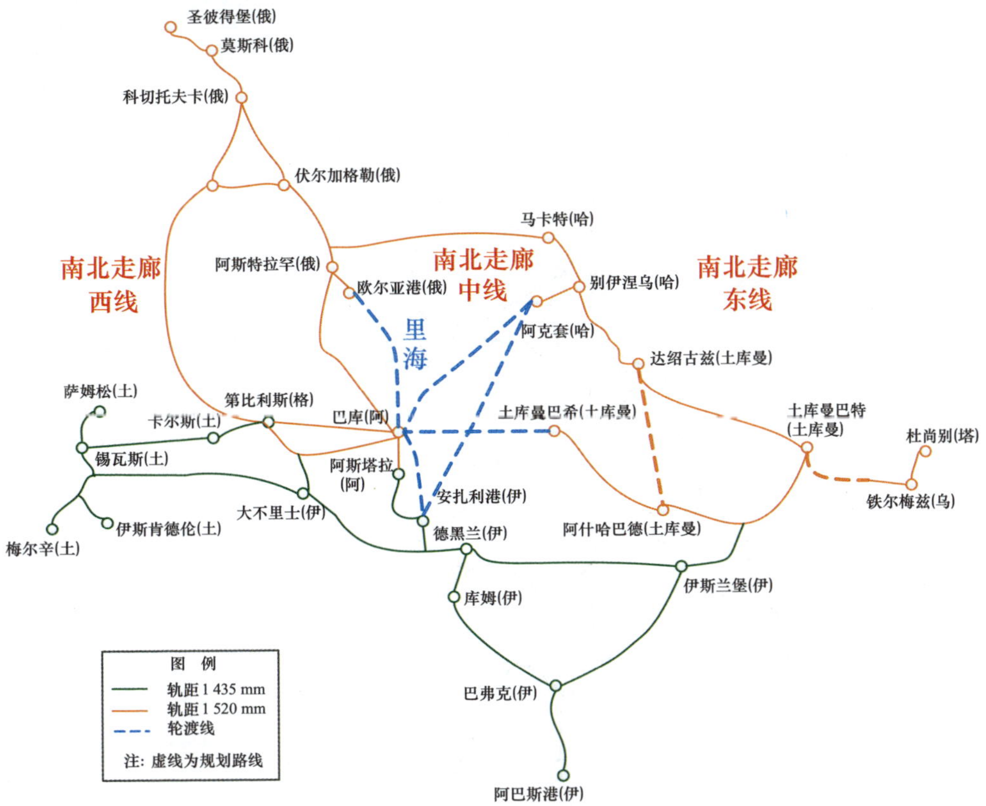

图 8-2　泛亚铁路南北走廊示意图

8-3 所示。

(1)南路线路主要方向

经过国家：土耳其—伊朗—巴基斯坦—印度—孟加拉—缅甸—泰国

经过城市：卡比库乐—伊斯坦布尔—埃斯基谢希尔—安卡拉—马拉蒂亚—塔特万—凡城—大不里士—德黑兰—巴弗克—扎黑丹—雅各布阿巴德—拉合尔—新德里—加尔各答—达卡—奎本—曼德勒—内比都—勃固—丹彪扎亚—三塔夫—曼谷

支线：

3-1　马拉蒂亚—托普拉卡莱—伊斯肯德伦

3-2　托普拉卡莱—阿达纳—梅尔辛

3-3　波斯坦卡亚—锡瓦斯—萨姆松

3-4　埃斯基谢希尔—马尼萨—伊兹密尔

3-5　萨拉赫斯—德黑兰—库姆—巴弗克—阿巴斯港

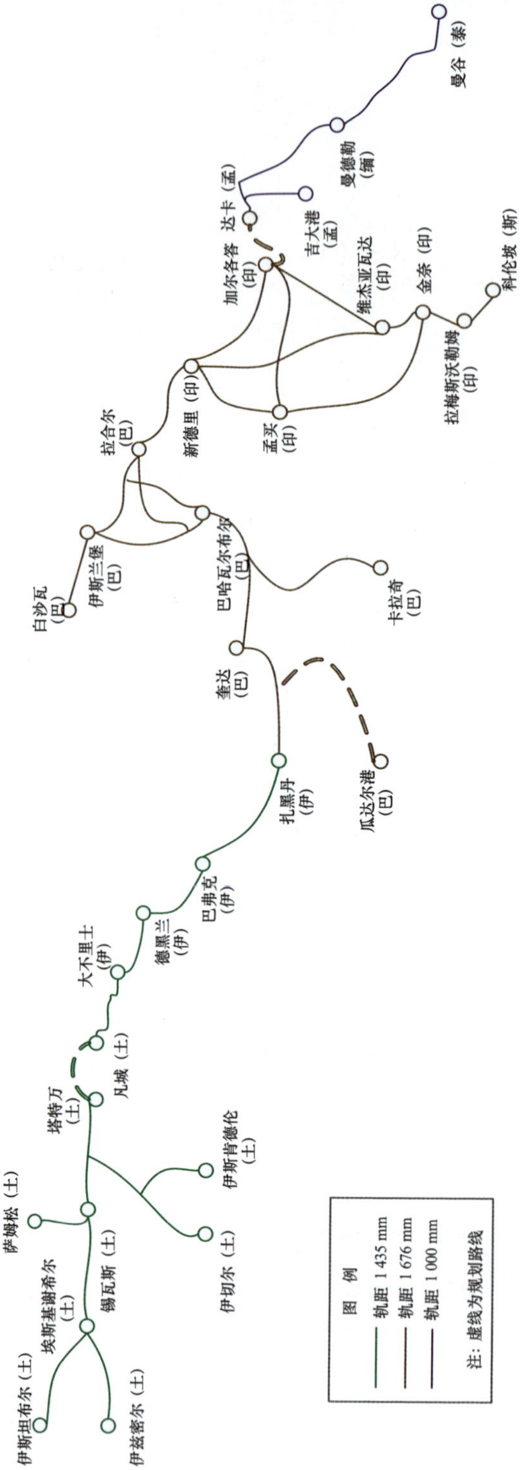

图 8-3 泛亚铁路南路通道示意图

3-6 新德里—马图拉—那格浦尔—维杰压瓦达—金奈—杜蒂戈林

3-7 马图拉—科塔—巴罗达—孟买

3-8 萨拉赫斯—法尔曼—巴弗克—阿巴斯港

3-9 斯佩占—奎达—博斯坦—恰曼

3-10 库艾—塔夫坦山—达尔本丁—瓜达尔

3-11 白沙瓦—伊斯兰堡—拉合尔—哈内瓦尔—木尔坦—洛特兰—罗赫里—海得拉巴—卡拉奇

3-12 海德拉巴—米尔布尔哈斯—科克罗巴尔

3 13 萨赫巴兹布尔—加济布尔—扎马泽尔—依苏瓦迪—达尔索纳

3-14 达卡—通齐—阿克霍纳—吉大港—多哈扎里—昆都

3-15 依苏瓦迪—帕巴蒂普—迪纳杰普尔—坎查—比罗尔

3-16 勃固—仰光

(2)南路沿线国家概况

土耳其区段由东至西横向贯穿土耳其境内，由卡比库乐出境，进入保加利亚，到达欧洲境内，从主线中分出三条支线与海洋相连，即：从埃斯基谢希尔经伊兹密尔至地中海；从锡瓦斯经伊切尔或伊斯肯德伦至地中海；从锡瓦斯经萨姆松至黑海。此外，土耳其境内还有与亚美利亚和第比利斯相连的铁路线，直接与泛亚南北走廊相连。土耳其有硼、铬、铁、铜、铝矾土及煤等丰富的矿产资源，工业在该国也占有重要的地位，是中东地区主要的钢铁生产国，且其汽车制造量位于欧洲前列。该国同时也是旅游大国，旅游业是其国民收入的重要组成部分。

伊朗区段连接了土耳其和巴基斯坦，与土耳其相连后，经大不里士、德黑兰、库姆、巴弗克、扎黑丹到达巴基斯坦。由库姆处分支出一条入海线，即经霍梅尼港入波斯湾，这条线有助于泛亚铁路与阿拉伯海相连接。此外，伊朗境内也在规划由库姆经哈奈根至伊拉克的线路，还未完全建成。伊朗是全球第四大石油生产国，同时也是全球第二大天然气生产国，其能源产量世界瞩目。伊朗工业也较为发达，主要生产石油化工产品、钢及铜制品。

巴基斯坦区段连接伊朗和印度两国，由与伊朗相连的库艾塔夫坦山进入巴基斯坦后，经奎达、雅各布阿巴德、巴哈瓦尔布尔至拉合尔后进入印度；还有由白沙瓦经伊斯兰堡、拉合尔、巴哈瓦尔布尔、根伯德至卡拉奇的支线；此外，正在规划至瓜达尔港的入海线。卡拉奇与瓜达尔港均起到将泛亚铁路与阿拉伯海相连的作用，增加了货物由亚洲进入欧洲线路选择的多样性。巴基斯坦有丰富的煤炭资源，主要集中于卡拉奇附近区域，此外还有天然气、石油、铁等矿产资源，该国的大米、棉花、水果资源也非常丰富。

印度区段连接巴基斯坦和孟加拉两国，与拉合尔相连进入印度后，经新德里、坎普尔至戈德与孟加拉国相连，该区段还包括印度由北至南大部分地区的线路，且各线路最终均可连接港口，使泛亚铁路与印度洋相连。各条线路分别是：从新德里经维杰亚瓦达、金泰、马杜赖至杜蒂戈林进入印度洋；从新德里经克勒格布尔至杜蒂戈林；从新德里经孟买、金泰至杜蒂戈林，此条线路还可经孟买连入印度洋。由北至南的线路还可由马杜赖至拉梅斯沃勒姆经轮渡与斯里兰卡相连。印度有丰富的铝土和云母资源，该国工业已形成完整的体系，纺织、汽车、航空等工业发展迅速，主要出口产品有机械产品、皮革、化工产品、农产品、成品油、原油和石油产品等。

斯里兰卡区段通过塔莱曼纳尔与印度拉梅斯沃勒姆之间的轮渡运输接入泛亚铁路，该区段自塔莱曼纳尔起，经马霍、库鲁内格勒、科伦坡、马特勒至卡特勒格默；还包括从库鲁内格勒至丹布勒和从马霍至亭可马里的两条支线。该区段中马特勒至卡特勒格默和库鲁内格勒至丹布勒两条线路处于规划状态。斯里兰卡有丰富的石墨、宝石、云母等资源，且由于该国四面环海，其渔业也十分发达。支撑该国经济发展的主要是农业，其工业发展相对薄弱。该国的主要出口国是印度、美国、英国等，利用泛亚铁路的优势，可拓宽该国的出口对象，提高该国的经济水平。

尼泊尔区段是沿尼泊尔邻接印度边境规划修建的铁路，这部分铁路尚未建成，还未投入使用。尼泊尔有丰富的矿产资源，包括铁、金、钛、菱镁矿、石墨、石油、天然气、地热、煤等资源，且有丰富的植物和野生动物。该国的经济主要来源于农业和旅游业，工业发展较差，需从国外进口机械、电器、石油制品等物品，其主要进口国为印度、中国、欧盟等，待归属于泛亚铁路规划的尼泊尔境内铁路开通运营后，可为尼泊尔进口货物提供方便。

孟加拉国区段连接了印度和缅甸两国，达尔索纳与格德相连进入孟加拉国境内，经伊舒尔迪、达卡等地进入缅甸境内，其中还包括从达卡到吉大港的线路，但是孟加拉国境内的线路也未全部建成，与缅甸边境站连接的线路还处于规划状态，使得泛亚铁路南路不能达到互联互通的效果。孟加拉国是世界上最不发达的国家之一，经济基础相对薄弱，工业化产品主要通过进口渠道获得，中国、新加坡、日本、韩国、泰国等为其主要进口国。

缅甸及泰国区段自奎本开始经曼德勒、内比都、丹彪扎亚、三塔夫至曼谷，该区段中缅甸与两国相连的国境站附近的线路均未建成，这条线路与东盟通道第二方案相吻合。

四、东盟通道

东盟通道主要分为六个方案，这六个方案的主要方向都是从新加坡到中国昆明。该通道主要涉及三种轨距：第一种是昆明到瑞丽、昆明到景洪、在建的中老铁路采用的 1 435 mm 轨距；第二种是同登到河内采用的标准轨和米轨的套轨；第三种是昆明至河口，以及缅甸、老挝、越南、泰国、柬埔寨、马来西亚、新加坡境内的 1 000 mm 轨距，线路走向如图 8-4 所示。

(1)各方案主要途经城市

第一方案：新加坡—吉隆坡—怡保—合艾—春蓬—巴蜀—曼谷—金边—禄宁—胡志明市—岘港—河内—老街—山腰—昆明，全长 5 328 km。

第二方案：新加坡—吉隆坡—曼谷—仰光—勃固—内比都—曼德勒—腊戌—瑞丽—保山—大理—昆明，全长 4 769 km，新线 1 127 km。

第三方案(3A 线)：新加坡—吉隆坡—曼谷—万象—那空拍侬—他曲—灵感—河内—昆明。

第四方案(3B 线)：新加坡—吉隆坡—曼谷—万象—磨憨—玉溪—昆明，全长 3 894 km，中老境内新建线 1 300 km。

第五方案(3C 线)：新加坡—吉隆坡—曼谷—呵叻—乌汶—巴色—沙湾拿吉—同海—河内—昆明，此线中新建线路总长 616 km。

第六方案(3D 线)：新加坡—吉隆坡—曼谷—万象—昆明，该线路为改造和建设并举的方案。

支线：

4-1　河内—同登—凭祥—南宁

4-2　同海—沙湾拿吉—波艾—曼谷

4-3　波艾—那空拍侬—他曲—灵感

4-4　曼谷—那空沙旺—清迈—清盛—玉溪—昆明

4-5　吉隆坡—也拉—合艾

4-6　巴登—金边—西哈努克市

4-7　曼谷—拉差—林查班

4-8　班达亚齐—棉兰—基萨兰—兰陶普拉帕—善拉布穆利—潘姜—耿拉克—雅加达—克托索诺—三宝垄—泗水—玛琅—外南梦

4-9　雅加达—万隆—克罗亚—日惹—玛琅—外南梦

4-10　莎哇伦多—巴当班让—巴东—直落巴由

(2)各线路主要工作进展

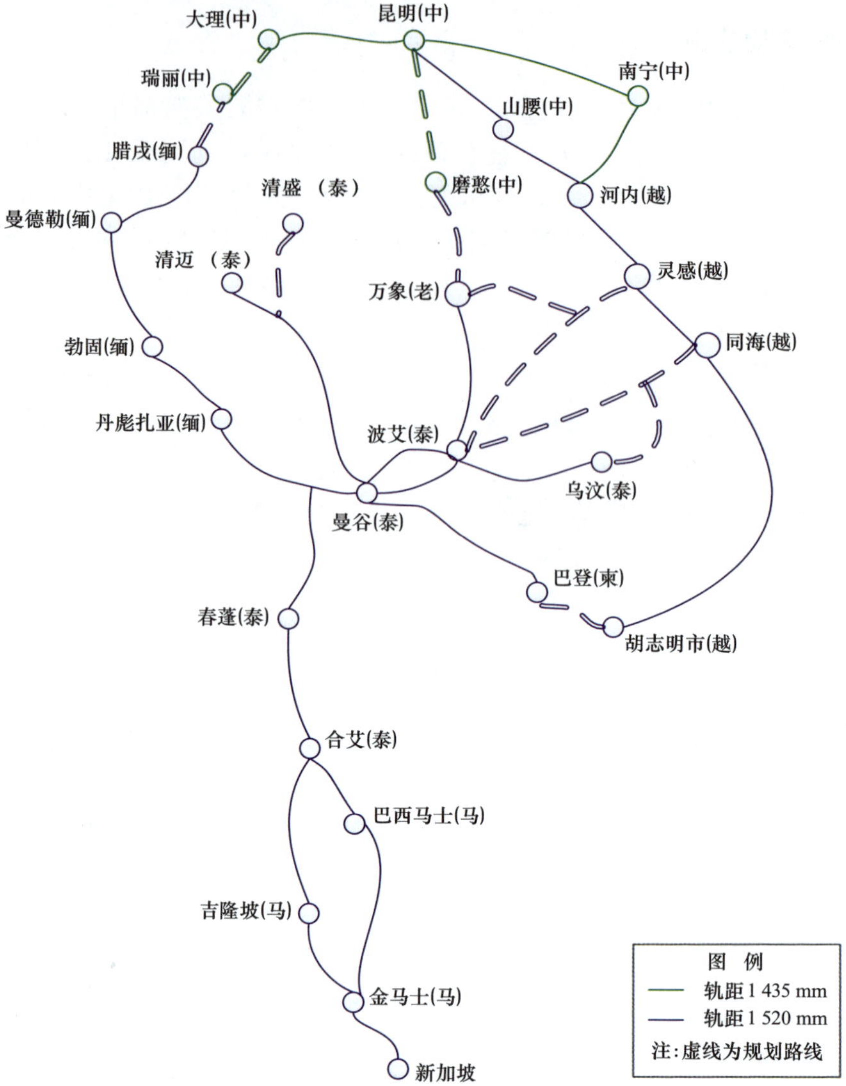

图 8-4　泛亚铁路东盟通道示意图

由于缅甸、泰国、老挝、越南、柬埔寨各国的经济发展水平相对较低，铁路基础设施发展滞后，使得泛亚铁路东盟通道存在多处缺失段，且建设进度迟缓。近几年，伴随中国“一带一路”战略的推进，各国与中国政治关系的缓和，泛亚铁路东盟通道的建设取得了实质性进展。

中国区段是东盟通道的重要组成部分，东盟通道的各方案线路最终都以中国昆明为终端，中国昆明要与缅甸、老挝及越南相连，但目前仅中越铁路通道全线贯通。中国正按部就班逐步推进各缺失段的建设，多条国际铁路通道的开通，将有助于改变云南省处于中国交通运输系统末梢的状况，开发滇西矿产及旅游资源，且有助于降低中国中西部地区外向型企业的运营成本，减少中国在对外贸易中对太平洋一侧的依赖度。中国西南地区拥有林木、牧草、江河等非常丰富的自然资源和种类多、储量大的矿产资源，已发现的矿种就达 130 多种，此外，西南地区也是旅游胜地，汇集了各种高品质的自然景观。

老挝境内主要区段自首都万象开始，经万荣、琅勃拉邦、孟赛，至中老口岸磨憨为止，是东盟通道第四方案的一部分。东盟通道第四方案是中国通往新加坡、马来西亚等地区的中通道，也是最顺直的通道，但由于中老间铁路缺失，一直未能开通。老挝地理位置封闭，农业为其经济支柱，是世界上最贫穷的 25 个国家之一，但是该国拥有丰富且未被开采的矿产资源，如：钾盐、铜、铁、金、煤、石膏等。老挝境内主要有三条缺失段，分别是：万象经他曲至穆嘉关 450 km 的铁路；空尖口岸经巴色、沙湾拿吉至辽保 452 km 的铁路；莫达汉经沙湾拿吉至辽保 452 km 的铁路。三段铁路建成后，不仅能使得泛亚铁路东盟通道的第三和第五方案互联互通，还能促进老挝本国的经济发展，并且还将成为泰国与越南沟通的桥梁，带动三国的经济发展。

越南区段是东盟第一方案的重要组成部分，老街和同登两个口岸分别与中国境内的山腰和凭祥相连，汇于河内后，由河内经灵感、同海、岘港、归仁、胡志明市至禄宁与柬埔寨相连。这条线路中胡志明市到禄宁及禄宁到斯诺尔区段处于缺失状态。以胡志明市为起点，还有两条连接到芹苴和头顿港的支线，方便货物进行海铁联运，但这两条支线也处于缺失的状态。越南运输业主要以公路为主，铁路发展相对落后。越南有丰富的矿产、能源、生物资源，拥有东南亚最大的煤矿——鸿基煤炭，其铬矿储量占全球的 15%，居世界第二，此外，该国还拥有许多名贵木材。

缅甸区段从木姐开始，经腊戌、曼德勒、内比都、勃固至丹彪扎亚与泰国三塔夫口岸站相连，还包括丹彪扎亚至耶城的支线。该线路仅木姐至腊戌和丹彪扎亚至三塔夫两段路线没有连通，这两段是缅甸连接中国和泰国的重要线路。木姐至腊戌段正在建设当中，据预测，该线路开通后，2020 年、2030 年将分别吸引 300 万 t、450 万 t 进出口货物通过铁路运输。丹彪扎亚至三塔夫总长为 110 km，该线路建成后，便于泰国从缅甸进口天然气，此外，据预测，线路开通后，2027 年将吸引货运 412 万 t/年，客运 23 万人/年；2037 年将吸引货运 1 576 万 t/年，客运 69 万人/年。缅甸地区蕴藏丰富的石油、天然气、钨、锡、铅等矿藏资源，宝石和玉石在世界享有盛名，天然柚木产量占世界的 90%，此外，还是世界著名的旅游胜地。

柬埔寨区段自斯诺尔起，经巴登、诗疏风、至波贝进入泰国境内，此外，还包括一段巴登到西哈努克市的支线。该区段仅斯诺尔至巴登区段缺失，共 257 km。柬埔寨是东盟国家中最不发达的国家之一，资金缺乏成为阻碍柬埔寨铁路发展的重要因素。柬埔寨有丰富的矿藏和果木资源，其主要的出口产品为服装、鞋类、橡胶、大米及木薯，主要出口地是中国、韩国、日本、欧盟、美国、加拿大。

泰国区段是泛亚铁路东盟通道的枢纽区段，各方案的线路都是经由泰国曼谷与新加坡相连。泰国区段从与马来西亚连接的巴东勿刹经合艾、春蓬到曼谷后分支出多条方向的线路，分别与缅甸、老挝、柬埔寨相连。曼谷经班塔通纳至三塔夫与缅甸相连，该线路班塔通纳至三塔夫部分为缺失段，该段全长 155 km，预算达 4.9 亿美元；曼谷经那空沙旺、彭世洛、登猜、清盛到达缅甸附近，这条线路还包括登猜到清迈的支线，此线路登猜至清盛段缺失；曼谷经沙拉武里、呵叻、波艾至那空拍侬到老挝境内，该区段波艾至那空拍侬为缺失段；曼谷经沙拉武里、呵叻、乌汶到老挝巴色的线路，此线路乌汶到巴色段缺失；廊开经塔纳冷至万象区段尚未开通。泰国大米享誉世界，其橡胶产量居世界首位，占世界总产量的三分之一，此外，泰国有燃料矿、金属矿和非金属矿三类丰富的矿产资源，制造业已成为该国最大产业，出口产品也从农业产品逐步转变为工业品。

马来西亚及新加坡区段是东盟通道的重要组成部分，马来西亚大山脚与泰国的巴东勿刹相连，经怡保、吉隆坡、金马士至昔加末与新加坡的新山相连，此条径路沿马来西亚西海岸由北至南贯穿马来西亚。马来西亚的石油、橡胶、棕油储量丰富，主要将货物出口到新加坡、中国和日本。新加坡是世界重要的中转枢纽，也是世界最大的燃油供应港口。泛亚铁路东盟通道将中国和新加坡相连，加大了货物在世界范围内流通便利度，促进国际货物运输快速发展。

印度尼西亚区段是通过轮渡与马来西亚和新加坡相连，涉及的线路主要集中于苏门答腊岛和爪哇岛，线路由北向南贯穿两岛，两岛之间通过潘姜和默拉克之间的轮渡相连。印度尼西亚是东盟成员国中较为富裕的国家，除苏门答腊岛沿海线路有部分线路处于规划状态外，其余铁路线已基本建成，可与马来西亚和新加坡互通。印度尼西亚有丰富的石油、煤炭、金刚石资源，此外，还有动植物油、木浆及其他纤维、电子、木制品等产品出口中国。

第三节　泛亚铁路分析与规划

泛亚铁路的连通可大幅降低物流成本，促进消费品价格下降，带动整个现代物流产业的发展以及服务业的发展，为现代产业集群发展创造先决条件，对亚非欧三大洲的经济发展都会产生不可估量的作用，但是落实泛亚铁路的建设仍然困难重重。

一、泛亚铁路分析

阻碍泛亚铁路推进的三个主要因素是资金不足、技术复杂且高要求以及部分国家政局不稳。

1. 资金不足

泛亚铁路建设需消耗大量的资金，初步估计需投资 120～150 亿美元，拟主要依靠亚投行提供资金。但是，由于资金数目过大，亚投行未必能完全解决，加之泛亚铁路主要缺失段涉及的国家大多为越南、老挝、柬埔寨、缅甸这类经济不发达国家，如何填补较大的资金缺口仍困扰各国。

东盟地区有丰富的自然资源，例如：大米、木材、铜、钾盐等，这些资源都是很多国家所需要的，可以通过交换资源，修建泛亚铁路。此外，可采用多元化投资、市场化运作、吸引民间资本、政府与市场融资、向他国贷款、建立泛亚铁路专项基金、积极利用境内外人民币融资等方式积极解决建设资金问题。

2. 技术复杂且要求高

泛亚铁路的北路线路基本建设完全，已开通运营，但是南北走廊、南路和东盟通道还未能达到互联互通的状态，这三个通道的铁路基础设施设备方面还存在轨距不统一、落后、建设难度大等问题。这三个通道途经的 13 个国家涉及 4 种不同的轨距：东南亚国家基本使用 1 000 mm 窄轨；印度尼西亚使用 1 067 mm 窄轨；中国、土耳其、伊朗使用 1 435 mm 标准轨；印度、巴基斯坦、孟加拉国使用 1 676 mm 宽轨；阿富汗境内还未建设铁路，且其处于 1 067 mm、1 520 mm 及 1 435 mm 三种轨距的交接处，该国应建设何种轨距铁路还有待商榷。轨距的不统一使得进行联运时要进行多次换装作业，延长了运输时间，且窄轨的运输能力较低，其他设施设备较为落后，阻碍联运的顺畅发展。不仅如此，缺失段的建设也面临重重困难，大理至腊戌段就涉及地热异常、地震、局部软土及膨胀岩石、滑坡、崩塌等建设技术问题，该段线路共 325 km，其中有 70%的部分需建设隧道、桥梁，这就增加了连通的难度与复杂度。

轨距方面，中国应加强与俄罗斯在铁路方面的合作，推进亚欧轨距统一；另一方面，东盟国家有多处缺失段，中国可多与东盟国家沟通，适时推进缺失段标准轨的建设。技术方面，为各国间互联互通提供有力的技术支持，还可考虑更换老旧铁路线路，不拘泥于既有铁路，做详细调研，考察各国地势，提出多个建设方案；选取建设较易的路径，并积极研发减少换轨影响的新技术，减少技术问题对线路建设的影响。

3. 政治不稳定

近几年，中国和土耳其、伊朗的关系发展较好，土耳其成为中国对欧洲出口商品高效的生产基地，中伊两国发表建立全面战略伙伴关系、同意共建“一带一路”、开展产能合作等声明。泛亚铁路东西两端的国家关系良好，对泛亚铁路的建设起到积极的作用，但是泛亚铁路沿线的其他国家政治问题较为棘手。

东盟区域各国经济发展差异较大，新加坡、马来西亚、泰国等地经济发展速度较快，而缅甸、柬埔寨、老挝等地发展速度缓慢，被列入全球最不发达国家的行列，两类国家之间的人均国内生产总值差十几倍，远高于欧盟和北美区域经济一体化国家间的人均国内生产总值之差。经济不平衡性影响了东盟国家间的凝聚力，限制了各国的经济合作。

印度和巴基斯坦两国也一直存在隔阂，虽有铁路连通，但在国境站都需要进行车辆的更换，此举让两国铁路无法做到真正的畅通无阻，且暂时无法解决该冲突。与之类似，朝鲜和韩国两国之间的矛盾，使得朝鲜与韩国之间不办理联运。

中亚各国之间关系复杂，塔吉克斯坦和乌兹别克斯坦两国在交通领域矛盾尖锐，由于乌兹别克斯坦的交通封锁，塔吉克斯坦境内的货运量逐年下降；土库曼斯坦和吉尔吉斯斯坦两国则处于与各国平衡外交的状态，无明确立场；而哈萨克斯坦为自身利益考虑，并不赞同通过阿富汗进入伊朗、土耳其至欧洲的货运线路的建设。与此同时，中东地区及阿富汗地区的安全形势较差，长期的战乱给泛亚铁路线的建设及运营带来极大的负面影响。

各国间的政治冲突是历史遗留的结果，不是短期内能解决的问题，这些问题放大了各国间的不信任度，导致泛亚铁路的推进工作更为艰辛。想要解决政治问题，需通过经济上相互促进、相互带动才能逐步化解各国之间的矛盾。通过搭建各国间经济合作往来，促进各国对铁路运输的需求，提高各国对泛亚铁路重要性的意识观念，携手建设泛亚铁路，实现共同打造“钢铁丝绸之路”的梦想。

二、泛亚铁路规划

泛亚铁路对缺失段未做出总体规划，但是各国为推动该通道尽快的互联互通，相继出台了修建线路的规划。

中国方面，中缅和中老通道均未连通。连接中缅通道最后一段的是大理至瑞丽的铁路，该铁路全长 329 km，主要分为大理至保山和保山至瑞丽两段，其中大理至保山段全长 133 km，保山至瑞丽段全长 196 km，这两条线路分别于 2014 年 12 月和 2015 年 12 月开工建设，预计 2021 年完工。连接中老通道中国境内的区段自昆明起，经玉溪、普洱、西双版纳、景洪及磨憨等州市，其中，昆明至西双版纳是双线，西双版纳至磨憨是单线。2015 年，玉溪至磨憨段已开工，该线路全长 509 km，预计 2020 年开通运营；2016 年 12 月，昆明至玉溪已建设完全，全线开通运营。2016 年，泛亚铁路中国区段正式被纳入了中国的《中长期铁路网规划》。

老挝方面，2012 年 10 月 18 日，在老挝第七届国会特别会议上审议通过了向中国贷款 70 亿美元用以修建连接中老边境及老挝首都万象的铁路项目，2015 年 12 月正式开工，预计 2017 年完工。依据项目计划，老挝境内需新建 421.17 km 的铁路，包括 86.8 km 的桥梁和 186.5 km 的隧道，轨距为 1 000 mm。老挝境内还涉及三段缺失铁路，分别是：万象经他曲至穆嘉关 450 km 的铁路；空尖口岸经巴色、沙湾拿吉至辽保 452 km 的铁路；莫达汉经沙湾拿吉至辽保 452 km 的铁路。三段铁路分都处于稳步推进中，沙湾拿吉至辽保铁路、万象至穆嘉关铁路、他曲至巴色铁路分别于 2009 年 9 月、2011 年 3 月、2013 年 12 月完成可行性研究。

越南方面，2015 年越南政府批准了《越南铁路交通运输 2020 年发展战略暨 2050 年展望》规定，该规定明确，2020 年前，需对胡志明市至芹苴等缺失段进行研究建造。

泰国方面，2014 年泰国向老挝提供了 16.5 亿泰铢建立货场和集装箱场站，各邻国中，泰国仅与柬埔寨未实现互联互通。泰国政府已制定出《2015—2022 年未来 8 年陆上运输发展规划》，预计将投入 8 660 亿泰铢用于建设陆路运输系统，促进铁路高速发展。

泛亚铁路把东南亚各国与中国相连，又通过中国与俄罗斯、韩国、蒙古、吉尔吉斯斯坦、乌兹别克斯坦、哈萨克斯坦、巴基斯坦等相连，并通过这些国家继续向欧洲延伸，已然建立起亚欧之间的第三座大陆桥通道。该通道的互联互通可对亚太国家间的经济贸易增长带来影响，并可提高与欧洲国家间的贸易往来便利度，有利于改变全球经济格局，拉近各国关系，稳定全球安全。

三、各国际组织亚欧铁路通道评述

从范围上看，铁组、泛亚铁路网通道为跨亚欧大陆的规划布局，欧盟货运通道和 CAREC 铁路通道为本区域的网络布局，因此欧盟和 CAREC 的通道规划更细致。

从概念界定上，铁组和欧盟通道的定义更为规范，是交通带概念，有专门的技术条件规定，包括“干线＋支线”以及“铁路—水运联运”概念。CAREC 铁路通道和泛亚铁路网更关注物理连通，未对通道做精确定义。

从确立通道的途径上，铁组通道、泛亚铁路网、中亚经济合作机制通过成员国共同规划、各国签署法律文件确立，欧盟通道由欧盟委员会通过法令确定。

从通道规划的实施情况看，欧盟通道执行效果最好，由欧盟委员会统一规划、分步实施，提供资金资助，统一编制运行图，明确管理各通道的国家；铁组通道、泛亚铁路网和 CAREC 通道较为松散，尽管也规定了各通道技术参数，但无法强制各国完成，仅以各国定期上报数据为工作形式。

第九章　中欧国际铁路运输通道规划布局研究

“丝绸之路经济带”就是在古丝绸之路的基础上，形成一个充满活力的经济发展区域，使其东边连接亚太经济圈，西边通达欧洲经济圈，形成世界上最长、最具有发展潜力的经济走廊。该经济带地域辽阔，拥有丰富的自然资源、矿产资源、能源资源、土地资源和宝贵的旅游资源，被称为21世纪全球重要的战略能源和资源基地。在现代交通、资讯飞速发展和全球化发展背景下，建设丝绸之路经济带既是对历史文化的传承，也是对该区域巨大潜力的开发。

第一节　中欧(亚)班列通道路径现状

根据中欧(亚)班列的出境口岸位置划分，2011年开行至今，中欧(亚)班列形成了三条国际运行通道即西、中、东通道，西部通道指通过阿拉山口(霍尔果斯)口岸出境；中部通道指通过二连浩特口岸出境；东部通道通过满洲里口岸出境；经阿拉山口的西部通道按运输径路又分为北(俄罗斯、西北欧方向)、中(高加索、黑海方向、中东欧)、南(伊朗、土耳其、南欧)三条通道。

一、中欧(亚)班列西部通道

中欧(亚)班列西部通道从阿拉山口/多斯特克(霍尔果斯/阿腾科里)出境，又分为北、中、南三条通道。

1. 中欧(亚)班列西部北通道(主通道)

该通道经哈萨克斯坦、俄罗斯、白俄罗斯，通过布列斯特/马拉舍维奇进入波兰、德国，这是中欧(亚)班列的干线通道即西部北通道，该通道换装两次，一次是中国—哈萨克斯坦，在多斯特克车站由准轨换成宽轨；另一次是白俄罗斯—波兰，在马拉舍维奇车站由宽轨换装到准轨，渝新欧、郑欧、汉欧、蓉欧等都通过这条通道。

中欧北通道是在前苏联和欧洲铁路网基础上形成的运输通道，沿线基础设施较好，经济比较发达，路网密度大，通道成熟、可靠、快捷。该通道在莫斯科铁路枢纽又引出三条分支线路：

分支线路一：通过莫斯科向北连接芬兰、瑞典、挪威等国家，中欧（芬兰—新疆库尔勒）纸浆板班列使用该通道；

分支线路二：通过莫斯科连接波罗的海三国（立陶宛、拉脱维亚和爱沙尼亚），新疆库尔勒—德国杜伊斯堡的1,4-丁二醇液态罐式集装箱班列使用该通道；

分支线路三：通过乌克兰连接匈牙利、斯洛伐克、捷克、塞尔维亚等中东欧国家，营满欧班列经斯洛伐克多布拉换装站使用该通道。

中欧（亚）班列西部北通道具体径路如图9-1所示。

图9-1　中欧（亚）班列西部北通道径路图

2. 中欧（亚）班列西部中通道

中欧（亚）班列西部中通道是中国至欧洲直线距离最近的运输通道，俗称欧高亚走廊（欧洲—高加索—亚洲），是亚欧间有前景、运时较短、运价经济、快捷便利、辐射面更广的运输通道，其运输径路有三种选择：

运输径路一（铁海联运）：中国（阿拉山口）—哈萨克斯坦（阿克套港）—里海—阿塞拜疆（巴库港）—格鲁吉亚（波季港或巴统港）—黑海沿岸国家，新疆奎屯经格鲁吉亚至伊斯坦布尔的普货班列使用此径路。

运输径路二（全程铁路）：中国（阿拉山口）—哈萨克斯坦（谢米格拉维马尔）—俄罗斯（奥津基）—阿塞拜疆（巴库）—格鲁吉亚（第比利斯）—黑海沿岸国家，新疆奎屯至格鲁吉亚的普货班列使用此径路。

运输径路三（铁海公联运）：中国（阿拉山口）—哈萨克斯坦（阿克套港）—里海—阿塞拜疆（巴库港）—格鲁吉亚（转汽运）—土耳其，新疆库尔勒经格鲁吉亚至土耳其梅尔辛港的纺织品班列使用此径路。

中欧（亚）班列西部中通道具体径路如图 9-2 所示。

图 9-2 中欧（亚）班列西部中通道径路图

3. 中欧（亚）班列西部南通道

中欧（亚）班列西部南通道（包括中亚通道）是中国经中亚、西亚去往欧洲南部的通道，主要有两条运输径路。径路一：中国（阿拉山口、霍尔果斯）—哈萨克斯坦（阿拉木图）—乌兹别克斯坦（塔什干）—土库曼斯坦（谢拉赫斯）—伊朗（德黑兰）—土耳其（伊斯坦布尔），通过轮渡越过马尔马拉海与希腊铁路连接进入欧洲南部。该通道由于伊朗、土耳其段铁路线路老化，年久失修，路况较差，虽然是一条传统的运输线路，但尚未有中欧（亚）班列开行。径路二：中国（阿拉山口、霍尔果斯）—哈萨克斯坦（阿拉木图）—里海东岸（乌津）—土库曼斯坦—伊朗（戈尔甘），这是一条 2014 年新开通的线路，义乌至伊朗班列使用此通道。中欧（亚）班列西部南通道具体径路如图 9-3 所示。

二、中欧（亚）班列中部通道

中欧（亚）班列中部通道指从二连浩特/扎门乌德出境，经蒙古、俄罗斯、白俄罗斯，通过布列斯特/马拉舍维奇进入波兰、德国等；该通道换装两次，一次是从中国进入蒙古时在扎门乌德车站由准轨换成宽轨，另一次是从白俄罗斯进入波兰，在马拉舍维奇车站由宽轨换装到准轨；由于蒙铁集平车较

图 9-3　中欧（亚）班列西部南通道径路图

少，所用集平车大部分由俄铁排空过来，口岸换装滞留时间长，在三条国际通道中，所占份额较少，早期呼和浩特—俄罗斯冷链机保班列以及部分郑欧班列使用该通道。中欧（亚）班列中部通道具体径路如图 9-4 所示。

为了增加中通道市场份额，蒙古也制定了针对过境运量的价格优惠政策。根据 2017 年蒙古国交通运输发展部铁路与海运政策实施协调司提供的数据：中部通道蒙古段为扎门乌德（蒙）—那乌斯基（俄）运距为 1 110 km，运价为 510 瑞士法郎（原价为 600 瑞士法郎，优惠 15%）。蒙铁段去程运输时间为 28 h，其中扎门乌德换装 6 h，运输时间 22 h；回程虽然不换装，但是由于线路为上坡，因此运输时间也需要 28 h。从宽轨全程运输路径看，扎门乌德（蒙）—那乌斯基（俄）—布列斯特（白）—马拉舍维奇（波）去程运价 3 160 美元，回程运价 2 460 美元；如果预先能确定回程货占去程的 50% 运量以上，则去程运价可降低 500 美元，为 2 660 美元。

图 9-4　中欧（亚）班列中部通道径路图

三、中欧(亚)班列东部通道

中欧(亚)班列东部通道指从满洲里/后贝加尔出境，经俄罗斯、白俄罗斯，通过布列斯特/马拉舍维奇进入波兰、德国。该通道换装两次，一次是从中国进入俄罗斯时在后贝加尔车站由准轨换成宽轨，另一次是从白俄罗斯进入波兰，在马拉舍维奇车站由宽轨换装到准轨，苏满欧、营满欧、沈满欧、辽满欧、哈欧等都使用这条通道。中欧(亚)班列东部通道径路如图 9-5 所示。

图 9-5　中欧(亚)班列东部通道径路图

四、中欧(亚)班列开行通道现状

总结以上三条通道路径，中欧(亚)班列开行通道现状见表 9-1。

表 9-1　中欧(亚)班列通道

通道名称		通　道　路　径	运行的中欧班列
西部通道(主通道)	西部北通路	干线：中国(阿拉山口)—哈萨克斯坦(阿克托别)—俄罗斯(奥津基、新济布科夫)—白俄罗斯(戈梅利、布列斯特)—波兰(马拉舍维奇、斯乌比策)—德国(小法兰克福、汉堡)	重庆—杜伊斯堡、郑州—汉堡、武汉—梅林克帕尔杜比采、成都—罗兹
		支线 1：通过莫斯科向北连接芬兰、瑞典、挪威	郑欧：郑州—科沃拉
		支线 2：通过莫斯科连接波罗的海三国(立陶宛、拉脱维亚、爱沙尼亚)，铁海联运至德国杜伊斯堡港或汉堡港	新疆班列：库尔勒—杜伊斯堡(1,4-丁二醇液态罐式集装箱)
		支线 3：通过乌克兰连接匈牙利、斯洛伐克、捷克、塞尔维亚等中东欧国家	营满欧：营口—多布拉(斯洛伐克)

续上表

通道名称		通道路径	运行的中欧班列
西部通道（主通道）	西部中通路（欧高亚走廊）	径路1：中国（阿拉山口）—哈萨克斯坦（阿克套港）—里海—阿塞拜疆（巴库港）—格鲁吉亚（波季港或巴统港）—黑海沿岸国家	新疆班列：奎屯—梅尔辛、伊斯坦布尔
西部通道（主通道）	西部中通路（欧高亚走廊）	径路2：中国（阿拉山口）—哈萨克斯坦（谢米格拉维马尔）—俄罗斯（奥津基）—阿塞拜疆（巴库）—格鲁吉亚（第比利斯）—黑海沿岸国家	新疆班列：奎屯—第比利斯
西部通道（主通道）	西部中通路（欧高亚走廊）	径路3：中国（阿拉山口）—哈萨克斯坦（阿克套港）—里海—阿塞拜疆（巴库港）—格鲁吉亚（转汽运）—土耳其	新疆班列：库尔勒—梅尔辛（纺织品）（铁海公三式联运）
西部通道（主通道）	西部南通路	径路1：中国（阿拉山口、霍尔果斯）—哈萨克斯坦（阿拉木图）—乌兹别克斯坦（塔什干）—土库曼斯坦（谢拉赫斯）—伊朗（萨拉赫斯、德黑兰）—土耳其（伊斯坦布尔），通过轮渡与希腊铁路连接进入欧洲南部	义新欧班列2016年1月28日开行，测试班列到达德黑兰。伊朗、土耳其段铁路线路老化，年久失修，路况较差
西部通道（主通道）	西部南通路	径路2：中国（阿拉山口、霍尔果斯）—哈萨克斯坦（阿拉木图）—里海东岸（乌津）—土库曼斯坦（艾特列克、阿吉亚伊拉）—伊朗（音切布隆、戈尔甘、德黑兰）	湘满欧：长沙（霞凝）—德黑兰准备测试
中部通道		中国（二连浩特）—蒙古（乌兰巴托）—俄罗斯（莫斯科）—白俄罗斯（布列斯特）—波兰（马拉舍维奇）—德国（汉堡）从二连浩特/扎门乌德出境，经蒙古、俄罗斯、白俄罗斯，通过布列斯特/马拉舍维奇进入波兰、德国等	郑欧、湘欧班列
东部通道		中国（满洲里）—俄罗斯（赤塔）—白俄罗斯（布列斯特）—波兰（马拉舍维奇）—德国（汉堡）	苏满欧、辽满欧、营满欧、哈欧、沈满欧、湘欧、粤欧等班列

可以看出，中国的中欧国际铁路运输通道有以下特点：(1)定义的规范性方面，铁组、欧盟对亚欧铁路通道有明确定义，而中国的中欧国际铁路运输通道从中欧（亚）班列的实践中总结而来，未严格遵循通道定义。(2)通道的界定方面，中国中欧国际铁路运输通道没有具体所指，处于初期概念形成阶段，仅限定于中欧（亚）班列的开行范围。

第二节　中欧国际铁路运输通道规划建设原则

一、存在问题

1. 全球复杂的政治局势使通道建设受到影响

从国际关系角度分析，中国提出的建设丝绸之路经济带发展战略虽然受到相邻各国的支持，但在实际的建设上，各国对通道的建设理念与中国还尚存差距。另外，出于地缘政治、意识形态、国家经济等原因，周边一些国家在与中国互联互通方面还持观望态度。基于这样一种国际合作态势，中欧国际铁路运输通道仍处于规划层面，探讨的多而实际合作建设的通道比较少。因此，我国明确提出利益惠及理念，即中国与周边国家发展关系遵循“亲、诚、惠、容”的新理念。

2. 境内外通道建设的技术标准悬殊

从区域经济发展角度分析，虽然经济走廊内通道建设可以促进经济走廊内的国际贸易，但是，由于我国周边国家大多为欠发达国家或联结区域为经济较落后的国家，中国与这些国家间在经济上的互补性不强，并且联通国出于资源保护目的，对中国的资源性出口采取限制性政策。因此，经济走廊内贸易与运输规模和规划的通道能力不匹配，单边运输格局严重。

除西、中、东通道外，其余规划建设的各种国际通道主要有两种情况，一是通而不畅，即现有的通道设施能够联通，但通道技术标准低；二是无直接联接通道需要新建。在新建时，我国国内段建设以综合性、大运量、高标准为目标，与其他国家的线路在技术标准和能力上不匹配，我国境内线路表现出与实际运量不相符，国际贸易需求反差大的现象。

3. 通道建设存在“中热外冷”的矛盾

从我国建设的力度看，由于国际通道建设可以显著改善沿边地区的交通状况，并且可以使沿边地区的经济边缘化现象得到改善，因此，地方政府有很大的积极性。同时中央政府从加快西部大开发、促进边境地区经济发展的战略高度也表现出很大的热情。但反观通道所连接的其他国家，由于运量小、通道的经济性较差，因此这些国家投资欲望不高。这种“一热一冷”的矛盾，使国际通道建设形成建设滞后于规划的局面。同时，过度的建设热情导致我国铁路建设速度偏快，造成在与周边部分相邻国家的国境铁路对接上丧失主导权。

此外，在建设资金来源方面，通道的境内段主要由我国中央政府投资建设，国际段主要依托丝路基金和刚刚成立的亚投行，沿边省区及周边国家由于经济实力限制很难投入大量的建设资金。因此，虽然我国投资成为境外段的主要资金来源，但在实际建设上却需要不断妥协。

二、规划布局原则

中欧国际铁路运输通道的规划布局指导方针为：立足当前，着眼长远；稳步推进，合作共赢；系统规划，分步实施。具体规划思路为：以需求为导向，利用其他国际组织或合作机制参与打造境外通道主骨架；依托欧洲货运网络拓展中欧（亚）班列的终到范围；打造境内层次分明的主通道和辅助通道网络。要遵循以下原则：

（1）系统思维。对中欧国际铁路运输通道系统，要从整体的角度、全局的观点进行分析，不能把完整的通道系统简单割裂开。各国和国际组织出于各自战略利益考虑，着手研究的单独通道在线路、内容等方面都有重复之处，我们应当整合这些研究成果，减少重复工作。对亚欧铁路通道中涉及我国的运输通道，不能过分强调各条通道间的竞争，忽视通道之间的互补作用，要注重发挥各条通道的优势。

（2）需求导向。经济空间结构决定空间运输联系，进而决定运输通道的空间布局，因此中欧国际铁路运输通道是通过交通运输系统进行的旅客和货物交流而产生的相互联系和作用。因此，中欧国际铁路运输通道应与各国经济发展格局和工业布局相适应，满足经济发展需要；与各国城镇空间体系和人口分布相吻合，满足便捷出行的要求；与各国国土开发主轴一致，满足国土开发需要。对于经济发达的国家，要注重城市群之间的连接，保障国际化的人流、物流、信息流、资金流等生产要素在城市群之间顺畅流动。

（3）分层分级。通道由线路构成，不同线路由于技术设备、地理条件、所处位置等不同，在路网中所起的作用也不同。中欧国际铁路运输通道中的线路可以分为主通道、辅助通道和支线三类线路。主通道指在国际运输通道网中起骨干作用的铁路，辅助通道指与主通道并列、在路网中起联络或辅助作用的线路，支线是指围绕主通道和辅助通道、扩大服务范围的辅助线路。

（4）利益契合。对于我国提出的“一带一路”战略，亚欧大陆上的大多数国家是支持的，但是一些国家也出于自己的利益取向而对“一带一路”有不同的态度，如孟中印缅经济走廊的铁路线路就是受此影响而建设速度缓慢。因此，通道规划时要考虑与他国在经济、贸易等需求方面的互补性和双向性，尽量兼顾各国的实际利益。

第三节　不同地区物流环境差异

中国与中亚各国的贸易关系日趋紧密，并在中亚经济发展中扮演越来越重要的角色，2012 年双边贸易额达到 459.4 亿美元。中国和欧洲已成为促进全球经济发展的两支重要力量，2012 年双边贸易额为 5 462 亿美元。此外，中国与俄罗斯、中东欧及南亚等地国家和地区具有开展经贸合作的良好历史传统，相互间经济互补性强，合作潜力巨大。

1. 亚欧大陆的地域划分

（1）根据地理位置，考虑到自然和社会经济条件的特点，欧洲在地理上，习惯分为西欧、北欧、中欧、东欧和南欧 5 个地区。

西欧：在地理上是指欧洲西部滨临大西洋的地区和附近岛屿，包括爱尔兰、英国、荷兰、比利时、法国和卢森堡等 6 国。面积 94 万 km^2，人口约 1.4 亿。北欧：位于欧洲北部，包括斯勘的纳维亚半岛上的瑞典、挪威及芬兰，日德兰半岛上的丹麦，大西洋中的冰岛、法罗群岛，共 6 个国家和地区。面积 126 万 km^2，人口约 2 300 万。中欧：指波罗的海、北海以南，阿尔卑斯山脉以北的欧洲中部地区，包括德国、波兰、捷克、斯洛伐克、瑞士、列支敦士登、奥地利、匈牙利等 8 国。面积 102 万 km^2，人口约 1.6 亿。东欧：位于波罗的海至乌拉尔山脉之间，即原苏联的欧洲部分。面积约 500 多万 km^2，人口约 2 亿多。南欧：指阿尔卑斯山脉以南的地中海各国，包括伊比利亚半岛上的葡萄牙、西班牙、直布罗陀和安道尔，亚平宁半岛上的意大利、梵蒂冈与圣马利诺，巴尔干半岛上的南斯拉夫、阿尔巴尼亚、希腊、罗马尼亚和保加利亚，以及地中海沿岸的摩纳哥和地中海中的马耳他等 14 个国家和地区。面积 166 万 km^2，人口约 1.7 亿。

（2）亚洲的地域划分：

在地理上习惯分为东亚、东南亚、南亚、西亚、中亚和北亚。东亚：指亚洲东部，包括中国、朝鲜、韩国、蒙古和日本。东南亚：指亚洲东南部地区，包括越南、老挝、柬埔寨、缅甸、泰国、马来西亚、新加坡、印度尼西亚、菲律宾、文莱、东帝汶等国家和地区。南亚：指亚洲南部地区，包括斯里兰卡、马尔代夫、巴基斯坦、印度、孟加拉国、尼泊尔、不丹。西亚：也叫西南亚，指亚洲西部，包括阿富汗、伊朗、土耳其、塞浦路斯、叙利亚、黎巴嫩、巴勒斯坦、约旦、伊拉克、科威特、沙特阿拉伯、也门、阿曼、阿拉伯联合酋长国、卡塔尔和巴林。中亚：指中亚细亚地区，狭义讲只包括土库曼斯坦、乌兹别克斯坦、吉尔吉斯斯坦、塔吉克斯坦四国的全部和哈萨克斯坦的南部。北亚：指俄罗斯亚洲部分的西伯利亚地区，西部为西西伯利亚平原，中部为中西伯利亚高原和山地，东部为远东山地。

2. 物流环境比较

欧洲和亚洲不同地理区域的国家物流环境差异较大，以中东欧、西欧、东欧和中亚四个地区为例，分析其差别，详见表 9-2。

表 9-2　各区域物流环境比较(2013 年)

区域名称	宏观经济发展	交通基础设施	对外贸易
中东欧	中东欧国家经济发展增长较为缓慢，GDP 增长率最高的国家拉脱维亚只达到 4.1%，大多数国家的 GDP 增长率在 3%以下，其中克罗地亚、斯洛文尼亚和捷克经济出现负增长。从中东欧 16 国的经济总量看，波兰位居第一，经济总量达 5 261 亿美元，斯洛文尼亚的人均 GDP 最高，达到 22 756 美元	各国基础设施建设差异较大，但整体来说相对落后，主要以公路运输为主。其中波兰、罗马尼亚、匈牙利、捷克基础设施建设相对较好，铁路运营里程平均 1 万 km 以上，公路运营里程 3 万 km 以上。其余国家基础设施建设不足，尤其是黑山、马其顿铁路运营里程不足1 000 km	中东欧 16 国整体贸易总额在途经区域内相对较少，然而，除阿尔巴尼亚、黑山、克罗斯亚以外，其余国家在 2013 年贸易总额呈递增状态，外贸形势逐渐好转，同中国的贸易量逐年增多。其中，波兰、捷克同中国贸易往来较多，与中国贸易总额均达到 100 亿美元以上，中国也是阿尔巴尼亚的主要对外贸易国，同中国贸易占其外贸总额的 8%，居中东欧地区之首
西欧	受金融危机的影响，西欧地区的总体经济增长也较为缓慢，大部分国家经济增长率低于 2%，但经济总量相对较高，其中，法国和英国 GDP 达到 27 300 亿美元和 25 200 亿美元，位居西欧区域前列。西欧地区人均 GDP 普遍较高，大多数国家在 5 万美元左右	西欧各国途经区域基础设施建设水平较高，尤其是英国、法国、德国，公路和铁路基础设施建设都较为完备。其中，德国铁路运营里程在西欧范围内居于首位，达 48 215 km，在整个物流通道途经区域内居于第三位。法国公路运营里程达到 900 000 km，在整个物流通道内仅次于俄罗斯，居于第二位。荷兰、爱尔兰、比利时主要以公路运输为主，运营里程达到 10 万 km 以上。摩纳哥主要以铁路运营为主，公路线路总长仅为 50 km，在整个物流通道运营里程最小	受经济发展水平影响，西欧仍然是外贸总额最多的区域，贸易总额均值可达 100 130 亿美元。然而在 2013 年，西欧贸易同期增长缓慢，整体外贸形势出现停滞状态，同中国贸易量虽有增长，但增长极其缓慢。西欧外贸的低缓发展形势对其余区域发展也产生了较大的影响

续上表

区域名称	宏观经济发展	交通基础设施	对外贸易
中亚	中亚五国的经济总量偏低，但得益于最近几年与中国加强经贸合作与交往，经济增长较快，大多数国家的经济增长超过20%，土库曼斯坦经济增长达到28%	中亚整体基础设施建设水平落后，哈萨克斯坦基础设施建设在中亚范围内相对较好，铁路运营里程达到13 600 km，公路运营里程达到88 000 km。但相对于整个物流通道途经区域的基础设施建设，中亚基础设施建设水平较低，铁路以及公路系统有待开发完善，尤其是吉尔吉斯斯坦，国内铁路运营里程仅为426 km	中亚地区除哈萨克斯坦外，整体对外贸易水平较低，2013年哈萨克斯坦外贸总额达到1 068.40亿美元，其中同中国贸易额233.6亿美元，占比21%，是中国在中亚地区最大的贸易伙伴。然而2013年，哈萨克斯坦贸易增长率以及同中国贸易的同期增长率均为负数，其余四国贸易额虽小，但对外贸易形势逐渐转好，这主要是受发达经济体延续停滞产生的负面影响，俄罗斯是哈萨克斯坦最大的贸易伙伴，2013年经济的停滞发展对其外贸影响较大，加上2013年哈萨克斯坦多家银行资产状况恶化、银行系统负担着巨额外债、国家金融机构缺乏责任、金融管制虚弱等问题导致外贸形势走低
东欧	东欧地区经济发展仍然以俄罗斯为主导，但整体经济增长速度普遍偏低	东欧国家基础设施建设在整个物流通道内水平相对较高，尤其是俄罗斯，铁路运营里程达到85 000 km，公路运营里程达至1 933 000 km，在整个区域内居于第二位	东欧国家在2013年外贸形势低迷，除摩尔多瓦外，其余国家进出口以及贸易总额的同期增长率均为负数，这主要是由于2013年世界经济持续缓慢脆弱复苏，经济增速明显放缓，国际能源原材料需求低迷，俄罗斯、白俄罗斯、乌克兰国内经济下行压力加大。面对错综复杂的国内外经济形势，东欧外贸整体表现不佳，外贸增幅下降明显，主要进出口商品结构变化不大。尽管如此，中国仍然是东欧地区较为重要的贸易伙伴，东欧各国同中国进出口贸易额占比较大

第四节　各区域国际通道规划布局

一、通道布局

在分析研究铁组十三条运输走廊、欧洲九条货运通道、中亚经济合作机制铁路通道、泛亚铁路网规划基础上，将境外运输通道与丝绸之路经济带通道对接，可以看出，中欧国际铁路运输通道的主通道和辅助通道借助铁组和中亚经济合作机制规划的铁路通道，欧洲货运网络为中欧通道终到区域的支线延伸，泛亚铁路网为中欧通道补充了规划中的东盟路线。

1. 已运营通道

依据中欧（亚）班列的运输实践和境外国家与中国之间的国际物流需求，借鉴各国铁路运输通道规划，形成中欧国际铁路运输通道网络。在中巴、中吉乌、中老、中缅等铁路开通前，与我国中欧（亚）班列直接相关的境外通道主要有“六横二纵”，各通道内根据线路技术条件、运行距离又分为主通道和辅助通道，在集疏运端根据线路走向又延伸出多条支线到达不同区域，见表 9-3。

“六横”境外通道为横跨亚欧大陆的东西走向通道，根据其与里海和黑海的相对位置又可分为北通道、中通道和南通道，其中前四条为北通道，第五条为中通道，即欧高亚通道，第六条为南通道。“二纵”为里海东岸至伊朗、外高加索至西亚两条近似南北走向通道。具体包括：

（1）“一横”为西伯利亚大陆桥，将中国北部与西欧、北欧连接，干线全程都在俄罗斯境内，通道东端有两条支线接入中国境内，通道西端有四条支线分别引入北欧、西欧、中东欧、南欧等区域。

（2）“二横”为新亚欧大陆桥的分支之一，经阿拉山口出境，将中国西部与北欧、西欧、中东欧连接，干线经过中国、哈萨克斯坦和俄罗斯三个国家，通道西端有四条支线通往北欧、西欧、中东欧和南欧等区域。

（3）“三横”也为新亚欧大陆桥的分支之一，经阿拉山口出境，将中国西部与中东欧连接，干线经过中国、哈萨克斯坦、俄罗斯、白俄罗斯、波兰等国，支线通往西欧、南欧等区域。

（4）“四横”为经霍尔果斯出境的中国西部至中东欧通道，干线经过中国、哈萨克斯坦、俄罗斯、乌克兰、波兰等国，另有两条支线通往西欧和南欧等区域。

（5）“五横”为经阿拉山口/霍尔果斯出境，至里海东岸的阿克套和土库曼巴希港口后采用铁路轮渡穿过里海，到达阿塞拜疆巴库港口后再经由格鲁吉亚第比利斯、波季/巴统港口后采用铁路轮渡通过黑海到达西欧、中东欧等区域，干线经过中国、哈萨克斯坦、阿塞拜疆、格鲁吉亚、乌克兰、罗马尼亚、土耳其、乌兹别克斯坦、土库曼斯坦等国。

(6)“六横”为经霍尔果斯出境，将中国西部至中东欧、西亚连接，经过中国、哈萨克斯坦、乌兹别克斯坦、土库曼斯坦、伊朗、土耳其等国。

(7)“一纵”为哈萨克斯坦里海东岸连接伊朗的线路，经过哈萨克斯坦、土库曼斯坦、伊朗等国，为目前中欧班列进入伊朗的主要径路。

(8)“二纵”为俄罗斯外高加索地区连接西亚的线路，经过俄罗斯、阿塞拜疆、伊朗、格鲁吉亚、土耳其等国，为西伯利亚和新亚欧大陆桥通往土耳其的陆上径路。

2. 我国西南铁路口岸开通后的国际通道规划布局

从目前规划和建设进度看，我国提上议事日程的出境通道主要是中吉乌、中巴、中老、中缅四条，其中中老铁路在建，其余三条还在规划中。四条通道中，能够起到连接亚欧走廊作用的是中吉乌和中缅铁路。

(1)中吉乌开通后的国际通道规划

中吉乌铁路通道西延后，可经伊朗、土耳其，跨过伊斯坦布尔海峡，到巴尔干半岛，或经土库曼斯坦、上里海渡轮到阿塞拜疆的巴库，经格鲁吉亚到保加利亚的索非亚。中吉乌铁路建成后将形成第二亚欧大陆桥的又一支线，又称第二大陆桥的南部通道，向西直通中亚、西亚及沿途各国，意味着一条新的亚欧大陆桥的开通，具有重要的政治、经济意义。

这条通道是亚太地区与中亚、西亚、南欧等国家经贸往来旅途最短的通道，特别为中亚各国提供了一条新的便捷出海通道。它不仅可以承担日本、韩国、中国台湾、东南亚国家和地区与中亚、西亚及欧洲国家间的过境货物运输，还可承担中国与上述国家和地区间的外贸物资运输，带动国际多式联运发展，促进亚欧间的人流、物流的交流，在国际路网中具有重要意义。

该线经土西铁路从乌兹别克斯坦的哈瓦斯特向西延伸，可构成两条通往欧洲的“现代丝绸之路”。一是经土库曼斯坦的捷詹，经1996年修通的捷詹萨拉赫斯马什哈德铁路南下，可抵达伊朗的德黑兰，继续向西北方向经土耳其的安卡拉，过伊斯坦布尔海峡，可直接抵达巴尔干半岛，直至中欧、南欧和西欧，此通路中吉乌铁路以西部分已经贯通，形成了伊斯坦布尔—德黑兰—马什哈德—萨拉赫斯—土库曼纳巴特—安集延—中吉边境—连云港的跨亚洲干线。它是“联结几十个国家运输系统的一个重要环节”,“用直达的铁路交通把中亚、东南亚、外高加索、近东广大地区联结起来了,为远距离运输提供了独一无二的条件”。二是从土库曼斯坦的阿什哈巴德向西,过里海轮渡,到达阿塞拜疆的巴库,继续向西,经格鲁吉亚的波季,再过黑海轮渡,可直达保加利亚的索非亚,直至中欧、南欧和西欧,此通路虽未贯通,但线路笔直顺畅,已有一些国际组织正在积极酝酿,特别是该通道途经世界油气储量第三的里海,战略意义尤为重大。且土库曼巴希港通过运河与里海相通,港口与隔海相望的阿塞拜疆首都巴库之间有轮渡。这一现代化的海港可开辟跨里海铁路轮渡航线。它是中亚国家通向黑海港口的最佳路线,并经波季港将土库曼斯坦、乌兹别克斯坦、阿塞拜疆同格鲁吉亚和其他国家连接在一起。

(2)中缅铁路开通后的国际通道规划

中缅铁路开通后将成为中缅印孟通道的重要组成部分。中缅孟印运输通道是联系中国云南、缅甸、孟加拉国和印度的一条东西向国际运输大通道。该通道自中国云南昆明起,经中缅腾冲、瑞丽边境口岸和缅甸密支那、腊戌,横向联系缅甸中心城市曼德勒、孟加拉首都达卡等重要的政治、经济中心和孟加拉吉大港、印度加尔各答港等孟加拉湾上的重要港口,并通过印度西孟加拉邦加尔各答向西通往印度腹地,经巴基斯坦拉合尔、奎达,伊朗扎黑丹、德黑兰最终到达欧洲。可以为本地区与南亚、西亚、中东欧等地区国际货物运输和人员流动提供便利的交通通道条件。

二、到达不同区域的通道路径

受运输距离及经济条件影响,通过中欧国际铁路运输通道到达的区域不同,选择途经的通道也不同,详见表 9-4～表 9-8。

表 9-3　中欧国际铁路运输通道规划

类型	连接区域	通道	干　　线	支　　线
一横	中国北部至西欧、北欧	主通道	国家:俄罗斯 城市:赤塔—乌兰乌德—新西伯利亚—鄂木斯克—秋明—叶卡捷琳堡—科捷利尼奇—莫斯科	支线 1:卡雷姆斯卡亚【俄罗斯】—后贝加尔—满洲里【中国】 支线 2:乌兰乌德【俄罗斯】—纳乌什基—苏赫巴托尔【蒙古】—扎门乌德—二连【中国】 支线 3:科捷利尼奇【俄罗斯】—圣彼得堡—北欧三国/塔林【爱沙尼亚】/里加【拉脱维亚】 支线 4:莫斯科【俄罗斯】—圣彼得堡—北欧三国 支线 5:莫斯科【俄罗斯】—布列斯特【白俄罗斯】—华沙【波兰】—柏林【德国】—阿姆斯特丹【荷兰】/西欧岛国/南欧西班牙等国 支线 6:莫斯科【俄罗斯】—布良斯克—基辅【乌克兰】/科韦利【乌克兰】/利沃夫【乌克兰】—乔普—中东欧
		辅助通道	国家:俄罗斯 城市:叶卡捷琳堡—喀山—莫斯科	
二横	中国西部至北欧、西欧、中东欧	主通道	国家:中国、哈萨克斯坦、俄罗斯 城市:阿拉山口—多斯特克—扎雷克—阿斯塔纳—托博尔—乌法—基涅利—梁赞—莫斯科	支线 1:莫斯科【俄罗斯】—圣彼得堡—北欧三国 支线 2:莫斯科【俄罗斯】—布列斯特【白俄罗斯】—华沙【波兰】—柏林【德国】—阿姆斯特丹【荷兰】/西欧岛国/南欧西班牙等国 支线 3:莫斯科【俄罗斯】—布良斯克—基辅【乌克兰】/科韦利【乌克兰】/利沃夫【乌克兰】—乔普—中东欧 支线 4:莫斯科【俄罗斯】—明斯克【白俄罗斯】—波罗的海三国—北欧三国
		辅助通道	国家:哈萨克斯坦、俄罗斯 城市:阿斯塔纳—克孜勒扎尔—叶卡捷琳堡—喀山—莫斯科	
三横	中国西部至中东欧	主通道	国家:中国、哈萨克斯坦、俄罗斯、白俄罗斯、波兰 城市:阿拉山口—多斯特克—阿克斗卡—扎雷克—托博尔—坎达加奇—奥津基—布良斯克—布列斯特—华沙	支线:华沙【波兰】—柏林【德国】—阿姆斯特丹【荷兰】/西欧岛国/南欧西班牙等国
		辅助通道	国家:哈萨克斯坦 城市:扎雷克—萨克绍利斯基—坎达加奇	

续上表

类型	连接区域	通道	干线	支线
四横	中国西部至中东欧	主通道	国家：中国、哈萨克斯坦、俄罗斯、乌克兰、波兰 城市：霍尔果斯—阿腾科里—热特肯—阿雷西—坎达加奇—基加什—伏尔加格勒—法斯托夫—科韦利—华沙	支线1：华沙【波兰】—柏林【德国】—阿姆斯特丹【荷兰】/西欧岛国/南欧西班牙等国 支线2：法斯托夫【乌克兰】—日梅林卡—利沃夫/乔普—中东欧 支线3：伏尔加格勒【俄罗斯】—新罗西斯克—黑海—土耳其及中东欧国家
		辅助通道1	国家：哈萨克斯坦、俄罗斯 城市：坎达加奇—卡尼赛—奥津基—萨拉托夫—伏尔加格勒	
		辅助通道2	国家：哈萨克斯坦、乌兹别克斯坦、俄罗斯 城市：阿雷西—塔什干—那沃伊—别伊涅乌—马卡特—基加什	
五横	中国西部至中东欧	主通道	国家：中国、哈萨克斯坦、阿塞拜疆、格鲁吉亚、乌克兰、罗马尼亚、保加利亚、土耳其 城市：霍尔果斯—阿腾科里—热特肯—阿雷西—萨克绍利斯基—切尔卡尔—别伊涅乌—阿克套—里海—巴库—第比利斯—波季/巴统—黑海—敖德萨/康斯坦察/瓦尔纳/布尔加斯/伊斯坦布尔/萨姆松	支线：敖德萨【乌克兰】—日梅林卡—利沃夫/科韦利—华沙【波兰】—西欧
		辅助通道1	国家：哈萨克斯坦、乌兹别克斯坦、土库曼斯坦 城市：阿雷西—那沃伊—土库曼巴希—巴库	
		辅助通道2	国家：中国、哈萨克斯坦 城市：阿拉山口—阿克斗卡—扎雷克—萨克绍利斯基	

续上表

类型	连接区域	通道	干线	支线
六横	中国西部至中东欧、西亚	主通道	国家：中国、哈萨克斯坦、乌兹别克斯坦、土库曼斯坦、伊朗、土耳其 城市：霍尔果斯—阿腾科里—热特肯—阿雷西—那沃伊—捷詹—谢拉赫斯—德黑兰—伊斯坦布尔—中东欧	
一纵	哈萨克斯坦里海东岸连接伊朗	主通道	国家：哈萨克斯坦、土库曼斯坦、伊朗 城市：阿克套—别列克特—阿基亚依拉—音切布隆—德黑兰	
二纵	俄罗斯外高加索地区连接西亚	主通道	国家：俄罗斯、阿塞拜疆、伊朗、格鲁吉亚、土耳其 城市：基加什—格罗兹尼—尤尔特—巴库—第比利斯—久姆里—安卡拉	支线：巴库【阿塞拜疆】—安扎利港【伊朗】—德黑兰

注：支线一列中，路径以城市连接，【】表示城市所在的国家，如果与上一个城市所在国家相同，则不标注。

表 9-4 到达北欧国家通道路径

终到地区	中国出境口岸	通道路径		换装地点
北欧（主要包括挪威、瑞典、芬兰）	阿拉山口	径路 1	中国(阿拉山口)—哈萨克斯坦(多斯特克、阿克斗卡、扎雷克、阿斯塔纳、克孜勒扎尔、彼得罗巴甫洛夫斯克/普列斯诺戈利科夫斯卡亚)、俄罗斯(库尔干、叶卡捷琳堡、莫斯科、圣彼得堡)—芬兰(托尔尼奥)—瑞典—挪威	换装两次：中国与哈萨克斯坦间阿拉山口/多斯特克口岸（1 435 mm 换 1 520 mm)、瑞典至芬兰间托尔尼奥/哈帕拉达口岸(1 520 mm 换 1 435 mm)
		径路 2	中国(阿拉山口)—哈萨克斯坦(多斯特克、阿克斗卡、扎雷克、阿斯塔纳、托博尔、阿克苏)—俄罗斯(卡尔塔雷、乌法、基涅利、莫斯科、圣彼得堡)—芬兰(托尔尼奥)—瑞典—挪威	
	霍尔果斯	径路 1	中国(霍尔果斯)—哈萨克斯坦(阿腾科里、热特肯、阿雷西、坎达加奇、伊列茨克)—俄罗斯(卡尼赛、奥伦堡、基涅利、莫斯科、圣彼得堡)—芬兰(托尔尼奥)—瑞典—挪威	换装两次：中国与哈萨克斯坦间霍尔果斯/阿腾科里口岸（1 435 mm 换 1 520 mm)、瑞典至芬兰间托尔尼奥/哈帕拉达口岸(1 520 mm 换 1 435 mm)
		径路 2	中国(霍尔果斯)—哈萨克斯坦(阿腾科里、热特肯、阿雷西、坎达加奇、伊列茨克)—俄罗斯(卡尼赛、奥津基、布良斯克)、白俄罗斯(布列斯特)、波兰(马拉舍维奇、华沙)—德国(柏林、汉堡)—丹麦(哥本哈根)、瑞典—挪威	换装两次：中国与哈萨克斯坦间霍尔果斯/阿腾科里口岸（1 435 mm 换 1 520 mm)、白俄罗斯与波兰间布列斯特/马拉舍维奇口岸（1 520 mm 换 1 435 mm)
	二连	径路 1	中国(二连)—蒙古(扎门乌德、苏赫巴托尔)—俄罗斯(纳乌什基、乌兰乌德、鄂木斯克、秋明/库尔干、叶卡捷琳堡、科捷利尼奇、莫斯科/加利奇、圣彼得堡)—芬兰(托尔尼奥)—瑞典—挪威	换装两次：中国与蒙古间二连/扎门乌德口岸(1 435 mm 换 1 520 mm)、瑞典与芬兰间托尔尼奥/哈帕拉达口岸(1 520 mm 换1 435 mm)
	满洲里	径路 1	中国(满洲里)—俄罗斯(后贝加尔、卡雷姆斯卡亚、鄂木斯克、秋明/库尔干、叶卡捷琳堡、科捷利尼奇、莫斯科/加利奇、圣彼得堡)—芬兰(托尔尼奥)—瑞典—挪威	换装两次：中国与俄罗斯间满洲里/后贝加尔(1 435 mm 换 1 520 mm)、瑞典与芬兰间托尔尼奥/哈帕拉达口岸(1 520 mm 换1 435 mm)

注：“/”表示可选径路。

表 9-5 到达波罗的海三国通道径路

终到地区	中国出境口岸	通道路径		换装地点
波罗的海三国(爱沙尼亚、拉脱维亚、立陶宛)	阿拉山口	径路 1	同表 9-4 阿拉山口出境的径路 1,至俄罗斯圣彼得堡后,至爱沙尼亚(塔林)或拉脱维亚(里加)—立陶宛(考纳斯)	换装一次:中国与哈萨克斯坦间阿拉山口/多斯特克口岸(1 435 mm 换 1 520 mm)
		径路 2	同表 9-4 阿拉山口出境的径路 2,至莫斯科后:①至白俄罗斯(明斯克)—立陶宛(维尔纽斯);②至俄罗斯(圣彼得堡)—爱沙尼亚(塔林)—拉脱维亚(里加)—立陶宛(考纳斯)	
	霍尔果斯	径路 1	同表 9-4 霍尔果斯出境的径路 1,至莫斯科后:①至白俄罗斯(明斯克)—立陶宛(维尔纽斯);②至俄罗斯(圣彼得堡)—爱沙尼亚(塔林)—拉脱维亚(里加)—立陶宛(考纳斯)	换装一次:中国与哈萨克斯坦间霍尔果斯/阿腾科里口岸(1 435 mm 换 1 520 mm)
	二连	径路 1	同表 9-4 二连出境的径路 1,至俄罗斯圣彼得堡后,至爱沙尼亚(塔林)或拉脱维亚(里加)—立陶宛(考纳斯)	换装一次:中国与蒙古间二连/扎门乌德口岸(1 435 mm 换 1 520 mm)
	满洲里	径路 1	同表 9-4 满洲里出境的径路 1,至俄罗斯圣彼得堡后,至爱沙尼亚(塔林)或拉脱维亚(里加)—立陶宛(考纳斯)	换装一次:中国与俄罗斯间满洲里/后贝加尔(1 435 mm 换 1 520 mm)

表 9-6　到达西欧国家通道路径

终到地区	中国出境口岸	通道路径		换装地点
西欧（英国、法国、荷兰、德国等）	阿拉山口	径路 1	同表 9-4 阿拉山口出境的径路 1，至莫斯科后，至白俄罗斯（明斯克、布列斯特）—波兰（马拉舍维奇、华沙）—德国（柏林、汉堡），再至英国、法国、荷兰	换装两次：中国与哈萨克斯坦间阿拉山口/多斯特克口岸（1 435 mm 换 1 520 mm）、白俄罗斯至波兰间布列斯特/马拉舍维奇口岸（1 520 mm 换 1 435 mm）
		径路 2	同表 9-4 阿拉山口出境的径路 2，至莫斯科后，至白俄罗斯（明斯克、布列斯特）—波兰（马拉舍维奇、华沙）—德国（柏林、汉堡），再至英国、法国、荷兰	
		径路 3	中国（阿拉山口）—哈萨克斯坦（多斯特克、扎雷克、萨克绍利斯基、十月城）—俄罗斯（卡尼赛、奥津基、萨拉托夫、布良斯克）—白俄罗斯（布列斯特）—波兰（马拉舍维奇、华沙）—德国（柏林、汉堡），再至英国、法国、荷兰	
		径路 4	中国（阿拉山口）—哈萨克斯坦（多斯特克、扎雷克、萨克绍利斯基、坎达加奇、马卡特）—俄罗斯（基加什）—乌克兰（基辅、科韦利）—波兰（华沙）—德国（柏林、汉堡），再至英国、法国、荷兰	换装两次：中国与哈萨克斯坦间阿拉山口/多斯特克口岸（1 435 mm 换 1 520 mm）、乌克兰至波兰间亚戈京/赫尔姆口岸（1 520 mm 换 1 435 mm）
	霍尔果斯	径路 1	中国（霍尔果斯）—哈萨克斯坦（阿腾科里、热特肯、阿雷西、坎达加奇、伊列茨克）—俄罗斯（卡尼赛、奥津基、布良斯克）、白俄罗斯（布列斯特）、波兰（马拉舍维奇、华沙）—德国（柏林、汉堡），再至英国、法国、荷兰	换装两次：中国与哈萨克斯坦间霍尔果斯/阿腾科里口岸（1 435 mm 换 1 520 mm）、白俄罗斯与波兰间布列斯特/马拉舍维奇口岸（1 520 mm 换 1 435 mm）
		径路 2	中国（霍尔果斯）—哈萨克斯坦（阿腾科里、热特肯、阿雷西、萨雷—阿加什）—乌兹别克斯坦（塔什干土库曼巴希）—里海—阿塞拜疆（巴库）—格鲁吉亚（第比利斯、波季、巴统）—黑海—乌克兰（敖德萨、日梅林卡、卡扎京、科韦利）、波兰（华沙）—德国（柏林、汉堡），再至英国、法国、荷兰	换装两次：中国与哈萨克斯坦间霍尔果斯/阿腾科里口岸（1 435 mm 换 1 520 mm）、乌克兰至波兰间亚戈京/赫尔姆口岸（1 520 mm 换 1 435 mm）

续上表

终到地区	中国出境口岸	通道路径		换装地点
西欧（英国、法国、荷兰、德国等）	二连	径路 1	同表 9-4 二连出境的径路，至莫斯科后，再至白俄罗斯（布列斯特）、波兰（马拉舍维奇、华沙）—德国（柏林、汉堡）至英国、法国、荷兰	换装两次：中国与蒙古间二连/扎门乌德口岸（1 435 mm 换 1 520 mm）、白俄罗斯与波兰间布列斯特/马拉舍维奇口岸（1 520 mm 换 1 435 mm）
	满洲里	径路 1	同表 9-4 满洲里出境的径路，至莫斯科后，再至白俄罗斯（布列斯特）、波兰（马拉舍维奇、华沙）—德国（柏林、汉堡）至英国、法国、荷兰	换装两次：中国与俄罗斯间满洲里/后贝加尔（1 435 mm 换 1 520 mm）、白俄罗斯与波兰间布列斯特/马拉舍维奇口岸（1 520 mm 换 1 435 mm）

注：对于终到地区为西班牙、葡萄牙等南欧国家，运输通道是经西欧（英国、法国、荷兰、德国等）通道后再经过法国与西班牙间昂代伊/伊伦口岸，需要从 1 435 mm 标准轨距换装为 1 668 mm 宽轨轨距。

表 9-7　到达中东欧国家通道路径

终到地区	中国出境口岸	通道路径		换装地点
中东欧(斯洛伐克、匈牙利、罗马尼亚、奥地利、捷克、波兰等)	阿拉山口	径路 1	中国(阿拉山口)—哈萨克斯坦(多斯特克、扎雷克、萨克绍利斯基、十月城)—俄罗斯(卡尼赛、奥津基、萨拉托夫、布良斯克)—白俄罗斯(布列斯特)—波兰(马拉舍维奇、华沙)或乌克兰(乔普)至匈牙利、斯洛伐克等	换装两次:中国与哈萨克斯坦间阿拉山口/多斯特克口岸(1 435 mm 换 1 520 mm)、白俄罗斯至波兰间布列斯特/马拉舍维奇口岸(1 520 mm 换 1 435 mm)
		径路 2	中国(阿拉山口)—哈萨克斯坦(多斯特克、扎雷克、萨克绍利斯基、坎达加奇、马卡特)—俄罗斯(基加什)—乌克兰(基辅、科韦利)—波兰(华沙)或乌克兰(乔普)至匈牙利、斯洛伐克等	换装两次:中国与哈萨克斯坦间阿拉山口/多斯特克口岸(1 435 mm 换 1 520 mm)、乌克兰至波兰间亚戈京/赫尔姆口岸(1 520 mm 换 1 435 mm)
	霍尔果斯	径路 1	中国(霍尔果斯)—哈萨克斯坦(阿腾科里、热特肯、阿雷西、坎达加奇、伊列茨克)—俄罗斯(卡尼赛、奥津基、布良斯克)、白俄罗斯(布列斯特)、波兰(马拉舍维奇、华沙)或乌克兰(乔普)至匈牙利、斯洛伐克等	换装两次:中国与哈萨克斯坦间霍尔果斯/阿腾科里口岸(1 435 mm 换 1 520 mm)、白俄罗斯与波兰间布列斯特/马拉舍维奇口岸(1 520 mm 换 1 435 mm)或乌克兰与匈牙利、斯洛伐克间乔普/扎霍尼/多布拉口岸(1 520 mm 换1 435 mm)
		径路 2	中国(霍尔果斯)—哈萨克斯坦(阿腾科里、热特肯、阿雷西、萨雷—阿加什)—乌兹别克斯坦(塔什干土库曼巴希)—里海—阿塞拜疆(巴库)—格鲁吉亚(第比利斯、波季、巴统)—黑海—乌克兰(敖德萨、日梅林卡、卡扎京、科韦利)、波兰(华沙)或从里海的康斯坦察、瓦尔纳、布尔加斯、伊斯坦布尔上岸,至罗马尼亚、保加利亚	换装两次:中国与哈萨克斯坦间霍尔果斯/阿腾科里口岸(1 435 mm 换 1 520 mm)、乌克兰至波兰间亚戈京/赫尔姆口岸(1 520 mm 换 1 435 mm)
		径路 3	中国(霍尔果斯)—哈萨克斯坦(阿腾科里、热特肯、阿雷西、萨雷—阿加什)—乌兹别克斯坦(布哈拉)—土库曼斯坦(捷詹、谢拉赫斯)—伊朗(萨拉赫斯、伊斯兰堡、德黑兰)—土耳其(伊斯坦布尔)—中东欧国家	换装两次:中国与哈萨克斯坦间霍尔果斯/阿腾科里口岸(1 435 mm 换 1 520 mm)、土库曼斯坦与伊朗间谢拉赫斯/萨拉赫斯口岸(1 520 mm 换 1 435 mm)

续上表

终到地区	中国出境口岸	通道路径		换装地点
中东欧(斯洛伐克、匈牙利、罗马尼亚、奥地利、捷克、波兰等)	二连	径路1	同表9-4二连出境的径路,至莫斯科后,再至白俄罗斯(布列斯特)、波兰(马拉舍维奇、华沙),再至其他中东欧国家	换装两次:中国与蒙古间二连/扎门乌德口岸(1 435 mm换1 520 mm)、白俄罗斯与波兰间布列斯特/马拉舍维奇口岸(1 520 mm换1 435 mm)
	满洲里	径路1	同表9-4满洲里出境的径路,至莫斯科后,再至白俄罗斯(布列斯特)、波兰(马拉舍维奇、华沙),再至其他中东欧国家	换装两次:中国与俄罗斯间满洲里/后贝加尔(1 435 mm换1 520 mm),再至白俄罗斯(布列斯特),白俄罗斯与波兰间布列斯特/马拉舍维奇口岸(1 520 mm换1 435 mm)

表 9-8　到达西亚地区通道路径

终到地区	中国出境口岸	通道路径		换装地点
西亚（土耳其、伊朗、阿富汗）	阿拉山口	径路 1	中国(阿拉山口)—哈萨克斯坦(多斯特克、扎雷克、切尔卡尔、阿克套)—里海—阿塞拜疆(巴库)—格鲁吉亚(第比利斯)—亚美尼亚(久姆里)—土耳其	换装两次:中国与哈萨克斯坦间阿拉山口/多斯特克口岸(1 435 mm 换 1 520 mm)、亚美尼亚与土耳其间久姆里/卡尔斯口岸（1 520 mm 换 1 435 mm）
		径路 2	中国(阿拉山口)—哈萨克斯坦(多斯特克、扎雷克、托博尔、坎达加奇)—俄罗斯(基加什)—阿塞拜疆(巴库)—格鲁吉亚(第比利斯)—亚美尼亚(久姆里)—土耳其	换装两次:中国与哈萨克斯坦间阿拉山口/多斯特克口岸(1 435 mm 换 1 520 mm)、亚美尼亚与土耳其间久姆里/卡尔斯口岸（1 520 mm 换 1 435 mm）
	霍尔果斯	径路 1	中国(霍尔果斯)—哈萨克斯坦(阿腾科里、热特肯、阿雷西、萨雷—阿加什)—乌兹别克斯坦(布哈拉)—土库曼斯坦(捷詹、谢拉赫斯)—伊朗(萨拉赫斯、伊斯兰堡、德黑兰)—土耳其(伊斯坦布尔)	换装两次:中国与哈萨克斯坦间霍尔果斯/阿腾科里口岸(1 435 mm 换 1 520 mm)、土库曼斯坦与伊朗间谢拉赫斯/萨拉赫斯口岸（1 520 mm 换 1 435 mm）
		径路 2	中国(霍尔果斯)—哈萨克斯坦(阿腾科里、热特肯、阿雷西、萨雷—阿加什)—乌兹别克斯坦(布哈拉)—土库曼斯坦(捷詹、土库曼巴希)—里海—阿塞拜疆(巴库)—格鲁吉亚(第比利斯)—亚美尼亚(久姆里)—土耳其	换装两次:中国与哈萨克斯坦间霍尔果斯/阿腾科里口岸(1 435 mm 换 1 520 mm)、亚美尼亚与土耳其间久姆里/卡尔斯口岸（1 520 mm 换 1 435 mm）
		径路 3	中国(霍尔果斯)—哈萨克斯坦(热特肯、阿拉木图、阿雷西、切尔卡尔、坎达加奇)—俄罗斯(基加什、伏尔加格勒、新罗西斯克)—黑海—土耳其(伊斯坦布尔、梅尔辛)	换装两次:中国与哈萨克斯坦间霍尔果斯/阿腾科里口岸(1 435 mm 换 1 520 mm)，到达港口（1 520 mm 换 1 435 mm）

续上表

终到地区	中国出境口岸	通道路径		换装地点
西亚（土耳其、伊朗、阿富汗）	二连	径路1	同表9-4二连出境的径路，至鄂木斯克后，再至哈萨克斯坦（克孜勒扎尔、阿斯塔纳、托博尔、坎达加奇）—俄罗斯（基加什）—阿塞拜疆（巴库）—格鲁吉亚（第比利斯）—亚美尼亚（久姆里）—土耳其	换装两次：中国与蒙古间二连/扎门乌德口岸（1 435 mm换1 520 mm）、亚美尼亚与土耳其间久姆里/卡尔斯口岸（1 520 mm换1 435 mm）
	满洲里	径路1	同表9-4满洲里出境的径路，至鄂木斯克后，再至哈萨克斯坦（克孜勒扎尔、阿斯塔纳、托博尔、坎达加奇）—俄罗斯（基加什）—阿塞拜疆（巴库）—格鲁吉亚（第比利斯）—亚美尼亚（久姆里）—土耳其	换装两次：中国与俄罗斯间满洲里/后贝加尔（1 435 mm换1 520 mm）、亚美尼亚与土耳其间久姆里/卡尔斯口岸（1 520 mm换1 435 mm）

第十章　中欧（亚）班列运营实践

“一带一路”战略提出后，全国各地纷纷抢抓发展先机，不同起点的中欧（亚）班列不断涌现。依托西伯利亚大陆桥、新亚欧大陆桥，已初步形成西中东三条中欧（亚）班列运输通道。自 2011 年首次开行以来，中欧（亚）班列发展势头迅猛，辐射范围快速扩大，货物品类逐步拓展，开行质量大幅提高。

第一节　中欧（亚）班列开行概况

中欧（亚）班列是指按照固定车次、线路、班期和全程运行时刻开行，往来于中国与欧洲以及“一带一路”沿线各国的集装箱国际铁路联运班列。截至 2016 年 12 月底，中欧（亚）班列累计开行 3 453 列，其中回程 885 列，国内始发城市约 18 个，境外到达城市约 20 个，运行线达到 24 条。

主要中欧（亚）班列始发日期、开行频率、出境口岸、目的地国及主要货物种类等信息统计如表 10-1 所示。

第二节　中欧（亚）班列沿途技术标准

中欧（亚）班列的技术标准主要涉及线路技术标准和列车技术标准。

一、线路标准

线路技术标准主要有：

(1)轨距；

(2)单复线；

(3)牵引方式；

(4)允许速度。

根据中欧（亚）班列东、中、西（西通道分北、中、南）通道沿途各国铁路的技术状况，分别整理见表 10-2～表 10-6。

表 10-1　部分中欧(亚)班列开行简要情况

顺号	国际班列	始发日期	始发站	开行数量	出境口岸	目的地国	运行时间	运输里程(km)	途经国	回程	主要货物种类
1	广州—莫斯科(粤满欧)	2014.6.29	大　朗	1 列/月	满洲里	俄罗斯	16 天	11 000	中—俄		装饰材料、日用品、瓷砖等
2	苏州—华沙(苏满欧)	2013.9.30	苏州西	1～2 列/周	满洲里	波兰	14 天	11 200	中—俄—白—波	有	机电产品、电子配件及日用品等
3	义乌—马德里(义新欧)	2014.11.18	义乌西	1～2 列/月	阿拉山口	西班牙	20 天	13 000	中—哈—俄—白—波—德—法—西	有	箱包、文具、工艺品、日用品等
4	义乌—德黑兰	2016.1.28	义乌西	测试班列	阿拉山口	伊朗	16 天	10 339	中—哈—土—伊		文具、日用品等
5	义乌—伦敦	2016.12.31	义乌西	测试班列	阿拉山口	英国	18 天	12 000	中—哈—俄—白—波—德—比—法—英		日用百货、服装、布料、箱包等
6	连云港—阿拉木图—塔什干—中亚(连新亚)	2015.1.18	连云港东	隔日 1 列	霍尔果斯	哈萨克斯坦、乌兹别克斯坦	7 天	5 600	中—哈—乌	有	医疗设备、家用电器、板材等
7	天津塘沽—乌兰巴托(津蒙)	2012.5.10	天津新港	1～2 列/周	二连浩特	蒙古	3 天	1 500	中—蒙		箱包、文具、工艺品、日用品等
8	青州—阿拉木图(鲁新欧)	2015.8.28	青州南	1 列/月	阿拉山口	哈萨克斯坦	6 天	5 000	中—哈		机械设备、汽车零件、轮胎等
9	临沂—阿拉木图(临新亚)	2015.7.1	临　沂	1 列/月	霍尔果斯	哈萨克斯坦	7 天	5 100	中—哈		建材、日用品、家电等
10	宾州—塔什干(宾州号)	2015.10.16	博　兴	1 列/月	阿拉山口	乌兹别克斯坦	9 天	5 630	中—哈—乌		钢材、卷板等
11	青岛—阿拉木图、比什凯克	2015.7.1	胶　州	1～2 列/月	阿拉山口	吉尔吉斯斯坦	8 天	5 400	中—哈—吉		汽车配件、电子产品、轮胎、日用品等

续上表

顺号	国际班列	始发日期	始发站	开行数量	出境口岸	目的地国	运行时间	运输里程（km）	途经国	回程	主要货物种类
12	武汉—梅林克帕尔杜比采、杜伊斯堡等	2012.10.24	吴家山	1～2列/周	阿拉山口	捷克、德国	14天	10 100	中—哈—俄—白—波—捷(德)	有	电子产品、汽车、石材
13	郑州—汉堡(郑新欧)	2013.7.18	莆　田	2～4列/周	阿拉山口	德国	12～14天	10 214	中—哈—俄—白—波—德	有	纺织品、汽车配件、工程机械、医疗器械、电子产品、冷藏品等
14	长沙—杜伊斯堡、汉堡(湘欧快线)	2014.10.30	霞　凝	2～3列/月	阿拉山口	德国	16天	11 905	中—哈—俄—白—波—德		纺织品、陶瓷、茶叶、工程机械、医疗器械、电子产品等
15	合肥—阿拉木图—中亚（东风号）	2014.6.26	合肥北	1列/月	阿拉山口	哈萨克斯坦	9天	5 600	中—哈		家电、电子产品、汽车配件、叉车等
16	重庆—杜伊斯堡(渝新欧)	2011.3.19	团结村	2～4列/周	阿拉山口	德国	12～14天	11 179	中—哈—俄—白—波—德	有	电子产品、汽车配件等
17	成都—罗兹、蒂尔堡等(蓉欧快铁)	2012.12.18	城　厢	4～5列/周	阿拉山口	波兰	12～14天	10 800	中—哈—俄—白—波	有	电子产品、食品、日用品、汽车配件等
18	昆明—鹿特丹	2015.7.1	王家营西	1列/月	阿拉山口	荷兰	15天	12 350	中—哈—俄—白—波—德—荷兰		咖啡及速溶粉(年出口量6.6万t)
19	西安—阿拉木图、热姆(长安号)	2013.11.28	新　筑	1列/周	阿拉山口	哈萨克斯坦	5～6天	3 866 5 027	中—哈		机械配件、重晶石粉、工业盐、汽车配件、石油装备等

续上表

顺号	国际班列	始发日期	始发站	开行数量	出境口岸	目的地国	运行时间	运输里程(km)	途经国	回程	主要货物种类
20	武威—阿拉木图(天马号)	2014.12.12	武威南	1列/月	阿拉山口	哈萨克斯坦	4～5天	2 646	中—哈		工程机械、白色家电、日用百货、农副产品
21	兰州—阿拉木图(兰州号)	2015.7.5	兰州北	1列/月	阿拉山口	哈萨克斯坦	4～5天	2 683	中—哈		数控机床、轮胎、电暖器、焦宝石等
22	兰州—汉堡(兰州号)	2015.8.21	兰州北	1列/月	阿拉山口	德国	13天	8 961	中—哈—俄—白—波—德		数控机床、轮胎、电暖器、焦宝石等
23	乌鲁木齐—莫斯科	2015.6.10	乌　北	2列/月	阿拉山口	俄罗斯	7天	4 570	中—哈—俄	有	PVC、番茄酱、烧碱等
24	乌鲁木齐—车里雅宾斯克	2015.6.12	石河子	2列/月	阿拉山口	俄罗斯	6天	2 635	中—哈—俄		PVC、番茄酱、烧碱等
25	库尔勒—阿达纳(铁海联运)	2014.4.28	库尔勒	1列/月	阿拉山口	土耳其	28天	铁海联运	中—哈—俄—土		粘胶纤维、纱锭等
26	伊宁—库帕夫纳	2015.10.29	布列开	1～2列/月	阿拉山口	俄罗斯	8天	5 300	中—哈—俄		PVC、烧碱、瓷砖、装饰材料、服装、工业硅、水果及蔬菜等
27	奎屯—第比利斯	2015.1.29	奎　屯	1列/月	阿拉山口	格鲁吉亚	9天	5 470	中—哈—俄—阿—格		日用品、酒具、建材等
28	库尔勒—杜伊斯堡	2015.7.29	库尔勒	1列/月	阿拉山口	德国	14天	6 990	中—哈—俄—白—立—波—德		BDO(1,4-丁二醇液态化工品)
29	哈尔滨—汉堡(哈欧)	2015.6.13	香　坊	1列/月	满洲里	德国	13～15天	9 820	中—俄—白—波—德	有	电子产品、装饰材料、日用品、汽车配件等
30	长春—施瓦茨海德(长满欧)	2015.8.31	长　春	1列/月	满洲里	德国	14天	9 800	中—俄—白—波—德	有	汽车配件、木制品、日用品等

续上表

顺号	国际班列	始发日期	始发站	开行数量	出境口岸	目的地国	运行时间	运输里程(km)	途经国	回程	主要货物种类
31	沈阳—汉堡(沈满欧)	2015.10.30	沈阳东	1列/月	满洲里	德国	12～14天	11 000	中—俄—白—波—德		机械设备、汽车零件、日用品、纺织品及过境货物
32	营口—华沙	2015.6.12	鲅鱼圈	4列/月	满洲里	波兰	14天	10 500	中—俄—白—波		电子产品、装饰材料、日用品、汽车配件
33	营口—多布拉	2015.8.6	鲅鱼圈	3列/月	满洲里	斯洛伐克	15天	10 600	中—俄—乌—斯		电子产品、装饰材料、日用品、汽车配件
34	营口—岑特罗利特	2015.6.25	鲅鱼圈	2列/月	满洲里	白俄罗斯	10天	10 100	中—俄—白		机械设备(烘缸装置、矫正器)等
35	营口—莫斯科	2014.10.18	鲅鱼圈	5～6列/月	满洲里	俄罗斯	12天	9 020	中—俄		电子产品、装饰材料、日用品、汽车配件
36	大连—汉堡	2015.4.29	大窑湾	1列/月	满洲里	德国	12～14天	11 350	中—俄—白—波—德		汽车、配件、机械、建材等(中转货物)
37	大连—莫斯科等	2016.8.9	大窑湾	1列/月	满洲里	俄罗斯	12天	8 700	中—俄		水果、蔬菜(全国首趟示范冷藏集装箱班列)

(1)东部(满洲里)通道

表 10-2　东部(满洲里)通道线路技术标准表

国　　别	境内里程(km)	轨距(mm)	双/单线(%)	牵引方式电力/内燃(%)	线路允许速度(km/h)
中国(大连)	1 892	1 435	100/0	49/51	100～160
俄罗斯	7 125	1 520	95/5	95/5	80～140
白俄罗斯	611	1 520	100/0	100/0	80～120
波　兰	683	1 435	100/0	100/0	120
德国(汉堡)	391	1 435	100/0	100/0	160

(2)中部(二连)通道

表 10-3　中部(二连)通道线路技术标准表

国　　别	境内里程(km)	轨距(mm)	双/单线(%)	牵引方式电力/内燃(%)	线路允许速度(km/h)
中国(天津)	860	1 435	61/39	61/39	100～160
蒙　古	1 110	1 520	0/100	0/100	70
俄罗斯	6 368	1 520	96/4	96/4	80～120
白俄罗斯	611	1 520	100/0	100/0	80～120
波　兰	683	1 435	100/0	100/0	120
德国(汉堡)	391	1 435	100/0	100/0	160

(3)西部(阿拉山口)通道 1

表 10-4　西部(阿拉山口)通道 1——北通道线路技术标准表

国　　别	境内里程(km)	轨距(mm)	双/单线(%)	牵引方式电力/内燃(%)	线路允许速度(km/h)
中国(连云港)	4 139	1 435	98/2	100/0	100～160
哈萨克斯坦	1 913	1 520	46/54	46/54	80～100
俄罗斯	2 687	1 520	100/0	100/0	80～120
白俄罗斯	611	1 520	100/0	100/0	80～120
波　兰	683	1 435	100/0	100/0	120
德国(汉堡)	391	1 435	100/0	100/0	160

(4)西部(阿拉山口)通道 2

表 10-5　西部(阿拉山口)通道 2——中通道线路技术标准表

国　别	境内里程(km)	轨距(mm)	双/单线(%)	牵引方式电力/内燃(%)	线路允许速度(km/h)
中国(连云港)	4 139	1 435	98/2	100/0	100～160
哈萨克斯坦	3 833	1 520	38/62	28/72	80
里海轮渡	321	1 520(铁路滚装)	—	—	—
阿塞拜疆	505	1 520	0/100	100/0	80
格鲁吉亚	322	1 520	84/16	100/0	80
黑海轮渡	1 200	1 520(铁路滚装)	—	—	—
乌克兰	920	1 520	100/0	100/0	80～100
波　兰	737	1 435	96/4	100/0	90～120
德国(汉堡)	391	1 435	100/0	100/0	160

(5)西部(阿拉山口)通道 3

表 10-6　西部(阿拉山口)通道 3——南通道线路技术标准表

国　别	境内里程(km)	轨距(mm)	双/单线(%)	牵引方式电力/内燃(%)	线路允许速度(km/h)
中国(连云港)	4 139	1 435	98/2	100/0	100～160
哈萨克	1 481	1 520	41/59	62/38	80
乌兹别克斯坦	778	1 520	47/53	42/58	80
土库曼	468	1 520	0/100	0/100	80
伊　朗	1 931	1 435	单线居多	0/100	80
土耳其	2 120	1 435	单线居多	内燃居多	80
希　腊	117	1 435	双线居多	电力居多	100
保加利亚	463	1 435	34/66	69/31	80～120
罗马尼亚	513	1 435	5/95	100/0	60～120
匈牙利	278	1 435	19/81	100/0	100～120
斯洛伐克	227	1 435	100/0	100/0	100
捷　克	511	1 435	100/0	100/0	90～160
德　国	538	1 435	100/0	100/0	160

二、列车标准

列车技术标准主要有：

(1)牵引定数；

(2)车数；

(3)箱数；

(4)计长；

(5)旅行速度。

根据运营中的中欧(亚)班列东、中、西(西部分北、中、南)通道的情况，各国列车标准分别整理见表 10-7～表 10-11。

(1)东部(满洲里)通道

表 10-7　东部(满洲里)通道列车技术标准表

国　别	牵引定数(t)	车数(辆)	箱数(TEU)	计长(m)	旅行速度(km/天)
中　国	2 800	41～52	82～104	770	1 400
俄罗斯	3 500	41～71	82～142	900	1 000
白俄罗斯	3 500	41～71	82～142	900	1 000
波　兰	2 600	41～45	82～90	750	800
德国(汉堡)	2 600	41～45	82～90	750	800

(2)中部(二连)通道

表 10-8　中部(二连)通道列车技术标准表

国　别	牵引定数(t)	车数(辆)	箱数(TEU)	计长(m)	旅行速度(km/天)
中　国	2 800	38～42	76～84	770	1 000
蒙　古	2 600	38～42	76～84	850	600
俄罗斯	3 500	41～71	82～142	900	1 000
白俄罗斯	3 500	41～71	82～142	900	1 000
波　兰	2 600	41～45	82～90	750	800
德国(汉堡)	2 600	41～45	82～90	750	800

(3)西部(阿拉山口)通道 1

表 10-9　西部(阿拉山口)通道 1——北通道列车技术标准表

国　别	牵引定数(t)	车数(辆)	箱数(TEU)	计长(m)	旅行速度(km/天)
中　国	2 800	41～52	82～104	770	1 400
哈萨克斯坦	3 200	41～62	82～124	850	1 200
俄罗斯	3 500	41～71	82～142	900	1 000
白俄罗斯	3 500	41～71	82～142	900	1 000
波　兰	2 600	41～45	82～90	750	800
德国(汉堡)	2 600	41～45	82～90	750	800

(4)西部(阿拉山口)通道 2

表 10-10　西部(阿拉山口)通道 2——中通道列车技术标准表

国　　别	牵引定数(t)	车数(辆)	箱数(TEU)	计长(m)	旅行速度(km/天)
中　国	2 800	41～52	82～104	770	1 400
哈萨克斯坦	3 200	41～62	82～124	850	1 200
里海轮渡	—	小于 50	小于 100	—	—
阿塞拜疆	2 300	41～52	82～104	850	600
格鲁吉亚	3 000	41～52	82～104	850	800
黑海轮渡	—	小于 50	小于 100	—	—
乌克兰	2 800	41～52	82～104	850	1 000
波　兰	2 600	41～45	82～90	750	800
德国(汉堡)	2 600	41～45	82～90	750	800

(5)西部(阿拉山口)通道 3

表 10-11　西部(阿拉山口)通道 3——南通道列车技术标准表

国　　别	牵引定数(t)	车数(辆)	箱数(TEU)	计长(m)	旅行速度(km/天)
中　国	2 800	41～52	82～104	770	1 400
哈萨克斯坦	3 200	41～62	82～124	850	1 200
乌兹别克斯坦	2 800	41～52	82～104	850	1 000
土库曼斯坦	3 200	41～52	82～104	850	1 000
伊　朗	1 210	22～44	44～88	650	600
土耳其	1 250	22～44	44～88	650	600
希　腊	2 500	41～52	82～104	800	800
保加利亚	1 500	41～52	82～104	650	600
罗马尼亚	3 000	41～52	82～104	750	600
匈牙利	1 100	41～52	82～104	800	600
斯洛伐克	2 000	41～52	82～104	750	800
捷　克	1 600	41～52	82～104	700	800
德　国	2 600	41～45	82～90	750	800

第三节　中欧(亚)班列物流组织

一、货运量及品类

中国出口至欧洲货物量约 1 100 万 TEU,折合货量约为 1 亿 t,中欧

(亚)班列去程运量2016年实际完成1 130列，约为94 000TEU，折合运量约为75万t。中欧(亚)班列占中国对欧出口货物量不足8.5‰，发展空间很大。

中欧(亚)班列出境货源的基本种类包括：笔记本电脑产品、电子配件、家用电器、汽车零配件、轮胎、纺织服装、粘胶纤维、日用品、箱包文具、装饰材料、建材、钢材、机械设备、PVC、化工品、茶叶、番茄酱、咖啡、木制家具等。

按区域划分：西欧班列以笔记本电脑产品、电子配件、家用电器、汽车零配件、轮胎、纺织服装、番茄酱等为主。

中东欧班列以家用电器、纺织服装、日用品、箱包文具、装饰材料、建材、木制家具、番茄酱等为主。

俄罗斯班列以日用品、箱包文具、装饰材料、建材、钢材、机械设备、PVC、化工品、茶叶、番茄酱、咖啡、木制家具、番茄酱等为主。

中亚班列以家用电器、汽车零配件、轮胎、纺织服装、粘胶纤维、日用品、箱包文具、装饰材料、建材、钢材、机械设备、PVC、化工品、茶叶、番茄酱、咖啡、木制家具等为主。

中欧(亚)班列回程入境货源主要有：机械设备、精密仪器、汽车及配件、环保器材、高档服装、皮鞋、化妆品、红酒、奶制品及鲜奶、蜂蜜、食品等。

二、中欧(亚)班列的货源组织方式

1. 渝新欧产地直发的组织方式

渝新欧班列重点服务于落户重庆的世界六大笔记本电脑产品生产企业，依据笔记本电脑产品对运输时间、运输质量、安全可靠的需求，组织直达“五定班列”至德国杜伊斯堡。

渝新欧班列，以渝新欧(重庆)物流有限公司为班列平台公司，其股东由重庆交运集团公司、中铁多联公司、哈铁快运公司、俄铁物流公司、德国铁路公司组成，其全程协调工作由平台公司通过各股东分段负责。重庆市政府高度重视，投入大量的人力、物力，在德国成立了班列公司办事处，提高了全程运输的协调力度。

重庆市从2008年开始针对笔记本电脑制造及相关产业大力招商，吸引了惠普、华硕、富士康、广达等企业入驻重庆。根据重庆市经信委信息，2016年全球每3台电脑中，有1台产自重庆，年生产电脑5 800万台，各类智能终端产量2.7亿台，产值突破5 000亿元人民币，以产地直发为主是渝新欧班列的主要特征。

自2014年4月起，渝新欧班列扩大组货范围，改为一周2列的公共班列，不仅重庆的IT产品可以搭乘，华中、华南、华东等地区的各类产品都可以搭乘，班列接受拼箱等散货运输。目前渝新欧去程货源已经由开行之初的以IT产品为主，拓展到汽车整车及零配件、机械产品、服装、鞋帽、日用品以及工艺工业用品等多个品类。

2. 郑欧货源集聚方式

郑欧班列重点培育华中地区物流集结分拨中心——郑州国际内陆港为目标，吸引腹地货源组织开行班列至德国汉堡。

郑欧班列平台公司，其股东为郑州经开区和河南物资集团，皆为国内企业，所以其运作模式是国内段委托中铁多联负责，国外段委托国际上的货运代理公司分段负责。

郑州的区位优势非常明显，处于中原腹地，铁、公、空四面交通的大十字路口，是全国重要的交通枢纽和物流集聚中心。郑欧班列积极打造丝绸之路经济带上的综合国际物流港，与国家战略紧密结合。国际物流港，一方面着眼于国际贸易，一方面融入港口的概念，使之与经贸、进出口、口岸功能、物流地产等一系列的产业融为一体。郑欧班列是河南省政府和郑州市政府共同推动的项目，货源腹地千余公里，班列开行后，拉动郑州城市地位的提升，效果非常明显。国际内陆港、综合保税区、整车进口口岸、肉类进口口岸、跨境电商等功能相继落户郑州。

郑欧班列开行后，河南省进出口总额位居中西部的第一位。欧洲是河南仅次于美国的对外贸易第二市场，河南的汽车、工业丝、高档鞋帽服装、磨料、纺织品在欧盟市场的销量明显上升，市场占有率也不断提高。

3. 营满欧海铁联运方式

营满欧铁海联运班列，重点开发东南沿海及日韩等周边地区的货物，利用成熟的海运费低廉和俄铁西伯利亚铁路通道运价优势，开行营口(鲅鱼圈)至莫斯科、斯洛伐克、白俄罗斯、波兰等地的直达班列。

营满欧班列平台公司——辽宁沈哈红运物流有限公司，其股东由营口港集团有限公司、哈尔滨铁路物流有限公司、沈阳铁道物流集团有限公司、辽宁红运物流(集团)有限公司组成。

营口港至满洲里口岸出境到达俄罗斯与欧洲的中俄欧集装箱运输大通道，向东辐射韩国、日本、东南亚以及我国沿海省份，向西可到达俄罗斯、白俄罗斯、波兰、斯洛伐克、德国、匈牙利。营口港亚欧大陆桥集装箱货源主要有三个：一是从我国沿海省份采取内贸海运的方式发到港口，在营口口岸直接报关出口的;二是从韩日以及东南亚通过外贸航线发到港口,在营口口岸转关过境的;三是本地货物,主要以周边城市的镁制品为主。

自 2014 年开始,营口港加大了经满洲里转关至欧洲的营满欧集装箱班列的开发力度,平均每周开行 5 列,货源旺季达到 6～7 列。大连港至辽满欧班列的货源组织形式基本也是这种方式。

4. 新疆区域合作与集结方式

新疆班列最大的优势在于新疆距中亚和欧洲距离最近,具有时间和价格的竞争优势,新疆提供乌鲁木齐至欧洲、中西亚的定制化、客车化的直达班列平台,对不能整列直发的城市和地区,可以通过区域合作的方式,在新疆集结,组列发往中西亚和欧洲。

新疆班列平台公司——新疆中欧联合物流有限公司,其股东由乌鲁木齐经济技术开发区建设投资开发有限公司、新疆大陆桥集团预先责任公司、华铁联达(北京)国际物流有限公司组成。

新疆是中欧班列西通道的必经之地,内地出去和返程的中欧班列可在新疆重新编组,加挂新疆西出和东进的新疆产品的班列,将充分发挥新疆作为丝绸之路经济带核心区的集散作用。不具备整列直达条件的城市或班列公司可通过新疆集结发列。

5. 连新亚过境中转方式

连新亚班列利用其国家定位为新亚欧大陆桥运输通道起点的优势及过境运输赋予的运价政策,组织转运日韩及东南亚各国过境中国,去往中西亚的货物。

连新亚班列平台公司——中哈国际物流有限公司,其股东由连云港港口集团有限公司、哈铁快运股份公司组成。目前,在我国境内已经形成东桥头堡以连云港为主,北有青岛、天津、大连,南有上海、宁波、广州等多堡、多通道、多口岸的陆桥过境通道。

利用新亚欧大陆桥开展过境运输的主要有日本、韩国和中亚、东南亚地区等 20 多个国家或地区,运输的主要品种有机械设备、汽车及配件、矿产品、化肥、农副产品等 10 多个大类。

三、运输协调方式

中欧(亚)班列主要由中铁国际多式联运有限公司、德铁辛克(DB Schenker)和俄罗斯铁路公司(RZD)、敦豪航空货运公司(DHL)及哈铁快运(KTZ Express)共同提供国际物流服务,见表 10-12。

表 10-12 中欧(亚)班列物流提供商一览表

国际物流提供商	情 况 简 介
中铁国际多式联运有限公司	为班列中国区段的主要经营者,服务包括所有中欧(亚)班列的运输组织及信息跟踪工作,中欧(亚)班列到达阿拉山口口岸后及时与口岸报关行沟通协调,处理问题等
德铁辛克和俄罗斯铁路公司	提供到汉堡、纽伦堡和杜伊斯堡的每周定期服务;2009 年 DB Schenker 与 RZD 合作建立跨亚欧国际物流公司(TEL)
敦豪航空货运公司	2013 年推出成都—哈萨克斯坦—波兰的货运港口班列;2014 年 3 月,DHL 通过美国运输与物流公司(UTLC)的新合资公司发展中欧铁路业务;2014 年开行苏州—华沙班列
哈铁快运	提供铁路运输、哈萨克斯坦境内换装工作、车辆服务,从 2014 年 10 月,公司逐步提供从深圳、广州、武汉、西安到欧洲的新的铁路物流服务

中欧(亚)班列开行涉及货源组织、箱源组织、径路选择、运输组织、货运代理、信息追踪、费用结算和政策支持等 8 方面要素,是一个综合性的、环环相扣的国际物流系统工程,需要客户、铁路、港口、海关、国检、代理、政府等共同参与,协调发展。现阶段,在"一带一路"战略推动下,各地积极响应开行班列。中欧(亚)班列的协调工作呈现"地方主导,各自发展"的特点。总结起来,中欧(亚)班列的运输协调方式可以归纳成如下几种。

(1)以渝新欧为代表的由班列平台公司全程运输协调的方式

渝新欧班列,以渝新欧(重庆)物流有限公司为平台公司,其股东由重庆交运集团、中铁多联、哈铁快运公司、俄铁物流公司、德铁公司组成,所以其全程协调工作由平台公司通过各股东分段负责。加上重庆市政府高度重视,投入较大的人力、物力,在德国成立了平台公司的协调办事处,极大地提高了全程运输的协调力度。

(2)以郑欧为代表的由班列平台公司国内段委托中铁、国外段委托国际物流商协调的方式

郑欧班列平台公司的股东为郑州经开区和河南物资集团,所以其运作模式是国内段委托中铁多联负责,国外段委托国际上的货运代理公司负责。蓉欧快铁(成都—波兰)、湘欧等部分平台公司采用这种模式。

(3)以汉欧为代表的由平台公司全程委托中铁协调的方式

汉欧班列平台公司全程委托中铁多联负责。中铁多联国内段自己负责,宽轨段委托哈铁快运(或者俄罗斯集装箱公司),欧洲段委托其他国际代理公司负责,苏满欧、义新欧等部分平台公司采用这种模式。

(4)以"长安号"为代表的由发货人国内段委托中铁多联、国外段客户自

办运输的协调方式

“长安号”主要开行西安到中亚班列。其模式是发货人国内段委托铁路局办理铁路发运手续，口岸转关及国外段运输由发货人自行委托国外代理的模式。

(5)以营满欧为代表的由发货人国内段委托班列平台公司组织发运、国外段委托国际物流商协调的方式

营满欧班列是指发站为营口，经满洲里出境，通过西伯利亚铁路经俄罗斯、白俄罗斯的班列。其运作模式为国内段运输(从鲅鱼圈到满洲里)统一由沈哈鸿运物流公司经营，国外段由发货人自行委托代理的模式。

中欧(亚)班列在培育期，根据各地的经济发展和“走出去”的实际情况，各地政府牵头，组建市场化运营的班列平台机构，协调有关单位，组织班列开行。这种各自为政的局面，也带来一些问题，如：平台公司之间货源竞争激烈，形成很多“候鸟”货源，加大了政府补贴力度，班列空率较高等。这种局面应予适度整合，以发挥整体效应。

第四节　准/宽轨换装站技术条件

一、中国与周边国家的准/宽轨换装站

中欧(亚)班列主要通过周边哈萨克斯坦、俄罗斯、蒙古去往欧洲、中亚和西亚，过境口岸主要为阿拉山口—多斯特克、霍尔果斯—阿腾科里、二连—扎门乌德和满洲里—后贝加尔。

1. 中哈口岸

中哈间有 2 处铁路口岸，4 个口岸站：阿拉山口、多斯特克、霍尔果斯、阿腾科里。

(1)阿拉山口站

阿拉山口口岸站位于新疆博尔塔拉蒙古自治州博乐市境内的东北角，对方口岸站为多斯特克(原名德鲁日巴)。该站为一等货运站，技术性质为区段站。阿拉山口站现有准轨到发场 2 个，宽轨到发场 1 个，换装场 1 个，集装箱换装库 1 座。准轨Ⅰ场有到发线 7 条，调车线 10 条；准轨Ⅱ场有到发线 7 条，调车线 17 条；两场日接发车能力 38 列。宽轨到发场有到发线 6 条，调车线 12 条，日接发车能力 20 列。换装场有露天换装区和库内换装区，设有宽轨 18 条，准轨 19 条，年综合换装能力约 1 500 万 t。2013 年阿拉山口站过货量达到近年来的最高峰，为 1 775 万 t，2014 年完成 1 316 万 t。图 10-1 为

阿拉山口站室内集装箱换装库房。

图 10-1　阿拉山口站室内集装箱换装库房

(2)多斯特克站

多斯特克站，离边境 8 km，有敞车换装场 2 个，棚车换装库 2 座，散堆装货物换装库 2 座，集装箱换装库 1 座；宽轨场有到发线及编组线 15 条，换轮线 10 条；准轨场有到发线及编组线 10 条。多斯特克站现有过货能力为 1 000 多万 t，站场设计预留能力为 2 000 万 t。

按中哈国境铁路协定，多斯特克站换装能力为 450 车/日，其中集装箱 280 箱/日，棚车 80 车/日，敞车 40 车/日，其他 50 车/日。

(3)霍尔果斯站

霍尔果斯站的站场布局为分场纵列式之正线一侧式，自西向东按边检场、宽轨场、客运车场、准轨场纵列式布置；客、货换轮库和换装场设在客场南侧，横列式布置。宽轨场、准轨场具备接发列车和调车作业功能。

宽轨到发线有效长 1 050 m，准轨到发线有效长 850 m，换装线 850 m 满足整列换装需要。

边检场：宽准轨到发线各 2 条。

客运车场：准轨到发线 3 条，宽轨到发线 2 条，设 500 m 基本站台 2 座。

宽轨场：到发线 8 条，调车及存车线 6 条，牵出线 1 条。

准轨场：到发线 9 条，设小型驼峰场一座，调车及存车线 8 条，牵出线 5 条。

换装设施：

换装线 4 组，分别是怕湿货物换装线、集装箱换装线、笨重货物换装线、散堆装货物换装线，主要办理进出口货物的换装业务。

设 1 500 m^2 海关监管落地货物仓库和查验落地货物仓库各 1 座，设 1 000 m^2 出入境检验检疫查验库 1 座。

设出口货物查验线 2 条，有效长 200 m，出口查验货物雨棚 2 556 m^2。

霍尔果斯至阿腾科里区间通过能力是宽、准轨各 12 对/日。

(4)阿腾科里站

站场按横列式布局，自北向南依次为准轨场、换装场、宽轨场。站场东侧设计集海关、边检共同查验检查场(海关客运站)。

宽轨到发线有效长 850 m，准轨到发线有效长 850 m，换装线长 350～450 m。

准轨场：到发线 4 条、编组线 7 条、牵出线 1 条。

宽轨场：到发线 6 条、编组线 7 条、牵出线 1 条。

边检共同查验检查场(海关客运站)：宽轨到发线 2 条，准轨到发线 2 条。宽准轨到发线间设旅客站台和边检海关查验大厅，具备旅客换乘检查的条件。

换装设施：

换装线 3 组，有效作业车数均为 30 辆，其中集装箱换装线 1 组，笨重货物换装线 1 组，棚车货物换装线 1 组；

宽轨客车到发线 2 条，客运站台 1 座，候车楼 1 幢。

按照中哈国境铁路协定，阿腾科里站换装能力为 240 车/日，其中集装箱 120 箱/日，棚车 60 车/日，其他 60 车/日。

从阿腾科里和多斯特克口岸出口货物的总换装能力为 690 车/日，实际出口 400 车/日，换装能力富余约 40%，可以满足中欧(亚)班列每周开行 13 列车的需求。

2. 中蒙口岸

中蒙间有 1 处铁路口岸，2 个口岸站：二连站、扎门乌德站。

(1)二连站

二连站位于内蒙古自治区中部，是我国通往蒙古国的最大口岸，也是全国第三大陆路口岸。二连站与蒙古国扎门乌德站相连，现有到发场 2 个，换装场 1 个。准轨场有到发线 6 条，调车线 16 条，日接发车能力为 34 列。宽轨场有到发线 10 条，调车线 14 条，日接发车能力为 18 列。换装场有作业线 45 条(准轨 24 条，宽轨 21 条)，年综合换装能力 1 620 万 t。2011 年二连站过货量达到近年来的最高峰，为 912 万 t。2014 年完成 898 万 t。

(2)扎门乌德站

扎门乌德站位于蒙古国的东南边境，后方宽轨铁路通过乌兰巴托与俄罗斯西伯利亚大铁路连接，前方与中国的二连口岸站对接。现有宽、准轨到发场 1 个，宽轨到发及调车线 12 条，准轨到发及调车线 4 条；件杂货换装场 1 个，换装线 8 条；集装箱换装场 1 个，换装线 2 条；换轮场 1 个，换轮线 2 条。扎门乌德站宽轨车接发能力 12 列，准轨车接发能力 8 列，年综合换装能力约 1 000 万 t。

3. 中俄口岸

中俄口岸有 2 处，满洲里/后贝加尔和绥芬河/格罗迭科沃。中欧(亚)班列主要通过满洲里/后贝加尔口岸。

满洲里/后贝加尔口岸间 1 520 mm 轨距列车重量标准规定为：上行列车无补机推送 6 800 t，下行列车为 2 200 t。列车标准长度规定为 71 辆换长车(俄铁换长车等于 14 m)。1 435 mm 轨距列车重量标准为不超过 2 700 t，双机牵引时为 5 000 t。货物列车长度不超过 240 轴。同一收货人或同一到站的集装箱列车长度规定不超过 70 辆中铁换长车(中铁换长车等于 11 m)。

满洲里站接车能力为 20 列/天(1 520 mm 轨距列车)，后贝加尔站每昼夜接车能力为 5 列/天(1 435 mm 轨距列车)。满洲里和后贝加尔区间可同时接发 1 520 mm 和 1 435 mm 轨距列车，中铁和俄铁在接收方到发线办理货物、车辆和集装箱交接。

(1)满洲里站

满洲里口岸站位于内蒙古自治区东北部，北与俄罗斯赤塔州接壤，西与蒙古国比邻，东靠呼伦贝尔市，是我国最大的边境陆路口岸。满洲里站与俄罗斯后贝加尔站对接，现有到发场 3 个，换装场 3 个。2 个准轨场有正线 2 条、到发线 9 条、调车线 14 条，共计 25 条线路，日接发车能力 52 列。宽轨场有正线 2 条、到发线 8 条、调车线 16 条，共计 26 条线路，日接发车能力 32 列。3 个换装场有 9 组 18 条换装线。

满洲里站配备各种装卸吊装机具(最大起重能力 320 t 吊机一台、150 t 吊机两台和各种桥吊、汽车吊、叉车)。近年来，满洲里站年接运能力已达 7 000 万 t 以上，2007 年满洲里站过货量达到近年来的最高峰，为 2 330 万 t，2014 年完成 1 592 万 t，同年，满洲里集装箱专办站投入使用，集装箱年接发能力达到 50 万 TEU。满洲里站门式起重机、室内换轮库、整车换装线如图 10-2～图 10-5 所示。

(2)后贝加尔站

后贝加尔站位于俄罗斯外贝加尔地区俄、蒙、中三国交界地，后方宽轨铁路经赤塔与去往莫斯科的西伯利亚大铁路相连接。后贝加尔站位于距满洲里站西场 K9+950 处，有准轨线路 5 条，其中 3 条到发线、2 条调车线。站

图 10-2　满洲里换装站 320 t 门式起重机

图 10-3　满洲里站室内换轮库

图 10-4　满洲里室内换轮库换装原油罐车转向架

内 1、2 线不换装；3 站台用人工换装；4 站台用龙门吊换装集装箱；5 站台换装敞车、平车、冷藏车，配有新、旧库，冬天可换装水果、鲜肉等。2009 年，俄

图 10-5　满洲里整车换装线

罗斯集装箱公司(Trainscontainer)投资改造了集装箱换装场。该集装箱换装场硬化面积为 183 000 m^2,能够堆存 8 500 TEU 的集装箱,铁路轨道 6 条,3 条宽轨,3 条准轨,年接发能力达到 55 万 TEU。

二、独联体国家与欧洲国家宽/准轨换装站

独联体国家轨距为 1 520 mm,欧洲大部分国家轨距为 1 435 mm,宽/准轨换装站主要分布在波罗的海、西欧通道和南欧通道上。

1. 波罗的海通道

波罗的海通道(中国—俄罗斯—白俄罗斯—立陶宛—波兰)宽准轨换装站设在立陶宛的塞斯头卡站(SESTOKAI)和考那斯站(在建中)。

塞斯头卡站(SESTOKAI):位于立波边界,与波兰口岸马卡尤瓦站(MOCKAUA)遥相呼应,是波罗的海通往欧洲主要通道,如图 10-6、图 10-7 所示。

图 10-6　塞斯头卡站鸟瞰图

考那斯站(在建中):位于立陶宛中部。立陶宛主要为宽轨铁路网,近年

图 10-7　新疆出口到德国的 1,4-丁二醇在塞斯头卡站换装

来欧盟发起修建了从波兰通往波罗的海三国的准轨铁路，该准轨铁路从立陶宛中部穿过，在考那斯站与宽轨铁路网交汇。考那斯站现有在建宽准轨到发场 1 个，到发线及调车线 20 条；换装场 1 个，换装线 8 条；换轮场 1 个，换轮线 2 条。宽轨场日接发车能力 8 列；准轨场日接发车能力 6 列；年综合换装能力约 800 万 t。

2. 西欧通道

西欧通道（中国—俄罗斯—白俄罗斯—波兰—德国—法国）宽准轨换装站是白俄罗斯的布列斯特站和波兰的马拉舍维奇站。

(1)布列斯特站

布列斯特站位于白俄罗斯西南边境，是独联体宽轨铁路网面向欧盟的西部末端，向西通过波兰可以连接德国、荷兰、比利时、法国等国家。现有宽准轨到发场 1 个，到发线及调车线 12 条；换装场 1 个，换装线 8 条；换轮场 1 个，换轮线 2 条。宽轨场日接发车能力 10 列；准轨场日接发车能力 8 列；年综合换装能力约 1 000 万 t。布列斯特站如图 10-8 所示。

图 10-8　布列斯特站

(2)马拉舍维奇站

马拉舍维奇站位于波兰的东部边境，是欧盟准轨铁路网面向独联体的大门，向东通过白俄罗斯可以连接俄罗斯、蒙古、中国以及哈萨克斯坦等中亚国家。现有宽、准轨到发场各 1 个，到发线及调车线 70 条；换装场 4 处，换装线 20 条；换轮场 1 个，换轮线 2 条。宽轨场日接发车能力 8 列；准轨场日接发车能力 10 列；年综合换装能力约 1 200 万 t。如图 10-9、图 10-10 所示。

图 10-9　马拉舍维奇站集装箱换装场

图 10-10　马拉舍维奇站整车换装场

3. 南欧通道

南欧通道（中国—俄罗斯—乌克兰—斯洛伐克或匈牙利—罗马尼亚、保加利亚及前南斯拉夫各国、意大利）宽准轨换装站是乌克兰的乔普站、斯洛伐克的蒂萨河畔的切尔纳站和匈牙利的扎霍尼站。

（1）乔普站

乔普站位于乌克兰的西部边境，是独联体宽轨路网去往中南欧的终点，向西通过斯洛伐克的蒂萨河畔的切尔纳站连接中欧铁路网，向南通过匈牙利的扎霍尼站连接南欧铁路网。现有宽准轨到发场 1 个，到发线及调车线 10 条；换装场 1 个，换装线 8 条；换轮场 1 个，换轮线 2 条。宽轨场日接发车能力 10 列；准轨场日接发车能力 8 列；年综合换装能力约 1 200 万 t。如图 10-11～图 10-14 所示。

图 10-11　乔普站站房

图 10-12　乔普站换装线架车机

图 10-13　乔普站换装线

图 10-14　乔普站集装箱作业场

（2）蒂萨河畔的切尔纳站

蒂萨河畔的切尔纳站位于斯洛伐克国境线的西南角，向西连接着中欧铁路网，可通往捷克、奥地利、德国、瑞士、意大利等国。现有宽轨到发场、调车场各 1 个，到发线及调车线共 47 条；准轨到发场、调车场各 1 个，到发线及调车线共 40 条；换装场 1 个，换装线 52 条；换轮场 1 个，换轮线 2 条；还有专用的集装箱换装场一个，换装线 6 条。宽轨场日接发车能力 12 列；准轨场日接发车能力 10 列；年综合换装能力约 1 500 万 t。如图 10-15～图 10-18 所示。

图 10-15　斯铁切尔纳站车场

（3）扎霍尼站

扎霍尼站位于匈牙利国境线的西北角，向南连接着中南欧铁路网，可通往罗马尼亚、保加利亚和前南斯拉夫的塞尔维亚、克罗地亚等国。现有宽准轨到发场各 1 个，到发线及调车线 26 条；换装场 2 个，换装线 12 条；换轮场

图 10-16 斯铁切尔纳站宽准轨到发线

图 10-17 切尔纳站多布拉集装箱货场

图 10-18 切尔纳站多布拉集装箱货场换装设备

1 个，换轮线 2 条。宽轨场日接发车能力 8 列；准轨场日接发车能力 10 列；年综合换装能力约 800 万 t。如图 10-19～图 10-24 所示。

图 10-19　扎霍尼站编组场

图 10-20　扎霍尼站宽轨到发线

图 10-21　扎霍尼站待运的化肥

图 10-22　扎霍尼站宽准轨换装货场

图 10-23　扎霍尼站公铁联运仓库 1

图 10-24　扎霍尼站公铁联运仓库 2

三、独联体国家与西亚国家宽/准轨换装站

中亚国家(独联体国家)采用 1 520 mm 轨距，西亚国家采用 1 435 mm

轨距，因此在中欧（亚）班列南通道（中国—哈萨克斯坦—乌兹别克斯坦—土库曼斯坦—伊朗—土耳其—欧洲）上必须进行宽准轨之间的换装。

(1)谢拉赫斯站

谢拉赫斯站位于土库曼斯坦的东南部边境，是中亚去往西亚的咽喉。该站现有宽准轨到发场 1 个，到发线及调车线 10 条；换装场 1 个，换装线 8 条；换轮场 1 个，换轮线 2 条。宽轨场日接发车能力 10 列；准轨场日接发车能力 8 列；年综合换装能力约 800 万 t。如图 10-25～图 10-27 所示。

图 10-25　谢拉赫斯站站房

图 10-26　谢拉赫斯站换轮场

(2)萨拉赫斯站

萨拉赫斯站位于伊朗的东北部边境，与土库曼斯坦的谢拉赫斯站相对接。该站现有宽轨到发场 1 个，到发线及调车线 12 条；准轨到发场 1 个，到发线及调车线 23 条；换轮场 1 个，换轮线 4 条。宽轨场日接发车能力 10 列；准轨场日接发车能力 12 列；年综合换装能力约 800 万 t。如图 10-28、图 10-29 所示。

图 10-27 谢拉赫斯站集装箱换装场

图 10-28 萨拉赫斯站站房

图 10-29 萨拉赫斯站换轮线架车换装

(3)艾特列克站

艾特列克站是土库曼斯坦进入伊朗便捷的新通道换装站。如图 10-30～图 10-32 所示。

(4)阿基亚伊拉站

阿基亚伊拉口岸站是土库曼斯坦进入伊朗因切布隆口岸站的新通道，

图 10-30　艾特列克换装站站房

图 10-31　艾特列克站换轮场

图 10-32　艾特列克站集装箱换装场

两口岸站距离不超过 5 km。如图 10-33、图 10-34 所示。

图 10-33　阿基亚伊拉口岸站站房

图 10-34　阿基亚伊拉站线路

第五节　主要中欧(亚)班列境内外站场情况

截至 2016 年底，中欧(亚)班列常态化开行的班列主要有 16 条，具有代表性的中欧(亚)班列主要有：渝新欧、蓉欧、郑欧、汉欧班列及经满洲里出境的辽满欧班列，其到发站的基础设施简介如下：

(1)渝新欧班列(重庆—杜伊斯堡)

渝新欧班列从重庆团结村铁路集装箱中心站始发，终到站德国杜伊斯堡，其基础设施如下：

渝新欧班列重庆团结村集装箱中心站：重庆团结村集装箱中心站有两条货装线，年办理集装箱量 50 万 TEU，设置海关监管区。渝新欧班列重庆团结村集装箱中心站如图 10-35 所示。

杜伊斯堡铁路多式联运终端站位于莱茵河和鲁尔河交汇处附近，服务

(a) 团结村中心站门禁

(b) 1 050 m×2集装箱装卸线

(c) 海关监管库

(d) 集装箱堆场

图 10-35　渝新欧班列重庆团结村集装箱中心站

于鲁尔工业区，是世界最大的陆运河港，2015 年完成吞吐量 360 万 TEU，其中本地货源占 50%，区域货源占 50%。港口铁路公司拥有 200 km 自有线，13 台机车，四个铁路多式联运终端站。杜伊斯堡多式联运终端站承担中欧重庆、武汉等班列到发和分拨业务。如图 10-36 所示。

(2)汉欧班列(武汉—杜伊斯堡)

汉欧班列从武汉吴家山铁路集装箱中心站始发，终到站德国杜伊斯堡。

汉欧吴家山集装箱中心站：武汉吴家山集装箱中心站有两条货装线，年办理集装箱量 50 万 TEU，设置海关监管区。如图 10-37～图 10-39 所示。

汉欧班列终点站与渝新欧班列的相同，也为杜伊斯堡站。如图 10-40、图 10-41 所示。

(3)蓉欧班列(成都—罗兹)

蓉欧班列从成都城厢铁路集装箱中心站始发，终到站波兰罗兹。

成都铁路口岸位于成都国际铁路港内，于 2011 年 10 月正式投入使用，占地面积约 330 亩，总建筑面积 3.7 万 m^2，是成都唯一铁路口岸；成都铁路口岸先后获批国家对外开放口岸、肉类进境指定口岸、汽车整车进口口岸以

(a) 六条铁路装卸线

(b) 危险品装卸场

(c) 河港码头

(d) 拼箱车间

图 10-36　杜伊斯堡多式联运终端站

图 10-37　吴家山集装箱中心站门禁

图 10-38　1 050 m×2 集装箱装卸场

图 10-39　50 万 TEU 集装箱场站

图 10-40　杜伊斯堡河港

图 10-41　汉欧班列的集装箱场站

及保税物流中心(B 型);近期获得国务院批复的四川自贸试验区,青白江铁路港片区亦在其规划当中。

蓉欧班列城厢中心站:成都城厢集装箱中心站有 4 条货装线,年办理集装箱量 100 万 TEU,设置海关监管区,可以办理整车进口、冷藏货进口等,是成都铁路港的重要组成部分。如图 10-42、图 10-43 所示。

图 10-42　集装箱场站

图 10-43　成都铁路港鸟瞰图

蓉欧班列罗兹铁路终端站:罗兹是波兰的第四大城市,罗兹站距市区约 42 km,位于编组站旁边,占地面积约 15 万 m^2,两条货装线,每条长约 400 m,门机两台,正面吊 1 台。在市区内有保税库,负责分拨配送等,是蓉欧班列在欧洲的主要基地之一。如图 10-44～图 10-46 所示。

(4)郑欧班列(郑州—汉堡)

郑欧班列从郑州莆田铁路集装箱中心站始发,终到站德国汉堡。

郑欧班列莆田中心站:郑州莆田集装箱中心站有两条货装线,年办理集装箱量 50 万 TEU,设置海关监管区,可以办理整车进口、冷藏货进口、水果进口等业务。如图 10-47～图 10-50 所示。

图 10-44　罗兹保税仓库

图 10-45　集装箱装卸场

图 10-46　集装箱场站

图 10-47　莆田集装箱中心站

图 10-48　莆田检验检疫中心

图 10-49　莆田海关监管中心

图 10-50　跨境电商集货中心

郑欧班列汉堡集装箱终点站：中欧班列汉堡集装箱终点站是多条班列线的集结地和分拨中心，班列数排行第一，汉堡终点站有两处基地，分别为德铁(DB)比尔韦德车站和汉堡港最大的集装箱码头、铁海联运基地铁路场站，中欧班列分别到达这两个基地，运量分配比尔韦德车站占 35%，铁路场站占 65%，简要情况如下：

德铁比尔韦德车站：距汉堡市区约 25 km，是德铁第三大集装箱站(科隆第一，慕尼黑第二)，有三条货装线，2015 年集装箱运量 25.75 万 TEU，完成郑欧班列 2 000 大柜(约 50 列)。如图 10-51 所示。

汉堡港铁路场站：港口位于易北河畔，是汉堡港三大集装箱码头中最大的民营港口，拥有 6 条铁路货装线，28 台机车，700 辆集平车。有 30%集装箱通过铁路运输运至欧洲各地，中欧班列到达货物中有 40%的货物通过港口海运至波罗的海周边国家，郑欧班列每周有 3 列到发，5 h 装卸 1 列，是中欧贸易交流最大的铁海联运基地，如图 10-52 所示。

(5)辽满欧班列(辽宁—莫斯科)

辽满欧班列从大连大窑湾集装箱中心站始发，终到站莫斯科科沃尔西诺。

图 10-51　汉堡 DB 集装箱场站

图 10-52　汉堡港集装箱场站

辽满欧大连大窑湾集装箱中心站：该集装箱中心站有 4 条货装线，年办理集装箱量 100 万 TEU，设置海关监管区，可以办理整车进口、冷藏货进口等，是集装箱站中功能齐全、贴近市场，既能办理整车，也办理拆拼箱等业务的综合性国际三式联运货场。如图 10-53～图 10-56 所示。

图 10-53　发往俄罗斯冷列

图 10-54　整车出口

辽满欧莫斯科沃尔西诺铁路终端站：该站位于俄罗斯西南近郊，距离莫斯科大环线 67 km。场站内有 7 条线，每条线长 1 000 m，计划增至 1 200 m，预留了门吊位置。有 4 台正面吊作业，场站内有露天海关监管库。发到班列来自大连，同时开行至里加、圣彼得堡、阿拉木图往返列车。海关手续简便，清关较快，所有货物清关信息及进程都在大屏幕显示。场站如图 10-57 所示。

图 10-55　待发的集装箱班列

图 10-56　大连港集装箱码头

图 10-57　莫斯科沃尔西诺站场站

第六节　运输协定

中欧(亚)班列经过的国家主要有中国、哈萨克斯坦、俄罗斯、蒙古、白俄罗斯、立陶宛、波兰、德国、捷克、斯洛伐克、意大利、西班牙、荷兰、法国、比利时、英国等。

中国、哈萨克斯坦、蒙古、俄罗斯、白俄罗斯、立陶宛、波兰遵循《国际货协》,在这些国家之间的铁路国际联运,要使用“货协运单”。

德国、波兰、西班牙、意大利、捷克、斯洛伐克、荷兰等遵循《国际货约》，在这些国家之间的铁路国际联运，要使用“货约运单”。

因此，中欧（亚）班列从中国运行到欧洲，需要遵循《国际货协》和《国际货约》的规定，并且先要使用“货协运单”，然后使用“货约运单”；回程班列，就要先使用“货约运单”，再使用“货协运单”。这便需要有一个“换单”的操作。波兰既是《国际货协》参加国，也是《国际货约》参加国，所以中欧（亚）班列需要在波兰的马拉舍维奇站进行换单操作。为了简化“换单操作”，铁组引进了“统一运单”，即“国际货约/国际货协运单”。

另外，每年铁组成员国召开一次运量协商会议，会后签订《铁组运量会议议定书》，供《国际货协》成员国铁路部门在日常运输组织中遵照执行。

除了《国际货协》《国际货约》《统一运单》《铁路运量会议议定书》这些多边协议外，相邻国之间还签有双边协议，如《中俄国境铁路协定》《中哈国境铁路协定》《中蒙国境铁路协定》《中哈国境铁路联合委员会议定书》《中俄国境铁路联合委员会议定书》《中蒙国境铁路联合委员会议定书》等。

概括起来，中欧（亚）班列各过境国之间适用的联运规则体系包括三部分：一是铁组和国际铁路政府间组织制定的关于铁路联运的多边协定；二是相邻两国铁路主管部门关于国境铁路的双边协定；三是相邻两国铁路运输企业每年召开的国境铁路联合委员会达成的议定书。

一、制定运输法的国际组织概况

亚欧两大洲制定铁路运输法的国际组织主要有铁组（OSJD）和国际铁路运输政府间组织（OTIF）。由于亚欧铁路运输通道由铁组规划，因此其概况在前文中已有介绍，此处我们重点介绍国际铁路运输政府间组织的概况。

最早的欧洲铁路联运协定为 1890 年欧洲各国铁路代表在瑞士伯尔尼召开会议制定的《国际铁路货物运送规则》（即使用的《国际货约》），为协调国际铁路联运，还根据当时的国际法成立了专门管理机构。经过 90 年的发展，1980 年，各成员国签署《国际铁路联运公约》（COTIF 1980），依据公约，国际铁路运输政府间组织（OTIF）于 1985 年 5 月 1 日正式成立。

OTIF 为具有国际法人实体地位的政府间国际组织，主要任务是通过设立统一铁路法体系，使国际铁路联运的各方面都得到改善、促进和提高。OTIF 制定的统一铁路法主要包括两方面内容：一是建立国际联运法规体系，并促进其发展和在成员国中的应用；二是统一各国技术标准，促进设备设施的互操作性，对铁路材料进行技术许可，增加国际联运的便利性。

COTIF 1980由正文和两个附件构成，正文为OTIF的组织章程，附件为《国际客约》(CIV)和《国际货约》(CIM)。1999年，为了适应成员国政治、经济及法律制度的变化以及进一步消除成员国间的联运障碍，OTIF对COTIF 1980修改后形成COTIF1999，于2015年7月1日正式生效。COTIF1999由正文和七个附件构成。正文包括七部分内容，在COTIF 1980基础上，更为详尽地规定了OTIF的性质任务、活动方向、成员资格、组织架构、资金来源、争端解决和特权豁免权等条款；附件为OTIF制定的联运规则和技术标准要求，包括《国际客约》(CIV)、《国际货约》(CIM)、《国际危险品运送协定》(RID)、《国际铁路车辆使用协定》(CUV)、《国际铁路基础设施协定》(CUI)、《国际联运的技术标准和铁路材料的有效性协定》(APTU)和《国际铁路运输中使用的铁路材料的技术许可协定》(ATMF)。

OTIF的最高决策机构是全体大会，由所有成员国代表组成，下设行政委员会、法律修订委员会、危险品运输专家委员会、技术专家委员会、促进铁路发展委员会和秘书处。其中，行政委员会是其他委员会和秘书处的上层机构，直接管理秘书处的行政事务和财务状况，并监督其他委员会的工作；法律修订委员会负责公约及附件的修改工作；危险品运输专家委员会负责修改RID文件内容；技术专家委员会负责修订APTU和ATMF文件内容；促进铁路发展委员会主要处理各成员国间有关国际铁路联运的问题。

秘书处为OTIF的常设机构，根据OTIF与瑞士签订的东道国协定，设址在瑞士伯尔尼，秘书处的职员为公开招募，组织机构和人员享有保证其正常开展工作应具备的特权和豁免权。秘书处由行政委员会监督管理，内设领导层、联络组和工作组，工作组又包括立法工作组、技术工作组、危险品运输工作组、翻译工作组、行政与财务管理工作组。秘书处对外代表OTIF开展工作，执行全体大会、行政委员会和其他委员会的决定。

1890年伯尔尼会议的参加国以欧洲国家为主，共有24个成员，1980年，部分中亚和北非国家参加，成员增加到39个，之后，部分独联体国家陆续加入。截至2016年底，OTIF的正式成员国有49个，具体分布为：西欧9个、中欧9个、东欧9个、北欧4个、南欧6个、西亚8个、南亚1个、北非3个；准成员国1个，为约旦；此外，地区性经济合作组织——欧盟也加入成为OTIF的特殊成员。

正式成员的权利包括：声明和保留权、参加全体大会、参加行政委员会、参与其他委员会并修订协定、仲裁权、退出公约权。义务仅限于缴纳会费，缴纳方式为40%的会费按各成员国在联合国的会费缴纳份额比例分摊，另外 60%按各国铁路网里程及指定加入联运的内河和海运里程收取，会费还有最高和最低限额的规定，每个成员会费限定在总会费的 0.25%～15%之间。

二、多边协定

多边协定是指协调中欧(亚)班列整个运输过程的协定，主要解决中欧(亚)班列开行中全过程的问题，包括计划商定、收费、单证、报关报验手续、交付、货损赔偿等。多边协定主要有：

(1)《国际铁路货物联运协定》(《国际货协》)；

(2)《国际铁路货物联运协定办事细则》；

(3)《国际铁路货物运送公约》(《国际货约》)；

(4)国际货约/国际货协运单(统一运单)；

(5)《国际铁路货物联运统一过境运价规程》(《统一货价》)；

(6)《国际联运货车使用规则》(《货车规则》)；

(7)《国际旅客联运和铁路货物联运清算规则协约和清算规则》；

(8)《年度进出口和过境货物运量及其保证措施会议议定书》(《运量会议议定书》。

1.《国际铁路货物联运协定》和货协运单

(1)《国际铁路货物联运协定》

《国际铁路货物联运协定》(Agreement on International Railroad through Transport of Goods)简称《国际货协》，是 1951 年 11 月由苏联、捷克斯洛伐克、罗马尼亚、东德等 8 个国家共同签订的一项铁路货运协定。1954 年1 月我国参加，其后，朝鲜、越南、蒙古也陆续加入。

现行的《国际货协》版本是 2016 年 7 月 1 日版。2015 年 10 月，国际铁组运输法专门委员会国际货协问题会议通过了《国际铁路货物联运协定》和《国际铁路货物联运协定办事细则》的正文和部分附件。经我国国家铁路局公布，自 2016 年 7 月 1 日实行。《国际货协》共 4 章 60 条，6 个附件，第 1 号附件《货物运送规则》又有 7 个附件。

第 1 章“总则”规定了协定的目的，主要的术语解释，协定的适用范围等。“本协规定了在国际铁路直通联运和国际铁路—轮渡直通联运中货物运输合同的统一法律标准。”本章还阐述了国内法律的适用、强制性法律、运送的预先商定、货物运送规则、危险货物的运送、货物的装载和加固、作为运输工具的非承运人所属车辆的运送规则、信息指导手册、采用国际货约/国际货协运单办理的货物运送等内容。

第 2 章"运输合同"规定了承运人有偿根据运输合同将发货人托运的货物运至到站并交付收货人;并规定了运单为缔结运输合同的凭证,运单应该记载的内容、形式(纸质或电子)以及采用的语言(应该是俄文或中文中的一种);还规定了发货人、承运人的责任,容器包装的标记、实封,货物的承运、交付、变更,运送费用的核算核收,商检海关等行政手续的履行,以及货物损失、索赔程序、举证责任、诉讼时效等。

第 3 章"作为运输工具的非承运人所属车辆的使用"规定了承运人可以和其他车辆所有人签订车辆使用协议,用这些车辆从事国际直通运输的有关规定,比如重车如何运送,空车如何排空,车辆损坏、灭失如何处理等。

第 4 章"附则"阐述了本协议和《国际货协办事细则》的修改、补充和公布的有关规定,以及生效日期(1951 年 11 月 1 日)、有效期(不固定期限)和书写文本(俄文和中文,分歧时以俄文为准)的规定。特别是明确了《国际货协办事细则》用于调整承运人之间的关系,不能调整发货人和收货人(为一方)同承运人(为一方)之间的法权上的相互关系。

《国际货协》有六个附件,规定了普通货物的运送规则、危险货物的运送规则、货物装载和加固的技术条件、国际货约/国际货协运单指导手册等。

(2)国际货协运单

国际货协运单是发、收货人(货主)与铁路间缔结的运输合同,具有法律效力,发货人填制好运单,盖上发货人章,发运站盖上带有日期的发运章后,即是运输合同。

国际货协运单是《国际货协》成员铁路的运送契约。每一参加全程运输铁路,自接到附有国际货协运单的货物时起,即认为参加本次运输合同,承担连带责任,负责完成货物运送全程的运输契约,直到在到站交付货物为止。

国际铁路货物联运的工作语文是中文和俄文,运单应用发送国文字以及铁组工作语文(中文、俄文)中的一种或两种文字印制。

运单正本由下列部分组成:

第 1 张——运单正本(给收货人):随同货物至到达站,并连同第 5 张和货物一起交给收货人;

第 2 张——运行报单(给到达路):随同货物至到达站,并留存到达路;

第 3 张——货物交付单(给到达路):随同货物至到达站,并留存到达路;

第4张——运单副本(给发货人):运输合同签订、货物发运后,交给发货人。是用于外汇核销、信用证议付的发货凭证;

第5张——货物接收单(给缔约承运人):缔约承运人留存;

第6张——货物到达通知单(给收货人):随同货物至到达站,并连同第1张和货物一起交给收货人。

2.《国际铁路货物联运协定办事细则》

《国际铁路货物联运协定办事细则》简称《国际货协办事细则》,规定了各个铁路承运人在办理国际铁路联运时应该遵守的有关规定及办理流程,但是不能约束发货人和收货人的责任义务。

国际货协办事细则有13条和3个附件。

第1条 “前言”明确了《国际货协办事细则》是根据《国际货协》第54条规定出版。本细则只能调整承运人之间的关系,不能调整收发货人和承运人之间的法律关系。当按《国际货协》条件运送货物的承运之间无其他协定时,按本细则办理。由此可知承运人之间的双边协定要高于本细则。

第2条 “补送运行报单”规定了补送运行报单是承运人文件,主要用于当一批货物中的部分货物晚于主要部分发送的情况下。

第3条 “普通记录”明确了普通记录是承运人为证明发生影响或可能影响货物运送的情况而编制的文件,规定了普通记录的填写说明。

第4条 “商务记录”规定了商务记录的填写说明。商务记录是当承运人发现货物名称、数量等与实际不符时编制的法律文件。

第5条 “承运人戳记”规定了承运人在办理文件时要使用戳记和日期戳。

第6条 “运输合同的变更”规定了收发货人申请变更运输合同时的处理方法和流程。

第7条 “停运或禁运的通知”规定了发生停运情况的处理办法。

第8条 “货物的查寻”明确了收发货人提出查寻货物申请后承运人的工作方法。

第9条 “赔偿请求的审核”详细规定了承运人如何进行赔偿。

第10条 “承运人之间的货物交接”规定了承运人之间如何交接货物。

第11条 “更换轨距时的货物换装”规定了货物换装到不同轨距车辆时如何操作。

第12条 “货物误送时承运人的处理办法”规定了货物未通过运单中记载的国境站运送或抵达非运单中规定的车站时的处理方法。

第 13 条　“公文的办理”规定承运人间往来公文的语言及相关要求。

附件 1:补送运行报单(样式)。

附件 2:普通记录(样式)。

附件 3:交接单(样式)。

3.《国际铁路货物运送公约》和货约运单

《国际货约》是《国际铁路货物运送公约》的简称,是 1890 年欧洲各国在瑞士首都伯尔尼举行的各国铁路代表会议上制定的。1938 年修改时改称《国际铁路货物运送公约》,又称《伯尔尼货运公约》,同年 10 月 1 日开始实行。《国际货约》是规范欧洲铁路联运、多式联运的公约,规定了承运人的责任、铁路运输的有关流程以及发货人、收货人、承运人应该遵守的有关事项。初期参加国共有 24 个:德国、奥地利、比利时、丹麦、西班牙、芬兰、法国、希腊、意大利、列支敦士登、卢森堡、挪威、荷兰、葡萄牙、英国、瑞典、瑞士、土耳其、前南斯拉夫、保加利亚、匈牙利、罗马尼亚、波兰、前捷克斯洛伐克。

中欧(亚)班列通道上适用于《国际货约》的国家有德国、西班牙、法国、意大利、荷兰、土耳其、匈牙利、波兰、捷克。所用的《国际货约》已以附件的形式纳入《国际铁路联运公约》(COTIF 1999),《国际货约》共五部分 52 条。

第一部分　总则:描述了公约适用的铁路和运输、多式联运的规定、不予承运的物品、特殊条件下承运的物品以及承运铁路的责任。

第二部分　运输合同的签订和履行:描述了运输合同的格式(运单)、运价、承运、交付、海关文件、收费及罚款,以及合同修改的权限等。

第三部分　责任:描述了铁路的连带责任、责任范围、举证责任、货物损坏灭失的赔偿等。

第四部分　权利维护:描述了货物部分丢失或损坏的认定、索赔、有权提出诉讼的人、法权、诉讼失权、诉讼时效等。

第五部分　承运人之间的关系:描述了承运人之间的结算、追索等。

现使用的《国际货约》仅对国际铁路货物运输应遵守的基本原则做以约束,与其相辅相成的、更为详尽的规定在国际铁路运输委员会(CIT)中做以规定,如《国际铁路货物联运承运人间协定》(AIM)对承运人间如何计算赔偿进行了更为详尽的规定;还包括承运人和托运人间签署的基本合同,即《国际货约的一般规定和条件》(GTC-CIM);此外,运单式样也可在 CIT 网站中找到。

货约运单是在适用于《国际货约》的国家之间的铁路联运所使用的运输单证。运单应以两种或如需要以三种文字印制,而其中至少一种应为法文、德文或意大利文。运单应载有发到站、收货人的名称和地址、货物名称和重量、海关要求的随附单证、发货人的名称和地址等。此外如需要，运单应记载本公约规定的其他事项，比如交付货物的方式可以是“等待指示”或“送货到门”字样等。

由此可见，《国际货约》要比《国际货协》更灵活一些，货代公司对货物可以有更大的支配权。

4. 国际货约/国际货协运单(CIM/SMGS Waybill，统一运单)

如前所述，亚欧之间的铁路运输适用于两个协定《国际货协》和《国际货约》，在各自范围内分别使用“国际货协运单”和“国际货约运单”。这样带来的问题是联运的货物必须在交界的边境站重新办理发运手续，重新制作另一运输法律体系的单据，不但耽误时间，也浪费人力物力。为解决上述问题，两个组织成立联合工作组，制定了“国际货协/国际货约运单”，简称“统一运单”。

2011 年 12 月，铁道部国际合作司对《国际货约/国际货协运单指导手册》做为《国际货协》附件第 6 号正式颁布。手册中对于统一运单的样式、使用文字、填制内容说明、参加国家铁路、适用条件、费用支付、运输径路及转发地点、协议原则均做了详尽规定。

(1)参加统一运单的国家铁路成员

由《国际货协》和《国际货约》两个国际铁路组织的成员国铁路组成。

适用《国际货约/国际货协运单指导手册》的《国际货约》成员有 22 个，《国际货协》成员有 14 个。其中部分国家铁路是同时参加两个协定，包括：保加利亚、立陶宛、波兰、罗马尼亚、斯洛伐克、捷克和匈牙利等国家铁路。以上国家铁路基本上包括了亚欧大陆桥铁路运输的主要发运国和过境国。

(2)统一运单的历史

在亚欧大陆的两大政府间国际铁路合作组织，即铁路合作组织(铁组，OSJD)和国际铁路货物运输政府间组织(OTIF)，在各自范围内分别适用不同的运输法规，即《国际铁路货物联运协定》(《国际货协》)和《国际铁路货物运送公约》(《国际货约》)。两个运输协定范围铁路运输的规定和运输单据都有所不同。

原来在两种运输法体系间办理货物运输时存在的主要问题是，由《国际货协》参加路向《国际货约》参加路及回程方向发送货物时，必须在最后一个(或第一个)国际货协参加路的国境站办理转发运手续，重新办理另一运输法体系的运送票据，工作量巨大。既大大延长了货物送达时间，又增加了运输费用。

为解决上述问题，实现货物运送全程按一份运单办理，铁路合作组织(铁组，OSJD)和国际铁路货物运输政府间组织(OTIF)成立了联合工作组，共同编制了统一运输单据——国际货约/国际货协运单，并在2006年7月首先在乌克兰进行了试行。此后自2007年7月1日起在乌克兰、白俄罗斯、俄罗斯等一些东欧国家正式实施。

在白俄罗斯、德国、捷克、乌克兰、波兰、俄罗斯等铁路间部分路径上办理货物运输时，广泛采用国际货约/国际货协运单。实行统一运单后主要有以下三大变化：一是近年来使用统一运单办理货物运输的数量大幅度增长。如2011年前7个月，在过境波兰的运输中，有39 989车货物采用了统一运单；乌克兰铁路2011年1～7月办理了9 500车，比2010年全年办理的车数还多了5 010车；俄铁在与德、罗、法、捷等路的运输中，2011年1～7月有21 780车货物采用统一运单。二是采用统一运单的车站扩大。如俄罗斯铁路，2006年刚采用时只规定了几个车站和限定的路径，2016年已对全路各站有效。三是适用统一运单的国家增多。除东欧各国外，哈萨克斯坦、蒙古、摩尔多瓦铁路已确认适用统一运单。据了解，与传统运单相比，采用统一国际货约/国际货协运单，每车可节省费用约40欧元，每列可缩短停留时间16 h以上。

(3)统一运单的主要特点

编制的国际货约/国际货协运单，系国际货协运单和国际货约运单的物理合并，保留了国际货协运单原有各栏内容，只是在次序上对部分栏进行了调整，同时新增了国际货约运单部分内容，以及与办理转发运手续相关的内容，共有112项。与国际货协运单相比，新运单主要有以下特点：

①增加了运单语文种类。新运单的印制和填写除中、俄文外，还可采用英文、德文或法文中的一种。

②统一了运送票据，但并未改变运输法规的属性。在国际货协适用范围内采用时，新运单作为国际货协运单使用，适用国际货协的规定；在国际货约适用范围内采用时，作为国际货约运单使用，适用国际货约规定。

③采用新运单不改变国际货约和国际货协中关于责任、赔偿请求等相关规定。

(4)在中国的实施情况

2010年8月铁道部致函海关总署和质检总局，征求对采用统一运单的意见。在征得海关等联检部门同意后，原铁道部正式通知铁组委员会，自

2012年1月1日起，对由中国经满洲里、二连、阿拉山口三个口岸到欧洲国家的集装箱运输，试验采用国际货约/国际货协运单。亚欧大陆铁路直通运输单据基本完成，为进一步发展亚欧铁路直通（过境）运输奠定了良好的基础。

2012年10月31日，第一次采用国际货约/国际货协统一运单的集装箱试验列车由重庆出发（渝新欧班列），11月16日到达德国杜伊斯堡，试验取得了圆满成功。

综上所述，原使用国际货协运单发运亚欧直通运输时，列车在波兰（《国际货协》成员）和德国国境站交接时，需要换单（国际货协运单更换成国际货约运单）。要重新缮制运单，需要一定劳务和时间。使用统一运单后，不用在波、德交接换单，可以避免在换单时的误差。但因货物要在国境站换装（波兰铁路是1 520 mm宽轨，德国铁路是1 435 mm准轨），所以时间上的压缩不明显，重要的是减少了换单费用。

5.《国际铁路货物联运统一过境运价规程》

《国际铁路货物联运统一过境运价规程》（简称《统一货价》）规范了参加协定的国家之间通过铁路运送时如何核收运费的有关规定，共6条。

第1条　总则，明确了参加本规程的铁路名称，中铁、白铁、哈铁、俄铁、拉脱维亚铁路、保加利亚铁路、乌兹别克铁路、乌克兰铁路等都是参加路。需要指出的是参加统一货价的国家都是参加国际货协的国家，没有资料表明，国际铁路运输政府间组织成员国铁路之间也存在类似的运价规程。

第2条　统一过境运价规程修改和补充公布办法。规定本规程修改和补充事项在各参加国公布的出版物或官方网站名录。

第3条　运送费用计算与核收。明确了运价货币、运送费用的计算办法、特殊运价规定等问题，规定了整车货物运费、带轮货物运费、直达列车或承租车辆运送的货物运费、专用机车货物运费、零担货物运费、超长超限货物运费、罐装货物运费、危险货物运费、易腐货物运费、动物运费、押运人乘车费、运送尸体的费用、运送用具的运费、集装箱货物运费、托盘货物运费等的计算方法。

第4条　杂费及其他费用。明确了诸如换装费、货物声明价格费、与运送货物验关有关的费用、运送票据重新办理费、车辆在国境站停留费等杂费的费率标准。

第5条　过境里程表。明确了各个国家铁路的过境口岸和里程，用以核算运费。

第6条 过境统一货价参加路运送货物运费计算。有三个表:表1为整车货物运送运价费率,表2为通用大吨位集装箱运送运价费率,表3为中吨位通用集装箱运送运价费率。

需要说明的是,按照《统一货价》计算出来的运费,比国内现行运费要高得多,所以中铁为了鼓励过境运输,对过境运费给予了一定的优惠。

根据2014年3月18日"中国铁路总公司关于修改过境货物运费计算系数的通知"(铁国际电〔2014〕48号)确认的过境运费计算系数见表10-13。

表10-13 过境货物运费计算系数表

计算系数 / 办理品种 / 过境路径	整车货物一等	整车货物二等	20英尺集装箱	40英尺集装箱
由二连国境站接入国境中国铁路国境站(港口站)出境及反方向	0.50	0.70	0.60	0.50
由阿拉山口国境站接入国境中国铁路国境站(港口站)出境及反方向	0.40	0.70	0.50	0.40
其他过境中国运输路径	0.45	0.70	0.50	0.40

注:根据该表系数计算出的整车货物过境运费,如低于该货物运价等级所规定的最小计费重量标准计算出的运费,则按该货物运价等级所规定的最小计费重量标准计算运费。

另外,2011年8月1日,铁道部通知根据《统一货价》计算的以瑞士法郎表示的过境货物运费和杂费,其汇率定为1瑞士法郎=7.82元人民币的比价折合为人民币向发货人或代理人核收。

实际上,在中欧(亚)班列的开行实践中,随着各国铁路对中欧(亚)班列支持力度的加大,过境铁路运费已经大大低于根据《统一货价》计算出的运费,如中铁已经给予中欧(亚)班列去程0.66美元/40英尺箱公里,回程0.55美元/40英尺箱公里,哈铁也基本同意按此执行,俄铁甚至给出了0.27美元/40英尺箱公里的优惠运费。

6.《国际联运货车使用规则》

《国际联运货车使用规则》(简称《货车规则》)为《国际货协》参加路范围内适用的国际铁路货物联运基本规章之一,最新版本是2012年1月1日的修改补充版。本规则适用于货车、集装箱、托盘和运送用具,以及配属于该协约某一参加铁路的自备货车或出租给第三者的铁路车辆。其主要内容如下:

"总则"包括了车辆的准入条件,车辆的交接、返还、赔偿、维修保养,车辆使用费的清算等;自备车辆的一般条件、保养责任、交接等;运送用具、集装箱和托盘三种运输工具的交接、使用条件有关规定等。

《货车规则》有 48 个附件，规定了国际联运货车的技术要求、车辆标志、车辆限界、车辆修理单价、车辆破损记录、交接记录的填写、车辆交接单、集装箱和托盘交接单等。

7.《国际旅客联运和铁路货物联运清算规则协约和清算规则》

《国际旅客联运和铁路货物联运清算规则协约和清算规则》主要包括以下主要内容：

(1)总则；

(2)国际联运的清算机构：铁总财务结算中心；

(3)国际铁路联运旅客票价和费用的清算；

(4)国际铁路联运旅客行李、包裹运送费用清算；

(5)国际铁路联运进口货物运送费用的清算；

(6)国际铁路联运出口货物运送费用的清算；

(7)国际铁路联运过境货物运送费用的清算；

(8)国际铁路联运车辆使用费和集装箱滞留费的清算；

(9)国际铁路联运其他费用的清算。

需要说明的是，集装箱铁路联运，包括中欧班列和中亚班列，普遍使用代理制，即《国际货协》参加路都向本区段的代理核收本段所产生的运费及杂费，所以，中欧班列、中亚班列的国际联运清算基本不会发生。铁总清算中心主要清算的是车辆使用费以及旅客客票、包裹票等费用。

8.《年度进出口和过境货物铁路运量及其保证措施会议议定书》(简称《运量会议议定书》)

《国际货协》参加路每年上半年召开一次进出口货物铁路运量及其保证措施会议，简称“运量会议”，会后签订议定书。会议在主要国家间轮流召开。其主要内容包括总结上年度的运量完成情况、下年度各个国家之间的运量计划及其为完成此运量计划应该采取的措施。此外还规定计划外运输的商定流程。

9. 欧亚经济联盟(关税同盟)

2009 年 11 月，俄罗斯、白俄罗斯、哈萨克斯坦三国通过了《俄白哈海关联盟海关法典草案》等 15 个法律文件，标志着俄、白、哈三国率先在亚欧经济共同体框架下成立关税同盟。2010 年 1 月 1 日俄、白、哈海关联盟条约(简称关税同盟)正式生效。2015 年，同盟正式启动，拥有 1.7 亿人口，2 万亿美元 GDP，9 000 亿美元贸易总额，6 000 亿美元工业产值，1 120 亿美元农业产值,900亿桶石油储量,占世界12%的小麦产量、17%的粮食市场。

关税同盟制定了统一的进口税率和通关流程,取消了俄白哈之间的"关境",货物在俄白哈之间流动不需要海关的申报、查验程序,大大简化了货物的过境手续,对大幅度缩短中欧(亚)班列的全程运输时间发挥了重要作用,极大地推动了中欧(亚)班列的开行。

三、双边协定

双边协定是指协调中欧(亚)班列沿途两个国家间国境运输的协定,主要解决国境口岸交接、换装方法和能力、机车交路、牵引定数等问题。双边协定主要有《国境铁路协定》和《国境铁路联合委员会议定书》。《国境铁路协定》是两相邻国家铁路部门签订的,规定办理联运旅客过境、货物交接的国境站、车辆及货物的交接条件和方法,交换列车和机动车运行办法及服务方法等。根据其规定,两邻国铁路定期(一般每年一次,在两国轮流举行)召开国境铁路会议,对执行协定中的有关问题进行协商,并签订《国境铁路联合委员会议定书》,对铁路和收发货人都有约束力。

根据口岸相邻国家,中欧国际铁路运输通道双边协定主要有:

(1)《中哈国境铁路协定》及《中哈国境铁路联合委员会议定书》;

(2)《中俄国境铁路协定》及《中俄国境铁路联合委员会议定书》;

(3)《中蒙国境铁路协定》及《中蒙国境铁路联合委员会议定书》。

1. 国境铁路协定

中俄、中哈、中蒙三个国境铁路协定内容大致相同,规定以下内容:国境站、双方车辆及货物交接条件和方法,交接列车和机动车运行办法及服务方法,国境站上线路及站场设备和公务房舍的使用条件和办法,铁路人员通过国境和在他方境内驻留办法,对列车服务办法,调车工作、运转中断、机车车辆和铁路设备的整备和修理、事故处理办法,救援列车和除雪车相关要求,客运相关要求,双方对损失的责任、关于互相提供劳务的清算;规范了公务用具和设备的运送、收发公务电报、办理电报和电话、通话和函件、票据的翻译、票据的签署等。

2. 国境铁路联合委员会议定书

(1)《中哈国境铁路联合委员会议定书》

《中哈国境铁路联合委员会议定书》(简称《中哈国境议定书》)是中哈两国铁路部门根据1992年8月10日在北京签署的《中华人民共和国铁道部和哈萨克共和国运输通信部过境铁路协定》所要求的国境铁路联合委员会年

度会议的议定书。主要内容是中哈两国国境站阿拉山口/多斯特克、霍尔果斯/阿腾科里的货物交接、换装的有关规定。

现行版本是 2015 年 9 月在乌鲁木齐签署的。主要内容包括 9 部分和 21 个附件。

第一部分:行车组织。主要对阿拉山口—多斯特克和霍尔果斯—阿腾科里区间的闭塞方式,信号系统,列车运行时刻表,月计划商定(发送月前 10 日),日班计划的商定(阿—多日交接 12 对,霍—阿日交接为 6 对),机车运用,编组方案,对方空车使用,边防、海关检查等方面做了规定。

第二部分:货运和商务工作。主要对换装的货物重量,换轮作业,装载加固方案,车辆交接,货物交接,集装箱货物交接,集装箱装载(不允许一辆车上装运一重一空两个集装箱、或三个集装箱、或一个 20 英尺和一个 40 英尺两个集装箱),货物和车辆交接单填制和返还,边防、海关及卫生和其他检疫时如何启封,商务记录编制,运单票据的翻译工作由接收方担任,单件货物重量(阿拉山口 63 t,霍尔果斯站 40 t,多斯特克站 50 t,阿腾科里站 45 t),国境站不办理哪些货物等方面做了规定。

第三部分:车辆问题。对车辆的使用、状态、配件储备、回送等做了规定。

第四部分:客运组织。对旅客、行李、包裹运送、交接、票据等进行了规定。

第五部分:国际旅客和货物联运清算。根据《国际联运客车使用规则》《国际联运货车使用规则》和《国际旅客联运和铁路货物联运清算规则协约和清算规则》中的规定办理中哈双方及其他国家铁路的车辆使用费的清算。

第六部分:电报、电话通信。对电报、电话的使用,机车手持通信无线频率等方面进行了约定。

第七部分:信联闭设备设置。对设备要求、标识标志等进行了约定。

第八部分:电子信息交换。双方制定了《电子信息交换规则》。

第九部分:其他。

国境议定书还有一些附件,规定了阿拉山口—多斯特克和霍尔果斯—阿腾科里之间列车运行时刻表,运输计划加成情况表,关于放射性污染物、工业垃圾、炮弹等中国禁止入境物品的处理办法,过渡车钩交接单,客车列车时刻表,在多斯特克换轮实施办法等。

另外,中哈两国的中铁集装箱(TBJU)和哈铁集装箱(KTZU)的使用,应该按照 1992 年 9 月 26 日签订的《中哈两国关于开展国际集装箱运输协议》及2006年5月31日签订《中华人民共和国铁道部和哈萨克斯坦国有股份公司关于铁路所属大吨位集装箱相互使用的协议》的规定办理。

(2)《中俄国境铁路联合委员会议定书》

此议定书是根据《中苏国境铁路协定》每年由中铁和俄铁的代表召开例会所签订的议定书。主要内容:总结上年的工作内容,商定的满洲里—后贝加尔和绥芬河—格罗迭科沃区段列车的运行时刻表和机车周转图,货运和商务工作方面的问题等。

关于列车运行,满洲里—后贝加尔区间,1 520 mm轨距列车重量标准为上行6 800 t,下行2 200 t;列车换算长度规定为71辆俄铁换长(俄铁换长车等于14 m)。1 435 mm轨距列车重量标准为不超过2 700 t,双机牵引时为5 000 t。货物列车长度规定不超过240轴。同一收货人或同一到站的集装箱列车长度规定不超过70辆中铁换长车(中铁换长车等于11 m)。双方商定,后贝加尔站每周也接收1 435 mm轨距列车5列,集装箱货物整列、棚车成组移交。

关于货运和商务工作,对运单记载到站为满洲里站或绥芬河站的原木和锯材,可按车辆标记载重装车到不得超过70 t,并在运单"货物名称"栏注明"不得在满洲里站或绥芬河站变更到站"。自俄罗斯往中国以及相反方向运送货物时,应使用中文或俄文(或译文)填写发、收货人全称、地址运单内容。俄铁不承运没有国际安全集装箱公约和海关集装箱公约标示牌的大吨位集装箱,以及未进行基数检查的大吨位集装箱。在后贝加尔站可以将空集装箱从俄铁车内换装到中铁卸后的空平板车上。在国境站承运的出口货物,可使用接收路的车辆(机械冷藏车除外),根据双方商定在交付路国境站直接装车,并在双方人员参加下,于装车站办理货物、车辆和票据的交接,货车的技术、商务及清洁状态的检查和货车施封,以上工作由接收路人员进行。

(3)中蒙国境铁路联合委员会协定书

中蒙国境铁路议定书与中俄、中哈所含内容基本一致,约定了中铁、蒙铁二连—扎门乌德之间的列车运行时刻、商务交接等事项。

3. 双边协定的修订进程

从整体上看,国境铁路协定签订时间较早:《中苏国境铁路协定》签订于1951年,《中蒙国境铁路协定》签订于1955年,《中哈国境铁路协定》签订于1992年。尽管各个协定后期经过数次修订补充,但从整体框架、涵盖内容和具体条款上均未有本质变化。其中最为突出的问题是,21世纪以来,各国铁路市场化进程加快，一些国家已实行了政企分开，政府主要承担行业监管责任，企业着力于具体的生产经营活动，不同主体职责的差异要求国境铁路协定也应适应各国行政体制改革的要求，从政府和企业两个维度分别谈判制定。

“一带一路”倡议提出以来，我国与蒙、俄、哈在铁路领域方面的合作加深加快，既有协定中的一些内容需要随之修正。2014 年和 2016 年，俄罗斯和蒙古分别向我国提出修订/重签《国境铁路协定》的建议。2014 年，中俄总理定期会晤委员会运输合作分委会铁路工作组 18 次会议上，俄方提出考虑到两国机构改革和铁路政企分开的现状，有必要重审 1951 年《中苏国境铁路协定》。此后，俄罗斯运输部草拟《中华人民共和国政府和俄罗斯联邦政府关于国境铁路联运的协定》。2014 年 8 月，习主席出访蒙古国，两国总统签署《中华人民共和国和蒙古国关于建立和发展全面战略伙伴关系的联合宣言》，其中提到“双方将积极推动尽早修订 1955 年签署的《中蒙国境铁路协定》”。

2016 年，中方将政府间协定性质的《中华人民共和国和俄罗斯联邦国境铁路运输协定》中方草案向俄方提交，双方正在开展相应的谈判磋商工作。

第十一章　中欧（亚）班列面临挑战及发展对策

随着"一带一路"建设不断推进，我国与欧洲及沿线国家的经贸往来发展迅速，物流需求旺盛，贸易通道和贸易方式不断丰富和完善，为中欧（亚）班列带来了难得的发展机遇，也对中欧（亚）班列建设提出了新的更高要求。

第一节　中欧国际铁路运输通道和中欧（亚）班列发展面临挑战

中欧（亚）班列在快速发展中也存在一些问题，主要表现为：缺乏统筹引导；班列规划相对滞后；同质竞争较为激烈；重数量、空率较高；货值偏低，政府补贴较重；班列集货半径过大等共性问题。可以概括为以下四点：

（1）沟通协调难度大。

中欧（亚）班列开行涉及货源组织、箱源组织、运输组织、径路选择、货运代理、信息追踪、费用结算和政策扶持等八方面因素，是一个综合性的、环环相扣的国际物流链。中欧（亚）班列特点是"地方主导，各自发展"，班列公司之间、班列公司与铁路公司之间、铁路内部之间、途经国铁路公司之间的利益关系复杂，运输径路选择、国际货运代理选择、终到站的选择、铁路优惠政策管理和分配等问题涉及到各方切身利益，沟通协调难度大。

（2）运输过程不透明。

中欧（亚）班列的运输协调采用多种形式，因地制宜，各有特色。大体分为：①由班列平台公司全程协调运输；②由平台公司国内段委托中铁国际多式联运有限公司、国外段委托国际物流商；③由平台公司全程委托中铁多联；④国内段委托中铁国际多式联运有限公司、国外段自办运输协调等。所有中欧（亚）班列的境外运输均由国际物流商负责，而各国真正的承运人——铁路部门间并未就停靠站点、运行时刻表、运价标准等达成一致意见，内部调整空间很大，国际物流商利用班列公司各自为政的特点，分而治之，导致中欧(亚)班列境外运输诸多要素，特别是运价不够清晰透明，运输时间和成本也难以有效控制和统一。

(3)通关制度不够便捷。

中国至欧洲方向的中欧(亚)班列均需过境俄罗斯，由于中国和俄罗斯两国间尚未签署新情况下的过境货物运输协定，所有过境货物需要在过境国家海关办理进关、出关手续；同时，我国内陆与沿海海关之间关检互认、执法互助、信息共享等正在研究试行中，重复关检，手续重复，与出海口、出关口的一体化通关目标尚有差距。

(4)信息平台不健全。

公共信息平台方面，尚未建立起服务中欧(亚)班列、地方政府和收发货人的统一的信息平台，运输资源、径路、价格、服务项目不能公开展示，客户缺乏对铁路国际联运相关业务办理知识的了解；全程追踪方面，仅限于特殊货物的个性化选择，尚未普及普通货物的信息追踪方案。

而中欧通道更是涉及多个国家、多行业、多系统、技术密集型的系统工程，在整个通道系统中制度结构的合理和均衡是实现系统稳定运作的基础。各国、各行业以及各系统的制度安排构成了中欧通道系统的制度体系，各项制度安排既相对独立又彼此依存，任何一个制度安排的不均衡将导致整个制度结构的失衡，这种不均衡将产生获利机会，在获利机会的驱使下，制度变迁将是大势所趋。中欧国际铁路运输通道面临的制度性挑战包括：

(1)沿通道各国受观念束缚，没有形成整体通道意识。

近年来，随着太平洋经济圈的迅速发展以及阿拉伯半岛局势的长期不稳，出于经济利益和国家安全的考虑，沿线各国对通道越来越重视，都成立了专门的协调部门来解决问题并制定相应政策、规划和战略。尽管各国做了大量工作，但各国出发点大多立足于本国区域的经济需求，围绕局部的利益出台相应的政策，没有形成通道整体意识，缺乏站在整体通道畅通的高度进行制度创新和突破。

另外，沿线各国经济发展水平处于不同阶段，市场化水平各不相同。在亚欧通道中担任核心运输方式的铁路运输，传统观念中被认为是国民经济的大动脉，一些关系到国计民生、国家安全的运输任务主要由铁路承担，由此铁路属性是公益性部门还是企业型的市场主体在部分国家一直处于“模糊”状态，这种“模糊”导致铁路部门在参与通道建设过程中进行制度安排时是“模糊”的，既不能以行业主管部门身份给予政策导向，又无法以市场主体的身份实现经济效益最大化，致使某些国家参与通道建设缺乏积极性。而作为整体通道,局部的制度失衡必将引起整体制度结构的失衡。

(2)沿通道各国发展不平衡,结构性矛盾突出。

沿通道各国在基础设施、技术装备水平等方面发展不平衡,结构性矛盾突出。中欧国际铁路运输通道是连接中国及远东地区与欧洲的国际通道,无论通过哪条通道运行,运输距离均超过 10 000 km,途经和辐射国家众多。在沿途各国中既有日本、德国等发达国家,又有包括中国、哈萨克斯坦、俄罗斯、蒙古、白俄罗斯、波兰等发展中国家,由于各国经济发展水平的不同,铁路及集装箱运输的基础设施、运输装备、信息系统等方面的发展程度也不同。通道涉及港口、铁路、口岸站等多类大型基础设施的换装、过货、运载能力,其畅通需要沿途各类基础设施和运输装备的高效衔接和一体化运作,按照木桶原理,通道的能力是基础设施最弱部分的能力,通道在基础设施和运输装备方面的结构性矛盾是影响通道运输效率的重要因素。以经二连出境的通道为例,近年来中国铁路进行了较大的基础设施建设和改造,但部分地区或支线仍然使用内燃机车。蒙古铁路基础设施相对于中国更加落后,成为整个通道物流能力的短板。

(3)各国针对通道发展的政策不同。

对于中欧国际铁路运输通道,各国根据自身发展,对于本国国民经济和社会发展的促进作用在发展战略、产业政策、区域经济等方面制定相应政策,微观上涉及基础设施建设、通关政策、运价政策、投融资政策、外汇结算政策等多个领域。由于各国在通道中所处的位置、经济发展水平、基础设施状况的不同,各国所制定的促进通道发展政策存在巨大差异,一方面各国期望利用通道拉动本国经济,促进沿线地区经济繁荣,给予相应正面政策;另一方面又从经济利益和国家安全考虑,出台一些基于彼此之间互相防备的负面政策,制约通道发展,各国之间进行协调比较困难。

(4)技术标准的不同,影响通道通畅。

技术是影响制度变迁的重要因素。在国际物流通道体系中,由于涉及国际贸易、多式联运、国际结算、信息系统等多个领域,牵涉到多个国家、多种运输方式、多个系统的联合运作,技术标准化是实现各系统顺利运行的重要保证。但是从现有各条班列运营情况来看,由于各国在各运营系统中的技术标准差异,给通道运行造成了梗阻,通道运行时间过长,严重影响了通道畅通和运作质量。

(5)企业组织结构松散,使得经营各方缺乏积极性。

企业组织形式和结构对通道的发展起着关键作用,科学的企业组织机构可以推进亚欧大陆桥的发展，反之将会束缚。通道的企业组织结构相对松散，各条通道通常由该国行政机关或铁路主管部门参与，牵头实现开通试运行，之后转由各国铁路所属公司进行运营，各国之间负责运营的公司只是松散型的合作，实行货运代理制。由于承担通道运营沿途各国公司在产权上没有任何联系，因此导致市场风险全部由起运国运营公司承担，沿途各国缺乏主动性。尽管各条通道及各国都建立了相应的协调机构，但行政型的组织结构缺乏对市场灵敏的反应能力，协调机构对市场需求反应的滞后，以及机构内部信息传递和沟通的不畅导致整个国际通道运输系统的不畅，这也是尽管多条班列已经进行了示范性运行，但由于影响因素较多，尚未形成通道紧密型联盟。

第二节　潜在的中欧(亚)新班列市场分析

随着“一带一路”战略的实施，中国与“一带一路”沿线各国之间的进出口贸易额稳中有升，能有效地支持新班列的开行。“一带一路”沿线涉及东北亚、东盟、中亚、南亚、西亚、中东欧、西欧及北欧诸多国家。2014 年，我国对“一带一路”沿线各国出口额总计 9 662.72 亿美元，同比增长 10.8%；同年，我国对“一带一路”沿线各国进口贸易额总计 7 582.87 亿美元，同比增长 3.0%。图 11-1 为 2010—2014 年我国对“一带一路”沿线国家贸易出口额及增速，图 11-2 为 2010—2014 年我国对“一带一路”沿线国家贸易进口额及增速。

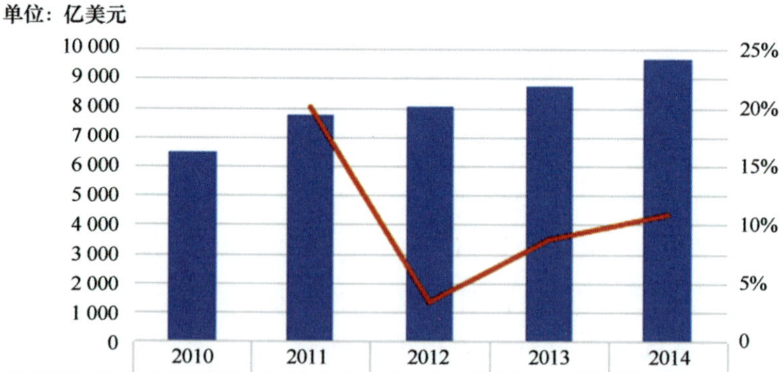

	2010	2011	2012	2013	2014
出口额	6 464.67	7 759.22	8 019.24	8 717.5	9 662.72
增长率		20.02%	3.35%	8.71%	10.84%

图 11-1　我国对“一带一路”沿线国家的贸易出口额及增速

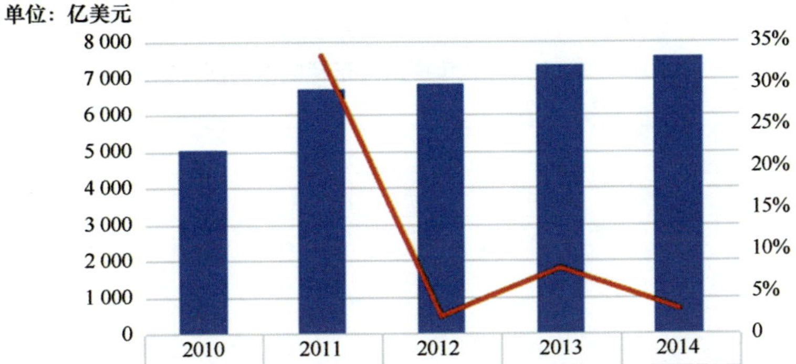

	2010	2011	2012	2013	2014
进口额	5 019	6 690	6 830	7 364	7 583
增长率		33.31%	2.08%	7.82%	2.97%

图 11-2　我国对“一带一路”沿线国家的贸易进口额及增速

一、中国—东北亚潜在班列市场分析

近年来，中国与东北亚地区国家保持良好的合作关系。2014 年，我国对俄罗斯、蒙古出口额总计 558.9 亿美元，同比增长 7.4%；同年，我国对俄罗斯、蒙古进口额总计 467.2 亿美元，同比增长 8.2%。表 11-1 为 2013—2014 年我国对东北亚国家的国际贸易额。

表 11-1　2013—2014 年中国对东北亚国家的国际贸易额

单位：亿美元

国　别	2013			2014		
	进口额	出口额	进出口额	进口额	出口额	进出口额
俄罗斯	396.68	495.91	892.59	416.19	536.75	952.94
蒙　古	35.1	24.5	59.60	51.01	22.16	73.17

随着中蒙俄经济走廊的逐步推进，俄罗斯已成为我国对“一带一路”沿线国家的进出口贸易主要集中地。此外，中欧(亚)班列的西、中、东三条通道均需经俄罗斯向前延伸。因此，未来应继续增加中国—俄罗斯国际货运班列的密度。

二、中国—东盟潜在班列市场分析

近年来，中国与东盟各国的国际贸易随着区域化进程的加快而迅速发展，中国—东盟经贸合作方兴未艾。中国已经连续 5 年成为东盟的最大贸易伙伴，而东盟连续 4 年是中国的第三大贸易伙伴。表 11-2 为 2013—2014

年中国对东盟国家的国际贸易额。

表 11-2　2013—2014 年中国对东盟国家的国际贸易额

单位:亿美元

国　别	2013			2014		
	进口额	出口额	进出口额	进口额	出口额	进出口额
马来西亚	601.53	459.31	1 060.84	556.54	463.55	1 020.09
越　南	168.92	485.86	654.78	199.00	637.31	836.31
新加坡	300.65	458.32	758.97	308.10	489.12	797.22
泰　国	385.23	327.18	712.41	383.26	342.93	726.19
印度尼西亚	314.24	369.30	683.54	244.95	390.60	635.55
菲律宾	181.82	198.68	380.50	209.81	234.74	444.55
缅　甸	28.57	73.39	101.96	156.01	93.68	249.69
柬埔寨	3.64	34.10	37.74	4.82	32.75	37.57
老　挝	10.10	17.23	27.33	17.75	18.39	36.14
文　莱	0.90	17.04	17.94	1.90	17.47	19.37

可见,马来西亚、越南、新加坡、泰国、印度尼西亚与中国经贸往来更为密切,利用中国—中南半岛国际经济走廊,以中国广西南宁和云南昆明为起点,以新加坡为终点,纵贯中南半岛的越南、老挝、柬埔寨、泰国、马来西亚等国家。依托中国—中南半岛国际经济合作走廊,可开行中国至越南国际班列,连接沿线东盟各国。

中国对越南出口的主要产品为矿物燃料、矿物油及其产品、各类机械设备、钢铁及其制品、化肥、棉花、纺织品、服装及辅料、各类车辆等;自越南进口的主要产品为矿物、矿物油及其产品,橡胶及其制品,电机、电气、音像设备及其零件,木及木制品,水果,锅炉,机械器具及零件等。

三、中国—中亚潜在班列市场分析

近年来,中国与中亚五国经贸合作步伐加快。2014 年,我国对中亚五国出口额总计 240.56 亿美元,同比增长 3.5%。中国毗邻中亚五国,与中亚五国已经开放了 17 个一类通商口岸和 12 个二类口岸,双方发展经贸合作具有明显的地缘优势。表 11-3 为 2013—2014 年中国对中亚国家国际贸易额。

表 11-3　2013—2014 年中国对中亚国家的国际贸易额

单位:亿美元

国　别	2013			2014		
	进口额	出口额	进出口额	进口额	出口额	进出口额
哈萨克斯坦	160.51	125.45	285.96	97.40	127.12	224.52
土库曼斯坦	88.93	11.38	100.31	95.16	9.54	104.70
吉尔吉斯斯坦	0.62	50.75	51.37	0.55	52.43	52.98
乌兹别克斯坦	19.38	26.13	45.51	15.98	26.78	42.76
塔吉克斯坦	0.89	18.69	19.58	0.48	24.68	25.16

作为中欧(亚)班列西部通道的必经之路,哈萨克斯坦已发展成为中国同中亚国家贸易往来的重要枢纽。中哈(连云港)国际物流合作基地成为中国与中亚国家物流合作典范。中哈巴克图—巴克特口岸开通中国与邻国首个农产品快速通关“绿色通道”,极大便利了两国农产品贸易。此外,中乌(乌兹别克斯坦)鹏盛工业园、中塔(塔吉克斯坦)农业科技示范园示范效应逐步显现。因此,可将哈萨克斯坦作为中欧(亚)班列在中亚地区的班列集结中心,吸引更多货源。

四、中国—南亚潜在班列市场分析

近年来,中国与南亚国家的经贸合作发展迅速。中国已经成为南亚国家主要的贸易伙伴和外资来源国,南亚国家已成为中国重要的海外工程承包市场、旅游和投资目的地。在贸易方面,2014 年,中国对南亚 8 国出口总额为 858.35 亿美元,同比增长 14.1%。表 11-4 为 2013—2014 年中国对南亚国家国际贸易额。

表 11-4　2013—2014 年中国对南亚国家的国际贸易额

单位:亿美元

国　别	2013			2014		
	进口额	出口额	进出口额	进口额	出口额	进出口额
印　度	169.70	484.32	654.02	163.59	542.20	705.79
巴基斯坦	31.97	110.20	142.17	27.55	132.46	160.01
孟加拉	6.02	97.05	103.07	7.61	117.83	125.44
斯里兰卡	1.83	34.37	36.20	2.48	37.93	40.41
尼泊尔	0.43	22.11	22.54	0.47	22.84	23.31
阿富汗	0.10	3.28	3.38	0.17	3.94	4.11
马尔代夫	0.00	0.97	0.97	0.00	1.04	1.04
不　丹	0.00	0.17	0.17	0.00	0.11	0.11

由上表可知，2014 年我国对印度进口额占南亚 8 国总额的 81.0%，我国对印度出口额占南亚 8 国总额的 63.2%。从地理位置看，印度位于海上丝绸之路和陆上丝绸之路的交汇点。随着孟中印缅经济走廊和"一带一路"战略的推进，两国贸易将会继续升温，建议开行中国至印度国际货运班列，助力两国经贸往来。

中国对印度的主要出口商品有机电产品、化工产品、纺织品、塑料及橡胶、陶瓷及玻璃制品等；中国自印度主要进口铁矿砂、铬矿石、宝石及贵金属、植物油、纺织品等。

五、中国—西亚潜在班列市场分析

2014 年中国与西亚国家间的双边贸易再次创历史新高，中国从西亚国家进口总额为 1 670.09 亿美元，同比增长 2.7%；对西亚出口总额为 1 542.35 亿美元，同比增长 19.4%。西亚国家在中国对外贸易中的地位保持上升态势。表 11-5 为 2013—2014 年中国对西亚国家的国际贸易额。

表 11-5　2013—2014 年中国对西亚国家的国际贸易额

单位：亿美元

国　别	2013			2014		
	进口额	出口额	进出口额	进口额	出口额	进出口额
沙特阿拉伯	534.51	187.40	721.91	485.08	205.76	690.84
阿联酋	128.24	334.11	462.35	157.63	390.34	547.97
伊　朗	253.90	140.37	394.27	275.07	243.40	518.47
伊拉克	179.85	68.94	248.79	207.61	77.43	285.04
阿　曼	210.41	19.01	229.42	237.93	20.65	258.58
土耳其	44.86	177.47	222.33	37.03	193.06	230.09
科威特	95.87	26.76	122.63	100.05	34.29	134.34
埃　及	18.52	83.63	102.15	11.59	104.61	116.20
以色列	31.81	76.45	108.26	31.41	77.39	108.80
卡塔尔	84.63	17.11	101.74	83.37	22.54	105.91
也　门	30.61	21.39	52.00	29.33	22.01	51.34
希　腊	4.33	32.19	36.52	3.45	41.86	45.31
约　旦	1.70	34.35	36.05	2.63	33.65	36.28
黎巴嫩	0.46	24.91	25.37	0.25	26.05	26.30
巴　林	3.05	12.39	15.44	1.84	12.32	14.16
塞浦路斯	0.53	9.72	10.25	0.63	10.38	11.01

续上表

国别	2013			2014		
	进口额	出口额	进出口额	进口额	出口额	进出口额
叙利亚	0.05	6.90	6.95	0.02	9.84	9.86
格鲁吉亚	0.54	8.62	9.16	0.53	9.09	9.62
阿塞拜疆	2.34	8.69	11.03	2.97	6.45	9.42
亚美尼亚	0.73	1.20	1.93	1.67	1.23	2.90

由表 11-5 可见，中国与沙特阿拉伯经贸合作成果丰硕。沙特阿拉伯连续多年是中国在西亚地区最大的贸易伙伴和中国在全球的最主要原油供应国之一，合作潜力巨大。依托中国—伊朗(南线)线路，可开发延伸至沙特阿拉伯的新班列。作为“一带一路”战略的重要节点，西亚国家在亚、欧、非国家经贸往来中的枢纽地位将得到有效加强。

此外，鉴于格鲁吉亚重要的地理位置、便捷的运输条件，可将格鲁吉亚发展为班列集结中心。格鲁吉亚铁路的主要干线贯穿全国，从阿塞拜疆的巴库经过格鲁吉亚首都第比利斯后，一方面可经由铁路进入亚美尼亚、土耳其；另一方面可抵达黑海西岸港口进行海铁联运。其中，格鲁吉亚的波季港是连接欧洲和中亚的最短航线的港口，是出入高加索的大门。波季港与乌克兰的伊利乔夫斯克、保加利亚的瓦尔纳港和俄罗斯的新罗西斯克港以铁路轮渡相连接，运输条件便利。

六、中国—中东欧潜在班列市场分析

一直以来，中国和中东欧双边经贸总额和投资总额占中国的总量都比较小，搭载“一带一路”战略的顺风车，中国与中东欧双边经贸投资也开始寻求贸易平衡之道。2014 年，中国对中东欧国家进口总额为 622.25 亿美元，同比增长 7.3%；对中东欧国家出口总额为 1 036.36 亿美元，同比增长 4.8%。表 11-6 为 2013—2014 年中国对中东欧国家的国际贸易额。

表 11-6　2013—2014 年中国对中东欧国家的国际贸易额

单位：亿美元

国别	2013			2014		
	进口额	出口额	进出口额	进口额	出口额	进出口额
波　兰	22.32	125.75	148.07	29.32	142.57	171.89
捷　克	26.15	68.38	94.53	29.86	79.93	109.79
匈牙利	27.15	56.92	84.07	32.60	57.64	90.24

续上表

国别	2013			2014		
	进口额	出口额	进出口额	进口额	出口额	进出口额
乌克兰	32.73	78.49	111.22	34.84	51.06	85.90
斯洛伐克	34.58	30.84	65.42	33.76	28.29	62.05
罗马尼亚	12.08	28.23	40.31	15.17	32.23	47.40
斯洛文尼亚	3.03	18.33	21.36	3.31	19.92	23.23
保加利亚	9.57	11.17	20.74	9.84	11.79	21.63
白俄罗斯	5.81	8.72	14.53	7.38	11.11	18.49
立陶宛	1.25	16.86	18.11	1.57	16.58	18.15
拉脱维亚	0.99	13.74	14.73	1.47	13.17	14.64
爱沙尼亚	2.00	11.10	13.10	2.25	11.46	13.71
克罗地亚	1.04	13.90	14.94	1.01	10.27	11.28
阿尔巴尼亚	2.35	3.25	5.60	1.90	3.78	5.68
塞尔维亚	1.80	4.32	6.12	0.63	4.25	4.88
波黑	0.21	0.91	1.12	0.36	2.84	3.20
黑山	0.16	0.86	1.02	0.54	1.57	2.11
摩尔多瓦	0.19	1.13	1.32	0.24	1.15	1.39

由表 11-6 可见，中国在中东欧地区的主要贸易伙伴有波兰、捷克和匈牙利，中国—中东欧双边经贸总额较小。然而，近年来随着我国跨境电子商务的迅速发展，双方合作极具前景。中东欧主要产品为特色的农产品以及动物源产品，比如啤酒、葡萄酒、巧克力、工艺品、香草薰衣草精油等美容用品，这些正是跨境电商欢迎的居民消费品。

波兰位于欧洲中心，地处东西欧交汇处，濒临俄罗斯和德国两大国际市场，地理位置优越。已开行的中欧（亚）班列的西、中、东三条通道均需经波兰向前延伸，其枢纽地位极其重要。通过波兰平台进入欧盟诸国及波罗的海沿岸及部分独联体国家是很好的选择，因此可在波兰设置班列集结中心，进一步吸引周边国家如捷克、斯洛伐克、匈牙利、乌克兰等国的货源，进口中东欧特色商品，减少班列回程空率。

七、中国—西欧潜在班列市场分析

西欧国家拥有资金、技术和设备等方面的优势，市场潜力巨大。2014

年,中国对西欧国家进口总额为 2 521.56 亿美元,同比增长 2.1%;对西欧国家出口总额为 3 056.35 亿美元,同比增长 9.3%。表 11-7 为 2013—2014 年中国对西欧国家的国际贸易额。

表 11-7　2013—2014 年中国对西欧国家的国际贸易额

单位:亿美元

国　别	2013			2014		
	进口额	出口额	进出口额	进口额	出口额	进出口额
德　国	941.57	673.43	1 615.00	1 049.92	727.03	1 776.95
英　国	190.79	509.42	700.21	236.04	571.41	807.45
荷　兰	98.25	603.15	701.40	93.37	649.28	742.65
法　国	231.19	269.48	500.67	266.51	289.79	556.30
意大利	175.74	257.53	433.27	191.83	287.57	479.40
瑞　士	561.92	35.29	597.21	403.81	31.10	434.91
西班牙	59.72	189.32	249.04	62.01	215.01	277.02
比利时	98.48	155.60	254.08	100.43	172.17	272.60
奥地利	50.30	20.38	70.68	58.50	23.97	82.47
爱尔兰	41.93	24.77	66.70	37.33	28.02	65.35
葡萄牙	13.99	25.07	39.06	16.63	31.37	48.00
摩洛哥	5.31	32.72	38.03	5.18	29.63	34.81

由表 11-7 可知,2014 年我国对德国进口额占西欧各国总额的 41.6%,我国对德国出口额占西欧各国总额的 23.8%,中德双方经贸合作十分密切。德国作为中欧(亚)班列三条通道的必经国家,已汇聚渝新欧、郑欧、汉欧、苏满欧等多条班列。德国铁路、海关、代理等与我国定期联席会晤,及时解决运营中出现的问题。因此,可将德国作为中欧(亚)班列在西欧的班列集结中心,推动中欧(亚)班列在西欧地区的集结、编组和分拨等。

八、中国—北欧潜在班列市场分析

随着欧洲经济重心北移和北极航道的开通,北欧极具吸引中国直接投资的潜力,中国日益成为北欧国家的主要出口市场。2014 年,中国对北欧国家进口总额为 194.27 亿美元,同比增长 9.1%;对北欧国家出口总额为 216.88 亿美元,同比增长 2.2%。表 11-8 为 2013—2014 年中国对北欧国家的国际贸易额。

表 11-8　2013—2014 年中国对北欧国家的国际贸易额

单位:亿美元

国　别	2013			2014		
	进口额	出口额	进出口额	进口额	出口额	进出口额
瑞　典	69.87	67.99	137.86	67.93	71.68	139.61
丹　麦	33.76	57.11	90.87	40.55	65.46	106.01
芬　兰	39.06	58.32	97.38	40.51	50.99	91.50
挪　威	34.68	27.37	62.05	44.68	27.31	71.99
冰　岛	0.76	1.47	2.23	0.60	1.44	2.04

近年来,中国和北欧领导人互访频密,带动了科技、贸易等领域合作的迅速发展。但也要看到,尽管中国与北欧国家的合作取得一定成绩,但总体贸易额较小。中瑞经贸关系良好,合作基础牢固,可开行中国至瑞典国际货运班列,进一步推进设施联通,全方位推进贸易畅通。

第三节　中欧(亚)班列线路规划

随着丝绸之路经济带沿线国家经贸合作发展和铁路基础设施的建设完善,中欧(亚)班列将会出现新的运输线路。

一、"一带一路"国际经济合作走廊发展中出现的新线路

2015 年 3 月,国家发改委、外交部、商务部经国务院授权联合发布了《推动共建丝绸之路经济带和 21 世纪海上丝绸之路的愿景与行动》,提出了建设通畅安全高效的国际运输大通道,打造中蒙俄、新亚欧大陆桥、中国—中亚—西亚、中巴、孟中印缅、中国—中南半岛 6 条国际经济合作走廊的重要任务。随着"一带一路"六条国际经济合作走廊的发展,会催生出一些新的班列运输线路,比如:

(1)中俄滨海班列(哈尔滨—绥芬河—海参崴)

该班列线路主要为东北亚经济圈服务,实现东北亚陆路地区与日韩、沿太平洋沿岸国家的货物交流。该班列向西与既有中俄欧班列衔接,向东与海运衔接,是一条海铁联运的班列。

(2)中国—中南半岛班列(昆明—河内—海防)(长沙—南宁—河内)

这两条班列线路主要为西南地区、华南地区服务,实现长江流域经济带上游地区、珠三角地区与东盟国家的货物交流。该班列与渝新欧、蓉欧、湘

欧班列对接，可拉通欧洲与东南亚、波罗的海与南太平洋之间的亚欧大陆桥，是一条有发展前景的班列线路。

(3)中国—高加索—南欧班列(中国—哈萨克斯坦—里海—高加索—黑海—乌克兰或罗马尼亚、保加利亚)

该班列线路是中欧(亚)班列多元化发展，与俄罗斯径路并行的重要径路。班列路径的单一会使线路失去竞争性和安全性。中欧(亚)班列都经过俄罗斯，该条线路可通过俄罗斯以外的线路抵达欧洲，不仅可以发展中国与南欧国家的货物交流，而且有着极为重要的战略意义。

二、铁路基础设施发展形成的新线路

因各国铁路基础设施的建设和完善，中欧间会出现一些新的运输通道，由此会延伸出一些新的中欧(亚)班列线路，比如：

(1)中国—中亚—西亚中土班列(中国—高加索—土耳其)

从格鲁吉亚第比利斯经格土边境至土耳其卡尔斯的铁路预计于 2017 年建成。该铁路修通后，将形成中国—哈萨克斯坦—里海—阿塞拜疆—格鲁吉亚—土耳其—欧洲的新线路，可开行中国至土耳其、中国至欧洲的班列。

(2)中国—中南半岛中老泰新班列(昆明—万象—曼谷—新加坡)

2006 年中泰两国开始协商建设中泰铁路，2016 年，中老铁路老挝段开工建设，中老泰铁路经马来西亚连通新加坡。该线路开通后，泛亚铁路网增加新通道，中国与东南亚国家的货物交流通过万象、曼谷、吉隆坡直通新加坡的线路，十分有利于中国—东盟间的贸易发展。

(3)孟中印缅班列(中国—缅甸—孟加拉—印度)

孟缅印人口众多，经济相对不发达，与中国有很好的经济互补性。2015 年 12 月，中缅铁路中国段全面开工建设，可开行滇缅之间的班列，打通中国出海印度洋的通道，中国与中东、非洲、欧洲的货物可经此通道交流，意义十分重大。远期可连接孟加拉(达卡)、印度(加尔各答)，形成中国—缅甸—孟加拉—印度铁路经济走廊。

第四节　重点任务

为将中欧国际铁路运输通道尽快打造成为安全高效便捷的国际通道，今后一段时间，我们应着力完成以下重点任务。

1. 加强与境外通道的合作

(1)依托国际组织,加强对中欧(亚)班列运输组织的协调沟通

铁路国际组织的主要作用是制定铁路国际联运的法律法规、统一技术标准、消除日常运营障碍。与铁路相关的国际组织既包括将铁路作为活动领域之一的综合性国际组织,如联合国亚太经社会、联合国欧经委、中亚经济合作机制等,也包括铁路专业性国际组织,如铁路合作组织、国际铁路运输政府间组织、大湄公河区域铁路联盟等。国家铁路局和中国铁路总公司深度参与以上国际组织的工作,对于中欧(亚)班列而言,可利用国际组织的平台与沿线国家协商建立国际大通道的统一轨距,减少换装程序,在通关效率和单证简化方面保证运输时间和效率;利用亚欧铁路通道的建设契机形成中欧之间稳定、可靠、快速的集装箱直通班列协议。

(2)利用其他国际组织制定的通道发展政策,支持发展中欧(亚)班列

以欧盟货运通道为例,2010 年 9 月,欧盟发布了欧洲铁路货运通道的建设构想,2013 年,欧盟通过 EU No. 1316/2013 法令进一步明确了九条货运通道的建设发展布局,并为每一条通道建立了执行委员会、管理委员会、咨询组、一站式服务机构等组织管理机构,涉及的单位涵盖欧盟国家政府机关、路网公司、铁路企事业单位、基础设施管理者等,负责管理车流径路、调度指挥、基础设施建设标准并制定投资方案。鉴于欧洲既是中欧(亚)班列的去程货物集散地,也是回程班列的货物集结地,深度参与欧盟铁路货运通道建设与发展,能够在中欧(亚)班列的回程货源、铁路运价、调度调整、运行情况等方面起到积极的促进作用。因此,建议我国统一成立专门机构或协调机构,集中管理中欧(亚)班列,统一对欧洲铁路货运通道进行谈判并签订过境和运价协议,以便提高我国与境外国家谈判的效率和话语权,在一定程度上降低运行费用,使中欧(亚)班列逐步走上市场化的良性运营轨道。

(3)建设公共信息平台,服务全程运输

中欧(亚)班列的开行目的是为客户提供优质的包括班列维护、信息查询、全程异常情况处置、随车单据审核、运单制作、清关仓储、报关报验、境外代理、境外分拨集货以及配送服务等在内的一站式“门到门”全程运输服务。国内各班列中,渝新欧的平台公司渝新欧(重庆)物流有限公司的企业网站就不仅包含了信息发布和疑问解答功能,在网站上还可以在线询价、在线订舱和跟踪货物位置,方便企业实时查询物流状态。借鉴渝新欧的平台模式,未来应建立有权威性的、各部门共同参与的国家层面的国际班列协调服务机构,其主要职能是通过市场化协商的方式,而非行政化的方式,以协调服

务为主要职能，通过与其他国家行政机关、企业联合，建立公共信息平台，实现信息共享、价格优化、多开班列等功能，最终打造成一条与海运、空运合理分工的亚欧运输新通道。

2. 完善国际贸易通道

重点完善境内通道网络。畅通瓶颈路段，提升三大通道境内段路网运能。加快库尔勒—格尔木、兰渝等铁路建设，推进集宁—二连浩特等铁路扩能改造。根据需要和进展情况，适时开展阿克苏—喀什段扩能，和田—若羌—罗布泊、喀什—红其拉甫等铁路项目前期研究。

有序推动境外通道建设。积极推动与中欧(亚)班列沿线国家共同制定亚欧铁路规划，稳步推进境外铁路建设。加快推动中吉乌、中巴等铁路项目前期研究。欢迎蒙古国和俄罗斯铁路对陈旧线路进行升级改造，改善沿线国境站、换装站的场站布局和配套设施设备，促进中俄蒙三方铁路点线能力的匹配衔接。

3. 加强物流枢纽设施建设

围绕中欧(亚)班列枢纽节点打造一批具有多式联运功能的大型综合物流基地，完善冷链物流基地、小汽车物流基地、跨境电商基地、城市配送中心布局，支持在物流基地建设具有海关、检验检疫等功能的铁路口岸，加强与港口、机场、公路货运站以及产业园区的统筹布局和联动发展，形成水铁、空铁、公铁国际多式联运体系，实现无缝高效衔接。

鼓励国内外向型企业在国外重要节点城市和与我国产能合作密切城市，通过收购、合资、合作等方式，加强物流基地、分拨集散中心、海外仓等建设，提升物流辐射和服务能力。

4. 加大资源整合力度

优化运输组织。加大中欧(亚)班列组织力度，稳定既有直达班列，发展中转班列、阶梯班列，力争到2020年，集装箱铁路国际联运总量中班列占比达到40%。加强调度指挥和监督考核，完善过程组织，实现全程盯控，强化应急处理，提高班列正点率。根据市场需求增加班列线，结合中欧通道实际运输能力，组织制订中欧(亚)班列开行及优化调整方案。加强与国外铁路协作，建立班列运行信息交换机制，强化班列全程监控，联合铺画全程运行图，压缩班列全程运行时间，达到日均运行1 300 km左右运输组织水平。

强化货源支撑。国家有关部门、单位在对外投资、物流园区建设时，要将中欧(亚)班列作为物流配套方式，同步规划、同步建设、同步推进。加强与沿线国家政府相关方面的合作，以国际产能和装备制造合作为契机，推动中欧（亚）班列向我国在沿线国家建设的境外经贸合作区、有关国家工业园区、自由港区延伸，吸引更多货源通过中欧（亚）班列运输。地方政府支持区域内企业扩大与中欧（亚）班列沿线国家的产能合作、贸易往来，增加中欧（亚）班列货源。铁路部门要加强与国内外大型物流企业、港口企业、货代公司合作，发挥集货作用，促进优势互补。鼓励我国企业在境外重点区域设立办事机构，推进合资建立经营网点，提高境外物流经营能力。

加强品牌建设。中欧（亚）班列品牌由中国铁路总公司负责建设与管理。作为国家支持建设的国际物流知名品牌，地方政府、企业要按照《中欧（亚）班列品牌建设方案》的要求共同推进中欧（亚）班列品牌建设。中国铁路总公司制定出台管理办法，加强中欧（亚）班列品牌管理。

加快境外经营网点建设。按照中欧铁路通道、节点、境外产业、贸易等布局，分批建设境外分拨集散中心，形成中欧（亚）班列境外快捷集疏运能力。

5. 创新运输服务模式

提供全程物流服务。围绕物流链全流程，强化运输、仓储、配送、检验检疫、通关、结算等环节高效对接，提供一站式综合服务。鼓励公路、水运、航空等运输方式与中欧（亚）班列有效衔接，打造全程化物流服务链条。建立中欧（亚）班列客户服务中心，为客户提供业务受理、单证制作、报关报检、货物追踪、应急处置等服务。

拓展国际邮件运输。参照货物监管方式，结合国际邮件特性，推行国际邮件“属地查验、口岸验放”模式。大力推进电子化通关，加强与国外邮政、海关、检验检疫、铁路部门合作，推进邮递物品海关监管互认。设立若干国际邮件铁路口岸重点交换站，加快推进中欧（亚）班列进出口国际邮件相关工作，实现国际邮件常态化运输。进一步优化国际铁路运邮作业组织、通关和换装流程，提升邮件运输时效，改善数据反馈的及时性和准确性。

推行电子货物清单。根据跨境电商的运输需求，采用拼箱运输方式，协调国外铁路、海关和检验检疫等部门，推行电子快递清单，研究开展中欧（亚）班列国际快件运输。

提升物流增值服务。拓展国际代理采购、国际保险理赔、货物质押等增值服务。利用相关口岸节点及综合保税区布局优势，支持跨境货物加工与转口贸易。

推动建立统一的规则体系。积极推动与铁路合作组织、国际铁路联盟、世界海关组织、万国邮政联盟等国际组织的合作,建立统一互认的单证格式、货物安全、保险理赔、通关便利、数据共享等相关规则和技术标准,提高班列运行质量和效率。

6. 建立完善价格机制

遵循市场规则,根据运量变化情况,按照量价捆绑原则,建立灵活、公开的中欧(亚)班列全程定价机制。有效集中各地货源,依托常态化、规模化运营能力,统一开展境外价格谈判,提高全程价格主导权,有效降低国际联运全程物流成本。

7. 构建信息服务平台

推进物流公共信息平台发展。整合国内相关行业、部门、企业信息资源,建设中欧(亚)班列信息服务平台,逐步实现与沿线国家铁路、海关、检验检疫等信息系统的电子数据交换与共享,打通物流信息链,推行海关、检验检疫、铁路、港口单据电子化,打造"数字化"中欧(亚)班列。

强化智能监控监管。引入北斗卫星定位技术实施全程定位,增加集装箱安全智能防盗设施;保持与沿途国家的密切沟通,建立中欧(亚)班列安全合作机制,提高班列运行全程监控能力,保障货物运输安全。

8. 推进便利化大通关

加强沿线国家海关国际合作。与中欧(亚)班列沿线国家海关建立国际合作机制,推进信息互换、监管互认、执法互助的海关合作,扩大海关间监管结果参考互认、商签海关合作协定等,推行中欧"经认证经营者"互认合作,提高通关效率。支持将铁路运输模式纳入中欧安全智能贸易(简称"安智贸")航行试点计划。推动全国通关一体化,企业可以选择任何一个海关申报、缴纳税款。加强重要物流节点的多式联运监管中心建设,实现一次申报、起运地(出境地)一次查验,对换装地不改变施封状态的直接放行。海关、检验检疫等口岸查验机构加强协作,力争使班列在口岸停留时间不超过6 h。加快推进物流监控信息化建设,提高多式联运管控的信息化、智能化、规范化水平,建立集约、快速、便捷、安全的多式联运监管模式。

推进检验检疫一体化。加强沿线国家检验检疫国际合作,推进疫情区域化管理和互认,在中欧(亚)班列沿线区域打造无特定动植物疾病绿色通道,在班列沿线检验检疫机构间实施"通报、通检、通放",实现沿线"出口直放、进口直通",对符合条件的中欧(亚)班列集装箱货物实施免于开箱查验、口岸换证等政策。打造铁海(水、陆)联运国际中转(过境)物流通道,建立中欧(亚)班列检验检疫信息化系统,实现全口径进出境班列数据共享,简化纸质单证，推进检验检疫无纸化，实施“进境口岸检疫、境内全程监控、出境直接核放”监管模式。

进一步扩大口岸开放。支持有条件的地方建设进境肉类、水产品、粮食、水果、种苗、汽车整车、木材等国家指定口岸，对符合国家要求的，优先审批，优先安排验收。在获得指定口岸正式资质前，对具备相应检验检疫监管条件的，允许其作为相应品类进口口岸，先行先试。

加强与沿线国家（地区）间的口岸交流合作，适时修订和完善双边陆地边境口岸管理协定。加强边境口岸设施建设，提高进出境通关能力。科学布设内陆铁路口岸，满足中欧（亚）班列发展需要。推进国际贸易“单一窗口”、口岸管理共享平台建设，简化单证格式，统一数据标准，优化口岸监管、执法、通关流程，提高口岸智能化水平。

参考文献

[1] 张晓东."丝绸之路经济带"铁路通道构成规划研究[J]. 铁道运输与经济,2016,38(5):36-40.

[2] 何剑,董春风,董丹丹. 丝绸之路经济带区域物流发展水平评价研究[J]. 铁道运输与经济,2015,37(9):7-12.

[3] 张中理. 新疆丝绸之路西行国际货运班列的组织与实施[J]. 铁道货运,2014(10):13-17.

[4] 王争鸣."丝绸之路经济带"铁路通道发展战略研究[J]. 铁道工程学报,2014,31(1):24-31.

[5] 马欣然,崔艳萍. 中亚铁路通道发展对策研究[J]. 铁道运输与经济,2017,39(3):85-89.

[6] 崔艳萍,武靖宇. 利用亚欧铁路运输通道提升中欧班列运行品质的研究[J]. 铁道运输与经济,2017(5):68-72.

[7] 崔艳萍,中欧国际铁路运输通道概念内涵与系统构成[J]. 中国铁路,2017(6):7-11.

[8] 康颖丰. 中欧中亚铁路运输南部通道构建情况以及发展前景[J]. 大陆桥视野,2016(3):44-48.

[9] 杨雷. 中亚新跨国铁路的建设及其利益协调[J]. 欧亚经济,2016(1):72-84.

[10] 黄承锋,宾雪峰. 试论运输通道的概念[J]. 重庆交通学院学报(社科版),2001,1(4):49-52.

[11] 仇海庚. 浅谈综合运输的主要方式——运输通道[J]. 中学地理教学参考,2001(Z1):49-49.

[12] 张文尝. 运输通道系统分析[J]. 交通运输系统工程与信息,2001,1(2):134-139.

[13] 秦大刚. 欧盟铁路交通运输业市场一体化研究[D]. 上海:复旦大学,2009.

[14] 刘洁. 亚欧大陆桥物流通道发展理论和实证研究[D]. 北京:北京交通大

学,2012.

[15] 刘凯．现代物流技术基础[M]. 北京:清华大学出版社,北京交通大学出版社,2004.

[16] 古龙高．新亚欧大陆桥经济方略[M]. 南京:东南大学出版社,1996.

[17] 申金升．新亚欧大陆桥沿线地区(中国段)现代物流业的合作与发展[J]. 大陆桥视野,2006(1):40-44.

[18] 董传波,申金升,黄智星．国外大陆桥现代物流业合作与发展经验对亚欧大陆桥的启示[J]. 铁路采购与物流,2006,1(7):4-6.

[19] 曾嘉．新亚欧大陆桥(中国段)区域物流发展与经济增长关系研究[D]. 北京:北京交通大学,2007.

[20] 芮杏文,孙永俭,黄英达,申金升,刘小肃．新亚欧大陆桥(中国段)经济带开发的战略思考[J]. 中国软科学,1998(8):5-10.

[21] 金桥,曾嘉,黄智星．新亚欧大陆桥沿线地区(中国段)现代物流发展研究[J]. 北京交通大学学报(社会科学版),2007,6(3):29-33.

[22] 马继辉,金桥,曾嘉,申金升．新亚欧大陆桥沿线现代物流发展框架设计[J]. 综合运输,2007(7):47-50.

[23] 徐淑芬．大陆桥运输[M]. 北京:中国铁道出版社,1997.

[24] 闫长安．哈萨克斯坦铁路网的发展及现代化[J]. 中国铁路,2009(12):75-77.

[25] 王捷．国际物流运作系统初探[J]. 现代财经,2001,21(7):49-54.

[26] 张国伍．交通运输系统分析[M]. 成都:西南交通大学出版社,1991.

[27] 荣朝和,魏际刚,胡斌．集装箱多式联运与综合物流:形成机理及组织协调[M]. 北京:中国铁道出版社,2001.

[28] 王嫁琼．联运发展论[M]. 北京:中国民航出版社,1995.

[29] 王长峰,申元月．现代企业集团网络化的组织模式探讨[J]. 商业研究,2004(7):56-57.

[30] 王鹏．亚欧大陆桥欧洲段海铁联运的研究与实践[J]. 大陆桥视野,2008(10):39-40.